अथ कैकेयी कथा

राजेन्द्र अरुण

प्रभात पेपरबैक्स
प्रभात प्रकाशन™
ISO 9001 : 2000 प्रकाशक का उद्यम

प्रकाशक

प्रभात पेपरबैक्स

4/19 आसफ अली रोड, नई दिल्ली-110002

फोन : 23289555 • 23289666 • 23289777 ❖ फैक्स : 23253233

इ-मेल : prabhatbooks@gmail.com ❖ वेब ठिकाना : www.prabhatbooks.com

संस्करण

2012

मूल्य

एक सौ पच्चीस रुपए

अ.मा.पु.स. 978-81-7315-664-9

मुद्रक

ग्राफिक वर्ल्ड, नई दिल्ली

ATH KAIKEYI KATHA

by Rajendra Arun

Rs. 125.00

Published by **Prabhat Paperbacks** (A Division of Prabhat Prakashan)

4/19 Asaf Ali Road, New Delhi-2

ISBN 978-81-7315-664-9

अनन्य मित्र श्री यादवेन्द्र दत्त बनकटा
और उनकी धर्मपत्नी
स्नेहमयी राजकुमारी भाभी को,
जिन्हें राम की पावन कथा से
परम प्रेम है।

अनुक्रम

भूमिका

कैकेयी : काई कथा

कैकेयी की कथा श्रेष्ठ मूल्यों से बिछलने की कथा है। जब यशस्वी मनुष्य स्वार्थवश अपने आचरण को संकुचित करता है तब जीवन में उत्पात और उपद्रव की सृष्टि होती है। इसीलिए, बार-बार हमारे धर्म ग्रन्थों ने दोहराया है कि उच्च पदस्थ व्यक्ति को अनिवार्यत: सदाचार करना चाहिए। जिस पर श्रेष्ठजन चलते हैं, वही मार्ग है। कैकेयी चलीं, लेकिन उनकी यात्रा मार्ग नहीं बन पाई, क्योंकि वह आदर्शों से फिसल गयी थीं।

आचरण की प्रामाणिकता की पहचान आपदा के समय होती है। शान्त समय में हर व्यक्ति श्रेष्ठ और सदाचारी होता है। आपदा मनुष्य के आचरण को अपने ताप की कसौटी पर कसती है। जो निखर गया वह कुन्दन है, जो बिखर गया वह कोयला। कैकेयी आपदा के ताप में बिखर गयीं। यह सच है कि दशरथ ने उन्हें राम के राज्याभिषेक का निर्णय लेते समय विश्वास में नहीं लिया था, यह दशरथ की त्रुटि थी। इस कारण कैकेयी का आक्रोश उचित था, लेकिन जो कीमत कैकेयी ने इस त्रुटि के लिए दशरथ से माँगी, वह बड़ी भारी थी। भरत के लिए राज्य माँगना दशरथ को दण्ड देने के लिए पर्याप्त हो सकता था, किन्तु राम के लिए वनवास माँगना आक्रोश को प्रतिशोध की हद तक खींचना था। भरत को समझाते हुए भरद्वाज ऋषि ने कैकेयी की इस अति का संकेत किया था।

राम गवनु बन अनरथ मूला।
जो सुनि सकल बिस्व भइ सूला॥

—सारे अनर्थ की जड़ तो राम का वन-गमन है, जिसे सुनकर समस्त संसार को पीड़ा हुई।

राम के चरित्र को भरद्वाज कितना यशस्वी बनाते हैं। राम को दुःख देना संसार को दुःख देना है। सचमुच, जब श्रेष्ठ व्यक्ति पीड़ित होता है, तब जगत् पीड़ित होता है। रावण अपने आचरण से ऋषि-मुनियों को पीड़ित कर रहा था, इससे पूरा समाज थर्रा रहा था। कैकेयी ने 'सकल सुमंगल मूल' राम को पीड़ित करके सारे संसार को अपने प्रति क्षुब्ध कर लिया था।

दशरथ की चाल को विफल करने के लिए यदि कैकेयी ने अपने वरदान की माँग में अति न की होती तो कैकेयी का यशस्वी जीवन इतना कलुषित और निन्दित न होता। आपदा के समय आचरण को सन्तुलित न कर पाने का दण्ड नियति ने कैकेयी को दिया। इसीलिए वह रामकथा की सरयू धारा में 'काई' बन गयीं।

काई कुमति केकई केरी।
परी जासु फल बिपति घनेरी॥

—कैकेयी की कुबुद्धि ही इस नदी में काई है, जिसके फलस्वरूप बड़ी भारी विपत्ति आ पड़ी।

तालाब के बँधे जल में यदि काई आ जाये तो स्थिति सहज और अपेक्षित होती है, किन्तु प्रवाहपूर्ण नदी के जल में काई का आना गम्भीर समस्या है। रघुकुल के पवित्र-प्रवाहपूर्ण परिवार में विश्वास के संकट का जन्म एकदम से अप्रत्याशित था। इस अप्रत्याशित को घटित करके कैकेयी सदा के लिए कलंकित हो गयीं। उनकी कुबुद्धि के कारण अयोध्या में भारी विपत्ति आ गयी।

रामायण के बहुत सारे भक्त इसे कैकेयी की दूर-दृष्टि कहते हैं और उनकी इस बात के लिए सराहना करते हैं कि उन्होंने अपने को कलंकित करके राम को वनवासी बनाया। कैकेयी के इस कृत्य का लाभ गिनाते हुए वे कहते हैं कि यदि राम वन नहीं जाते तो राम के यशस्वी आचरण के चरण अयोध्या से 'रामेश्वरम्' तक कैसे पहुँचते? वनवासियों को आर्य संस्कृति की सुधा कौन पिलाता? उत्तर और दक्षिण को अपनी स्नेह डोर से कौन बाँधता? अत्याचारी रावण के अन्याय को कौन मिटाता? जन-जन के हृदय में राम की कीर्ति-कथा को कौन बैठाता?

मैं हिन्दू मन की इस सोच को अच्छी तरह से समझता हूँ कि संसार में

सम्पूर्ण रूप से बुरा कोई नहीं है। सदाचार मनुष्य का स्वभाव है। इस स्वभाव में विकार आने पर ही वह दुराचार करता है। व्यक्ति में दुराचार की डिग्री कितनी भी बढ़ जाये, वह सदाचार से शून्य कभी नहीं होता है। इस दृष्टि से हिन्दू मन का कैकेयी के प्रति मृदु-कोमल होना परम वन्दनीय लगता है; लेकिन इससे कैकेयी के अपराध किसी तरह कम नहीं होते हैं।

मेरा यह स्पष्ट मत है कि यदि सचमुच कैकेयी को राम के यश को फैलाने की कामना थी, यदि हृदय से वह अयोध्या से रामेश्वरम् तक की जनता का राम के माध्यम से उद्धार चाहती थीं तो इसके लिए उन्हें कोप-भवन जाने की कोई आवश्यकता नहीं थी। वह दशरथ, राम और कौसल्या के साथ एक बैठक करतीं, अपनी योजना को उन्हें समझातीं और राम को यशस्वी करने के साथ-ही-साथ स्वयं भी यशस्वी बन जातीं। वह दूसरी विश्वामित्र बन जातीं; क्योंकि दशरथ ने विश्वामित्र के साथ राम और लक्ष्मण को राक्षसों से यज्ञ की रक्षा के लिए भेजा ही था। इस बार वह कैकेयी के कहने पर राम और लक्ष्मण को भेज देते। भरत और शत्रुघ्न भी उनके सहायक बनकर जा सकते थे। अयोध्या के राजकुमारों की दिग्विजय इतिहास में अमर हो जाती। ऐसा हो पाता तो अयोध्या में कैकेयी की कुमति की नहीं, सुमति की चर्चा होती। कैकेयी हिन्दू हृदय में राम से भी अधिक वन्दनीय बनकर बैठ जातीं, जैसे भरत बैठ गये। आचरण की जिस दुर्बलता से कैकेयी ने अपने को निन्दनीय बनाया, आचरण की उसी सबलता से भरत ने अपने को परम वन्दनीय बनाया।

वास्तव में जब दुर्घटना घट जाती है, तब हम उसके आघात को कम करने के लिए कई कारण खोजते हैं। यदि दुर्घटना किसी दुष्ट व्यक्ति से हुई है तो हम उसकी दुष्टता पर सारा भार डालकर सन्तुष्ट हो जाते हैं। लेकिन यदि कोई अच्छा व्यक्ति दुर्घटना का कारण बनता है तो हम उसकी अच्छाई को एकदम से खारिज नहीं करते, उसके बुरा बनने के कारक तत्त्वों की खोज करते हैं। खोज की यह वृत्ति ही हमारे स्वभाव के देवत्व की पहचान है। यदि हम स्वभाव से दानव होते तो अपने या किसी और के दुष्कर्म पर पछताते नहीं। कैकेयी के प्रति सबका पछतावा इस शुभ दृष्टि और देवभाव का फल है।

भरत के सामने सबसे पहले कैकेयी के अपराध को कम करने का प्रयत्न गुरु वसिष्ठ करते हैं।

सुनहु भरत भावी प्रबल बिलखि कहेउ मुनिनाथ।
हानि लाभु जीवनु मरनु जसु अपजसु बिधि हाथ॥

—मुनि नाथ ने बिलखकर कहा—हे भरत! सुनो, भावी बड़ा बलवान् है। हानि-लाभ, जीवन-मरण और यश-अपयश ये सब विधाता के हाथ हैं।

गुरु वसिष्ठ कैकेयी के अपराध को हलका करने के लिए भावी को दोष दे रहे हैं। जब कोई अच्छा मनुष्य दुष्कर्म कर बैठता है तो उसे तर्कसंगत बनाने का यही एक उपाय बचता है।

अस बिचारि केहि देइअ दोसू।
ब्यरथ काहि पर कीजिअ रोसू॥

—ऐसा विचार कर किसे दोष दिया जाये? और व्यर्थ किस पर क्रोध किया जाये?

होनी को सर्वोपरि मानकर वसिष्ठ कैकेयी के अपराध के बोझ और भरत के दुःख को हलका कर रहे हैं। यदि कैकेयी सदैव से ही दुष्ट होती तो इस तरह से समझाने की आवश्यकता वसिष्ठ को नहीं पड़ती।

जब भरत चित्रकूट की यात्रा पर होते हैं तो वह उन स्थानों को देखना चाहते हैं जहाँ वनवासी राम पहली बार रुके थे। निषादराज गुह उन्हें उन सभी स्थानों को दिखाता है जहाँ-जहाँ राम-सीता और लक्ष्मण ने विश्राम किया था। राजभवन की सुख-सुविधा को भोगनेवाले राम ने वनवासियों की तरह पहली रात किस तरह बितायी होगी, यह सोचकर भरत काँप उठे। उन्होंने माँ कैकेयी को धिक्कारना शुरू कर दिया। निषादराज गुह उन्हें समझाते हुए कहते हैं कि दोष कैकेयी का नहीं, विधाता का है।

बिधि बाम की करनी कठिन जेहिं मातु कीन्ही बावरी।
तेहि राति पुनि पुनि करहिं प्रभु सादर सरहना रावरी॥

—प्रतिकूल विधाता की करनी कठोर है, जिसने माता कैकेयी को बावली बना दिया। उस रात को प्रभु राम बार-बार आदरपूर्वक आपकी बड़ी सराहना करते थे।

निषाद के इस वचन में भी विधाता को ही दोष दिया गया है। अच्छी कैकेयी को बुरी बनाने का दायित्व भावी के माथे पर मढ़ा गया है।

भरद्वाज ऋषि भी सरस्वती को दोष देकर कैकेयी को बचाना चाहते हैं।* भरद्वाज ऋषि द्वारा कैकेयी का किया गया बचाव सबसे अधिक आन्तरिक और

---

* तुम्ह गलानि जियँ जनि करहु समुझि मातु करतूति।
तात कैकइहि दोसु नहिं गई गिरा मति धूति॥
—मानस, अयो., दोहा २०६

तर्कपूर्ण है। सबसे पहले भरद्वाज ही घोषित करते हैं कि कैकेयी अपनी करनी पर पछतायीं।

सो भावी बस रानि अयानी।
करि कुचालि अंतहुँ पछितानी॥

—श्रीराम का वन-गमन भी भावीवश हुआ। बेसमझ रानी तो भावीवश कुचाल करके अंत में पछतायीं।

कैकेयी को निर्दोष सिद्ध करने के लिए सबसे प्रबल और करुणामय तर्क भरद्वाजजी का ही है। सबकी तरह वह भी भावी को दोष देते हैं, लेकिन दो और बड़ी प्यारी बातें कहते हैं। सबसे करुणामय बात यह है कि वह रानी को बेसमझ कहते हैं। सयाना व्यक्ति यदि दुष्टता करे तो उसे उसका काँइयाँपन कहा जाएगा, किन्तु यदि अयाना व्यक्ति दुष्टता करे तो उसे उसकी अबोधता कहा जायेगा। काइयाँ व्यक्ति दण्डनीय होता है और अबोध व्यक्ति क्षम्य। कैकेयी को 'अयानी' कहकर भरद्वाज सभी से कैकेयी के प्रति क्षमापूर्ण होने का संकेत देते हैं।

भरद्वाजजी दूसरी बात यह कहते हैं कि कैकेयी कुचाल करके अन्त में पछतायीं। इससे कैकेयी का चरित्र दिव्य बनता है। दुष्कार्य करके पछताना चरित्र की सबसे बड़ी श्रेष्ठता होती है।

चैतन्य महाप्रभु के जीवन की एक कथा है—जब वे श्रीकृष्ण नाम संकीर्तन से जन-जन का उद्धार कर रहे थे तो उसी समय जगन्नाथ और माधव (छोटा नाम जगाई और मधाई) जमींदार के रूप में जन-जन पर अत्याचार कर रहे थे। चैतन्य के परम प्रिय शिष्य नित्यानन्द महाराज ने अत्याचारी भाइयों का उद्धार करना चाहा। वे उन्हें हरि नाम कीर्तन सुनाने प्रातः चार बजे पहुँच गये। शोर सुनकर जगाई और मधाई क्रोध से काँप उठे। उन्होंने नित्यानन्द को पत्थर से मार दिया। नित्यानन्दजी के ललाट से खून बहने लगा। शिष्य उन्हें उठाकर चैतन्य के पास ले गये। चैतन्य महाप्रभु नित्यानन्द के बहते खून को देखकर बौखला गये। वह दौड़कर जगाई और मधाई के पास पहुँचे और तेजस्वी स्वर में कहा, 'अरे नराधम! तुमने मेरे कृष्ण पर हाथ उठाया! तुम्हारी यह हिम्मत!'

जगाई और मधाई ने उन्हें भी पत्थर उठाकर मारने की कोशिश की, पर उनका हाथ जड़ हो गया। चैतन्य के रौद्र रूप को देखकर वे भीतर तक काँप उठे। भक्तिभाव से आर्त्त होकर वह चैतन्य के चरणों में गिर पड़े।

चैतन्य ने उन्हें शिष्य के रूप में अपना लिया, लेकिन जगाई और मधाई का मन इतने से ही शान्त नहीं हुआ। वे अपने अपराधों को लेकर बहुत चिन्तित थे। उन्होंने चैतन्य से अपराध-शमन का कोई उपाय बताने को कहा। चैतन्य ने उन्हें सलाह दी कि वे नित्य गंगा तट पर प्रात:काल जायें और वहाँ नहाने आये सभी व्यक्तियों के चरणों को छूकर अपने अपराध के लिए क्षमा माँगें। ऐसा करके ही उनका अपराध शमन होगा। दोनों भाइयों ने ऐसा ही किया।

प्रायश्चित्त करके अपराध का शमन और शोधन करना चरित्र की सबसे बड़ी शुद्धता और श्रेष्ठता है। भरद्वाजजी कहते हैं कि कैकेयी ने कुचाल तो किया, पर अन्त में उसे करके पछतायीं। कैकेयी के पक्ष में इससे प्रबल तर्क और किसी ने अभी तक नहीं दिया था। राम जब कैकेयी से मिलते हैं तो अपने व्यवहार से उनके मन को और साफ करने का प्रयत्न करते हैं।

प्रथम राम भेंटी कैकेई।
सरल सुभायँ भगति मति भेई॥
पग परि कीन्ह प्रबोधु बहोरी।
काल करम बिधि सिर धरि खोरी॥

—सबसे पहले राम कैकेयी से मिले और अपने सरल स्वभाव तथा भक्ति से उनकी बुद्धि को तर कर दिया। फिर चरणों में गिरकर काल-कर्म और विधाता के सिर दोष मढ़कर श्रीराम ने उनको सान्त्वना दी।

कैकेयी के अपराध बोध को कम करने के लिए राम सबसे पहले उनसे ही मिलते हैं। राम ने सदैव कैकेयी को आदर दिया था। कैकेयी के लिए भी राम लाड़ले बेटे थे। अत: राम ने कैकेयी के अपराध को ध्यान न देकर सम्बन्ध को ध्यान दिया। उन्होंने अपनी भक्ति और सरल स्वभाव से उनकी बुद्धि को तर किया। वास्तव में महिमामयी कैकेयी की बुद्धि ही मारी गयी थी। उनका हृदय तो सदैव ही विशाल था। बुद्धि की कुटिलता से ही उनका हृदय दूषित हुआ था। अत: राम ने उनकी बुद्धि का शोधन अपने व्यवहार से किया।

इतना ही नहीं, उन्होंने कैकेई के पाँव पड़कर समझाया। काल-कर्म और विधाता को दोष देकर उनके मन के अपराध-भाव को हलका किया। कैकेयी को आदर देकर राम ने उनके चरित्र के सत्त्व को महत्त्व दिया, उनके आचरण की

क्षणिक दुर्बलता को अपने ऊपर हावी नहीं होने दिया।

अब तक कैकेयी के अपराध को कम करने के लिए लोग जो कुछ कह रहे थे, वह कैकेयी की जानकारी में नहीं था। प्राय: लोग भरत के मन को हलका करने के लिए ऐसी बातें कर रहे थे। आज राम निश्छल भाव से कैकेयी की बुद्धि को भक्तिभाव से भिगो रहे थे। कैकेयी पर इसका गहरा प्रभाव पड़ा। राम के चरित्र की विराट्ता ने कैकेयी के भीतर सोये विराट् चरित्र को जाग्रत् किया। राम, लक्ष्मण और सीता को चित्रकूट में दयनीय देखकर कैकेयी भीतर तक छटपटा उठीं।

लखि सिय सहित सरल दोउ भाई।
कुटिल रानि पछितानि अघाई॥
अवनि जमहि जाचति कैकेई।
महि न बीचु बिधि मीचु न देई॥

—सीता समेत दोनों भाइयों (राम-लक्ष्मण) को सरल स्वभाव देखकर कुटिल रानी कैकेयी भरपेट पछतायीं। वह पृथ्वी तथा यमराज से याचना करती हैं, किन्तु धरती बीच (फटकर समा जाने के लिए रास्ता) नहीं देती और विधाता मृत्यु नहीं देता।

भरद्वाज ने कैकेयी के पछताने की जो बात कही थी वह उनके ऋषि स्वभाव की करुणा की प्रतीक थी। किन्तु आज जो कैकेयी पछता रही हैं वह उनके हृदय की सात्त्विक अभिव्यक्ति है। वह धरती और विधाता से अपने लिए मृत्यु माँग रही हैं। कैकेयी की यह याचना उनके चरित्र को बहुत उदात्त बनाती है। श्रेष्ठजन जब अपराध करते हैं तो परमात्मा से मृत्यु जैसा ही कठोर दण्ड माँगते हैं।

राम को दु:खमय जीवन जीते देखकर यदि कैकेयी नहीं पछतातीं तो वह पत्थर हृदय कही जातीं, जो कि वह थीं नहीं। अत: उनका यह पछतावा उनके पाप को धोता है, उनके चरित्र को निखारता है। उनके आचरण की क्षणिक दुर्बलता के ऊपर उनके साधु आचरण की श्रेष्ठता को प्रतिष्ठित करता है।

कैकेयी भरत के साथ राम से मिलने के लिए अयोध्या से चलकर चित्रकूट तक आयी थीं। यह भी उनके मन के पछतावे को प्रकट करता है। वे आने से मना भी कर सकती थीं। लेकिन तब वह स्वभावत: निष्ठुर और क्रूर कही जातीं। यह बात अलग है कि इस पछतावे के लिए उन्हें भरत ने तैयार किया था। यदि भरत

प्रसन्नतापूर्वक उनके षड्यन्त्र में शामिल हो जाते तो कैकेयी कभी नहीं सुधरतीं। पतन के गर्त में गिरनेवाले व्यक्ति को सहारा देनेवाला मिल जाये तो अनर्थ रुक जाता है। भरत ने कैकेयी को इसी अनर्थ से बचाया। इसीलिए राम को चित्रकूट में देखकर कैकेयी पछतायीं और चौदह वर्षों के वनवास के बाद राम को अयोध्या में देखकर सकुचायीं।*

अपराध-बोध से संकुचित कैकेयी को राम ने और पीड़ित-प्रताड़ित होने के लिए अकेला नहीं छोड़ा। दयामय राम को पता था कि चौदह वर्षों तक सबसे अलग-थालग और उपेक्षित-कलंकित माँ कैकेयी ने अपार दुःख झेले हैं। अतः वे जब सबसे मिलकर अपने भवन की ओर जाते हैं तो एकान्त में मिलने के लिए वे कैकेयी के निवास पर पहुँच जाते हैं।

प्रभु जानी कैकई लजानी।
प्रथम तासु गृह गए भवानी॥

—(शिवजी कहते हैं) हे भवानी! प्रभु ने जान लिया कि माता कैकेयी लज्जित हो गयी हैं, इसीलिए वे पहले उन्हीं के महल में गये।

सहृदय व्यक्ति देह-भाषा से मन-भाषा को पढ़ लेता है। राम ने जब संकुचित कैकेयी को देखा तो समझ लिया कि वे भीतर से बहुत लज्जित हैं। कैकेयी के विराट् व्यक्तित्व के इस मौन उद्घोष को राम ने समझ लिया। अपने अपराध के प्रति संकुचित और लज्जित होकर कैकेयी अपने चरित्र की दिव्यता को पुनः प्राप्त कर रही थीं। राम ने इस शुभ कार्य में उनकी सहायता की।

ताहि प्रबोधि बहुत सुख दीन्हा।
पुनि निज भवन गवन हरि कीन्हा॥

—(राम ने) कैकेयी को समझा-बुझाकर बहुत सुख दिया। फिर श्री हरि ने अपने महल को गमन किया।

लज्जित व्यक्ति को प्रेम से समझाने से बढ़कर और कोई ओषधि नहीं है। यदि समझानेवाला वह व्यक्ति हो कि जिसके प्रति अपराध किया गया हो तो उस

---

* रामहि मिलत कैकई हृदयँ बहुत सकुचानि।

—मानस, उत्तर., दोहा ६ (क)

सान्त्वना का मोल और बढ़ जाता है। कैकेयी के मन के अपराध-बोध को राम के अतिरिक्त और कोई कम नहीं कर सकता था। यह कार्य सार्वजनिक रूप से भी सम्भव नहीं था। इससे माँ कैकेयी और आहत, संकुचित और लज्जित होतीं। इसीलिए राम उनके महल में आये।

यहाँ एक बात और ध्यान देने की है। राम ने कैकेयी के पास आने में विलम्ब नहीं किया। तुरन्त पहुँचकर उन्होंने अपनी परम स्नेहमयी माँ को यह संकेत दिया कि मैं तुम्हारी पीड़ा से परिचित हूँ। ईर्ष्या, द्वेष और क्रोध में आकर तुमने भले ही मुझे दण्डित किया हो, पर भीतर से तुम मेरे प्रति परम वत्सल हो।

जिस व्यक्ति ने दुःख दिया हो उसे जब दुःख पानेवाला समझाये तो इसमें एक आशंका होती है। दुःख देनेवाला अपने को अपमानित अनुभव कर सकता है। राम कैकेयी को इस पीड़ा से बचाना चाहते हैं। अतः उन्हें समझाकर सुखी करते हैं। प्रबोध जब सुख-बोध में बदल जाये तो समझना चाहिए कि उसका प्रभाव सकारात्मक है।

राम ने अपनी ममतामयी माँ के मन की ग्लानि को अपने प्रेम से निकालकर सुख भाव से भर दिया। चौदह वर्षों तक अपने अपराध के ताप से जलती कैकेयी को निश्चय ही एक दैवी सन्तोष प्राप्त हुआ होगा। सम्भवतः इसी सन्तोष के सहारे वह भरत की उपेक्षा के बाद भी अपना शेष जीवन जी सकी होंगी।

कैकेयी की कथा हमें बताती है कि अपने काम को पूरा करने के लिए और दूसरों को दुःख देने के लिए कोई निर्णय लेते समय हम जल्दीबाज़ी न करें। इससे अन्त में पछतावा होता है और चरित्र कलुषित बनता है, हमारे भीतर का देवत्व दुर्बल होता है। परिणामतः समाज-परिवार की दैवी शक्ति क्षीण होती है।

जीवन में श्रेष्ठ एवं उदात्त मूल्यों की प्रतिष्ठा के लिए प्रतिबद्ध हिन्दू चित्त ने कैकेयी को राम पर आघात करने के लिए दण्ड दिया। उसने निर्ममतापूर्वक कैकेयी के नाम को हिन्दू परिवार की नाम-सूची से बाहर कर दिया। लेकिन हर जीवन में शुभ और शिव की प्रतिष्ठा करनेवाले हिन्दू चित्त ने कैकेयी पर दया भी की। राम वनवास को देव-कार्य और जन-कल्याण का रूप देकर और विधाता की चाल कहकर उसने कैकेयी के भीतर के मृदु-कोमल भाव को भी बचाया। अशिव का तिरस्कार और शिव का सत्कार यही हिन्दू चित्त की विशेषता है।

हिन्दू संस्कृति पारिवारिक प्रेम और आत्मीय सम्बन्ध को समरस और शान्तिपूर्ण जीवन का आधार मानती है। इसे जो भी तोड़ता है, वह अक्षम्य बन जाता है। राम कथा की निर्मल सरयू धारा में इसीलिए कैकेयी को काई कहा गया। पूरी रामकथा इस काई के कलुष को धोने की कथा है। इस काई ने निर्मल जल को दूषित कर दिया था, परिवार की समरसता और शान्ति को छिन्न-भिन्न कर दिया था। हस्तिनापुर की तरह अयोध्या में भी एक महाभारत की रचना की समस्त सामग्री कैकेयी ने एकत्र कर दी थी, किन्तु राम के आज्ञाकारी और भरत के प्रेमपूर्ण चरित्र ने कैकेयी के कलुषित मन्तव्य को निरस्त कर दिया। भरत ने अपना सम्पूर्ण जीवन रामकथा से कैकेयी की काई को निकालने में ही होम कर दिया। इसीलिए रामकथा इतनी निर्मल, निष्पाप और वन्दनीय बन सकी। भरत जैसे यशस्वी पुत्र को जन्म देने के पुण्य के कारण ही कैकेयी काई होते हुए भी रामकथा में घृणा की नहीं, दया की पात्र बन सकीं।

कैकेयी की इस करुण कथा को लिखना मेरे लिए बहुत कठिन रहा। अपने दिल्ली प्रवास में दिसम्बर २००५ में मैंने इस पर लिखना आरम्भ किया। मित्रवर योगेश अग्रवाल के घर पर यह शुभ कार्य आरम्भ हुआ, पर अन्य झंझटों के कारण यह अधूरा ही रह गया। मॉरीशस आकर मैं मायाजाल में फँस जाता हूँ। यहाँ प्रवचन तो चलता रहता है, पर लेखन नहीं हो पाता। लेखन के लिए पूर्ण एकान्त और अबाधित शान्ति चाहिए, जो मॉरीशस में चाहकर भी मैं नहीं कर पाता।

भाग्यवश जून २००६ में मुझे मेरे प्रकाशक श्री श्याम सुन्दरजी के सुपुत्र श्री प्रभात कुमारजी के विवाह में भाग लेने का अवसर प्राप्त हुआ। प्रभात और सोनाली के प्रेमपूर्ण मिलन ने मुझे लेखन का अवसर प्रदान किया। इस हेतु उन्हें शतशः आशीष।

मैंने अपने परम मित्र श्री यादवेन्द्र दत्त बनकटा के आवास को आश्रम बनाकर लिखने का काम आरम्भ किया। राजकुमारी भाभी ने सदा की तरह मेरी सुख-सुविधा का इन्तजाम किया। उनके दोनों सेवक झल्लू और सुखेन ने बड़ी तत्परता से मेरी सेवा की। झल्लू तो सदा छाया की तरह मेरे पास रहता था। इन सबके सहयोग से लेखन कार्य जमकर होने लगा। इतनी सुखद व्यवस्था के लिए मैं श्री और श्रीमती बनकटा का आभारी हूँ। दिल्ली की गरमी एयर कण्डीशनर की

कृपा के बाद भी मुझे सताती ही रहती थी। इसे देखकर मेरे मित्र प्रसिद्ध रामायण गायक आदरणीय अजय याज्ञिक छटपटा उठे। वे मुझे और मेरी पत्नी वीनूजी को उठाकर ऋषिकेश के लिए चल पड़े। साथ में उनकी पत्नी कल्पनाजी, पुत्र अंगद भी थे। हमारे परम मित्र श्री योगेश अग्रवाल अपनी पत्नी पारुल और पुत्री अवंतिका के साथ हमारे यात्रा-निर्देशक बनकर साथ हो लिये। यह छोटी सी टोली राम और आम का रस चखते हुए दिल्ली से ऋषिकेश के लिए चल पड़ी।

ऋषिकेश के वानप्रस्थ आश्रम में बहन अल्काजी हमारे स्वागत के लिए पलक पावड़े बिछाये तैयार थीं। उनकी भक्ति और सेवा-भावना देखकर मुझे शबरी की याद आती है। प्रभु उन पर कृपा करें। मेरी पत्नी हिमालय की स्वर्गिक शोभा देखकर सदैव अभिभूत हो जाती हैं। इस बार भी ऐसा ही हुआ। उनका अन्त:करण केदारनाथ और बदरीनाथ की यात्रा के लिए छटपटा उठा। अत: निर्णय लिया गया कि योगेशजी अपने परिवार के साथ मेरी पत्नी वीनूजी को लेकर केदारनाथ और बदरीनाथ की यात्रा पर जायें और अजयजी अपने परिवार के साथ मेरी देखभाल ऋषिकेश में करें। आनन-फानन में सारी व्यवस्था हो गयी। मैं ऋषिकेश के पावन वातावरण में लेखन के लिए बैठ गया। इस शान्त शीतल व्यवस्था के लिए मैं योगेशजी का और अजयजी का हृदय से आभारी हूँ। अजयजी की स्नेह एवं सेवामयी पत्नी कल्पनाजी तो अपना समय पूजा-पाठ से अधिक मेरी देखभाल में लगा रही थीं। पूछने पर उन्होंने बताया, यही उनकी पूजा है।

ऋषिकेश की इस यात्रा को मैं एक दैवी संयोग मानता हूँ। मेरी पत्नी जब केदारनाथ पहुँचीं तो उन्हें पर्वत के शिखर पर साक्षात् पार्वती-शिव दिखाई दिये। वे झर-झर आँसू बहाती हुई वह अलौकिक दृश्य देखती रहीं। सभी तीर्थयात्री चकित भाव से उन्हें देख रहे थे। प्रभु की इस अलौकिक कृपा को हम क्या नाम दें, समझ में नहीं आता।

मैं जब भी भारत जाता हूँ, नियमत: गंगा स्नान के लिए हरिद्वार या ऋषिकेश जाता हूँ। इस बार समय कम होने के कारण और पुस्तक पूर्ण करने की जल्दी के कारण मैंने निश्चय किया कि मैं दिल्ली में ही रहकर लिखूँगा। पर राम और गंगा के परम भक्त अजय याज्ञिकजी को दैवी प्रेरणा हुई और वे हनुमानजी की तरह मुझे दिल्ली से उठाकर ऋषिकेश लाने में हनुमानजी की कृपा से सफल हो गये। मैं

एक दिन हरिद्वार आकर समय बचाने के लोभ में गंगा स्नान से बचना चाह रहा था, किन्तु माँ गंगा की कृपा से व्यवस्था ऐसी हुई कि मैं एक सप्ताह तक प्रतिदिन दो बार स्नान करता रहा। इसी स्नान के समय गाजियाबाद के प्रखर समाज सेवक एवं रामभक्त श्री राजेन्द्र शर्मा भी हमें अपनी धर्मप्राण पत्नी इन्दु शर्मा के साथ मिले। उनसे सत्संग करके बड़ा आनन्द आया। मुझे पहली बार जमकर सत्संग करके गंगा स्नान का आनन्द मिला। इसे दया कहें या दण्ड, कि कृपामयी गंगा माँ ने मुझे जी भरकर नहलाया। रोम-रोम निर्मल और पवित्र हो गया। माँ के श्रीचरणों में शतशः प्रणाम।

अन्ततः 'अथ कैकेयी कथा' आपके हाथों में है। कैकेयी की करुण कथा को लिखकर मैंने राम का काम किया है। राम के काम जो भी आता है, वह अमर हो जाता है। अच्छे या बुरे किसी भी रूप में कैकेयी राम के काम आयी थीं। राम को वनवासी बनाकर उन्होंने राम को हर मन वासी बना दिया। इससे बढ़कर राम का और क्या काम हो सकता है?

यों तो विश्व में जहाँ कहीं भी हिन्दू संस्कृति गयी है, किसी-न-किसी रूप में राम का काम हो रहा है। किन्तु मॉरीशस में राम के काम की अलग पहचान है। यहाँ की संसद् ने सर्वसम्मति से एक विधेयक पारित करके 'रामायण सेण्टर' अधिनियम बनाया। अब मॉरीशस में एक एक्ट के अधीन रामायण सेण्टर संस्था कार्यरत है। विश्व के किसी अन्य देश की संसद् ने ऐसा विधेयक नहीं पारित किया है। इसीलिए मॉरीशस को रामायण का देश कहा जाता है।

रामायण सेण्टर का शिक्षण प्रकोष्ठ प्रायः बनकर तैयार है। इस दोमंजिले भवन में हम रामायण और हिन्दू धर्म की कक्षाएँ चलायेंगे। पुस्तकालय और सत्संग कक्ष स्थापित करेंगे। इसके बाद हम एक राम मन्दिर बनाने की योजना कर रहे हैं। विश्व के कोने-कोने में रह रहे रामभक्तों से हमारा निवेदन है कि वे तन-मन-धन से हमारा सहयोग करें। अगर आप आर्थिक दान करना चाहते हों तो हमें अवश्य लिखें।

अपनी लेखनी को विराम देते हुए मैं आप सबसे यही निवेदन करना चाहता हूँ कि आप 'कैकेयी कथा' को पढ़ें और अपने विचार लिख भेजें। आप जैसे राम भक्तों का आशीर्वाद पाकर मैं निश्चित रूप से धन्य हो जाऊँगा। सन्त-महात्मा

कहते हैं कि राम को पाने के लिए संसार खोना पड़ेगा। पर मेरा विश्वास है कि राम को पाकर हम संसार को और सुखद बना सकते हैं; क्योंकि राम मर्यादा और मानवीय सम्बन्धों के भगवान् हैं, पारिवारिक मूल्यों की प्रतिष्ठा के देवता हैं।

—राजेन्द्र अरुण
अध्यक्ष
रामायण सेण्टर, मॉरीशस

संस्कृति सदन
15, Labourdonnais Street
Curepipe, MAURITIUS
E-mail : rava@intnet.mu

कैकेयी : करुण कथा

कैकेयी रामकथा-रथ की धुरी हैं। वे इस कथा-रथ का संवहन भी करती हैं और उसे गति भी देती हैं। जैसे सीधी रेखा में चलकर नदी प्रवाह खो देती है, एकरस होकर जीवन अपना अर्थ खो देता है, उसी तरह कैकेयी की अनुपस्थिति में रामकथा शुष्क और रसहीन हो जाती। कैकेयी का चरित्र उस दृष्टि से अत्यन्त महत्त्वपूर्ण है कि वह रामकथा को एक अत्यन्त अप्रत्याशित मोड़ देता है। इससे कैकेयी का व्यक्तित्व भले ही धूमिल होता हो, लेकिन राम का चरित्र अत्यन्त निखर कर उभरता है। प्रकृति का यह नियम है कि बिना कुछ नष्ट हुए कुछ उपजता नहीं है। बीज के नष्ट हुए बिना वृक्ष की विराट्ता का बोध हो ही नहीं सकता। घनघोर अन्धकार को जाने बिना प्रकाश की कीमत आँकी नहीं जा सकती। संसार के हर बलिदान और विनाश में किसी के उत्थान और उत्पत्ति का भाव अन्तर्निहित है।

प्रकृति के जीवन-चक्र में अर्थहीन कुछ भी नहीं है। जीवन-मरण, सद्गुण-अवगुण, सहयोग-विरोध और शुभ-अशुभ में कोई-न-कोई हित अवश्य छिपा है। आपातत: दिखनेवाला अहित सापेक्ष होता है, निरपेक्ष स्थिति में परमात्मा के न्याय में अहित होना सम्भव नहीं है। कैकेयी का चरित्र प्रकृति के इसी नियम की करुण-कथा है।

कैकेयी ने राम को वनवास अवश्य दिलाया, लेकिन कैकेयी अन्त:करण से बुरी नहीं थीं। उनका आचरण बड़ा पवित्र था।

कौसल्यादि नारि प्रिय सब आचरन पुनीत।
पति अनुकूल प्रेम दृढ़ हरि पद कमल बिनीत॥

—राजा दशरथ की कौसल्या आदि प्रिय रानियाँ सभी पवित्र आचरणवाली थीं। वे विनीत और पति के अनुकूल थीं और श्रीहरि के चरणों में उनका दृढ़ प्रेम था।

इस दोहे में कहा गया है कि राजा दशरथ की कौसल्या आदि रानियाँ, इसका अर्थ अत्यन्त स्पष्ट है कि इसमें कैकेयी और सुमित्रा तो निश्चित रूप से शामिल हैं। इन रानियों का आचरण बड़ा पुनीत था। अतः यह साफ है कि कैकेयी भी पुनीत आचरणवाली थीं। आचरण की पवित्रता को हिन्दू धर्म बहुत महत्त्व देता है। जीवन में संस्कारों की रचना इसी उद्देश्य के लिए की गयी है। हिन्दुओं का यह दृढ़ मत था कि एक बार मनुष्य के आचरण का नियमन हो जाये तो उसके जीवन का उत्थान सहज-सम्भव हो जायेगा। वह स्वतःस्फूर्त होकर सदाचरण करेगा, उसे बार-बार सदाचार के पथ पर हाँकना नहीं पड़ेगा।

पवित्र आचरण करने से जीवन में आमूल परिवर्तन आता है। दशरथ की रानियों में यह स्पष्ट दिखाई देता है। वे पति के अनुकूल हैं और प्रभु से प्रेम करती हैं। पति के अनुकूल होने का अर्थ है सांसारिक जीवन का सुखमय हो जाना। जहाँ पति-पत्नी में अनुकूलता है, वहाँ जीवन समरस और सुखद है। मानवीय सम्बन्धों में अनुकूलता बहुत बड़ा कारक है, लेकिन मानवीय सम्बन्धों में ही मनुष्य के व्यवहार का अन्त नहीं होता। जब परमात्मा के प्रति प्रेम उत्पन्न होता है तो मनुष्य के व्यवहार का रूपान्तरण होता है। प्रभु से प्रेम करके मनुष्य संसार की कटुता और क्षुद्रता से ऊपर उठता है। परमात्मा से प्रेम करनेवाला व्यक्ति अपने व्यवहार में अविरोधी हो जाता है। महाराज दशरथ की तीनों रानियाँ ऐसी ही थीं। अतः कैकेयी भी पुनीत आचरणवाली, पति-अनुकूल रहनेवाली और परमात्मा के चरणों में प्रेम करनेवाली थीं। फिर उन्होंने राम का विरोध करके सदाचरण के मार्ग को क्यों छोड़ा ? पति के प्रतिकूल क्यों गयीं ? परमात्मा में प्रेम करने के बावजूद परमात्मा के अवतार राम के दुःख का कारण क्यों बनीं ? इसी में कैकेयी के चरित्र की विचित्रता सन्निहित है।

कैकेयी का शुभ आचरण और पति-अनुकूल स्वभाव उस समय पूर्ण गरिमा के साथ प्रदीप्त होता है जब महाराज दशरथ को अग्निदेव पुत्र कामेष्टि यज्ञ के बाद यज्ञ की खीर को अपनी रानियों को पुत्र-प्राप्ति के लिए बाँटने को देते हैं। उस समय कैकेयी अपने प्रेम का वास्ता देकर राजा दशरथ से यह नहीं कहती हैं कि सारी खीर मैं ही खाऊँगी। आपकी परम प्रिया होने के कारण पुत्र जनने का अधिकार मेरा ही है। जबकि उन्हें अच्छी तरह से पता था कि खीर से अवश्य पुत्र पैदा होगा और जो रानी पुत्र पैदा करेगी वही अपने पुत्र को सिंहासन पर बैठाने का सौभाग्य पायेगी। इस प्रबल आकर्षण के होते हुए भी वे सदाचरण से च्युत नहीं हुईं। पति ने जिस तरह से खीर बाँटी, उसे उन्होंने विनत हो स्वीकार किया।

अर्ध भाग कौसल्यहि दीन्हा।
उभय भाग आधे कर कीन्हा॥
कैकेई कहँ नृप सो दयऊ।
रह्यो सो उभय भाग पुनि भयऊ॥
कौसल्या कैकेई हाथ धरि।
दीन्ह सुमित्रहि मन प्रसन्न करि॥

—राजा ने आधा भाग कौसल्या को दिया और आधे के दो भाग किये। उसमें से एक भाग राजा ने कैकेयी को दिया। शेष जो बच रहा, राजा ने उसके फिर दो भाग किये और कौसल्या एवं कैकेयी के हाथ में रखकर उनका मन प्रसन्न करके सुमित्रा को दिया।

कैकेयी यदि स्वभावतः ईर्ष्या एवं द्वेष से परिपूर्ण होती तो कभी इस विभाजन को प्रसन्नतापूर्वक स्वीकार नहीं करतीं। आखिरकार यह खीर ही तो राजसिंहासन के उत्तराधिकार को निश्चित करनेवाली थी। कैकेयी चाहतीं तो अग्नि देवता द्वारा दिया हविष्यान्न अकेले ही खा सकती थीं। राजा दशरथ उन्हें हृदय की गहराइयों से चाहते थे, अतः उन्हें किसी तरह के अवरोध-विरोध का सामना नहीं करना पड़ता।

यज्ञ-खीर के समुचित विभाजन में अपना सहयोग देकर कैकेयी ने अपने उदात्त चरित्र का परिचय दिया था। सिंहासन के उत्तराधिकारी को उत्पन्न करके उसे अयोध्या का सम्राट् बनाने के प्रति उन्होंने कोई लोभ नहीं दिखाया। वे चाहतीं तो एक झटके में कौसल्या और सुमित्रा के 'माँ' बनने के सौभाग्य और सुअवसर को समाप्त कर सकती थीं। पर उन्होंने ऐसा नहीं किया।

कैकेयी के चरित्र की शुचिता और दिव्यता उस समय और प्रभावी बनकर उभरती है जब वे मन्थरा से बात करती हैं। सरस्वती द्वारा 'मति भ्रष्ट' हो जाने के बाद जब मन्थरा उन्हें राम के प्रति भड़काती है तो वह राम की महिमा का आनन्द पूर्ण स्वर में बखान करती हैं।

कौसल्या सम सब महतारी।
रामहि सहज सुभायँ पिआरी॥
मो पर करहिं सनेहु बिसेषी।
मैं करि प्रीति परीछा देखी॥

—राम को सहज स्वभाव से सब माताएँ कौसल्या के समान ही प्यारी हैं। मुझ पर तो वे विशेष प्रेम करते हैं। मैंने उनकी प्रीति की परीक्षा करके देख ली है।

कैकेयी के कथन में औपचारिकता नहीं, आन्तरिकता है। वह राम की

अनुपस्थिति में राम के गुण गा रही हैं। अपने भाव को बल प्रदान करने के लिए वह कह रही हैं कि राम का स्वभाव सहज रूप से निर्मल है। वह सभी माताओं को कौसल्या जैसा सम्मान देते हैं। मेरे प्रति तो उनका प्रेम अत्यन्त गहरा है, इसे मैं परीक्षा करके देख चुकी हूँ।

परीक्षा की बात कहकर कैकेयी एक मनोवैज्ञानिक तथ्य की ओर इशारा कर रही हैं। जब कोई पराये को अपनत्व देता है तो उसके मन्तव्य पर गहरा प्रश्न-चिह्न खड़ा होता है। जिसे अपनत्व दिया जा रहा होता है वह सोचता है कि आखिर इस अपनत्व के पीछे कारण क्या है? यह हेतु-प्रेरित है या निर्हेतुक है? राम ने जब पहली बार अपनी माँ कौसल्या से अधिक कैकेयी को प्रेम किया होगा तो स्वाभाविक रूप से कैकेयी के मन में यह भाव उठा होगा कि यह दिखावा है या अन्तर्मन का पवित्र-प्रदर्शन, इसी को निश्चित करने के लिए उन्होंने राम की परीक्षा ली होगी।

वस्तुतः हर परीक्षा मनुष्य की वास्तविकता की पहचान के लिए होती है। सामान्य रूप से मनुष्य बहुत सतही और औपचारिक जीवन जीता है। नमस्कार, प्रणाम करके, विनम्रता-सदाशयता दिखाकर वह अपने 'दिव्य चरित्र' का पोस्टर तो हर पल लगाने को तैयार रहता है, पर परीक्षा की घड़ी आने पर वह बुरी तरह असफल हो जाता है। संसार में बहुत लोग कहते हैं कि आवश्यकता हो तो मुझे याद करिएगा, पर जब आवश्यकता के समय उन्हें याद किया जाता है तो वे लापता हो जाते हैं। ऐसी स्थिति आज ही नहीं, त्रेतायुग में भी रही होगी। इसीलिए कैकेयी कहती हैं कि मैंने राम के प्रेम की परीक्षा ली है और उसे खरा पाया है।

वे कहती हैं कि राम का प्रेम सहज स्वभाव से उत्पन्न है। उसमें कोई आत्म-प्रदर्शन या तामझाम नहीं है। जैसे स्वभावतः राम कौसल्या को माँ समझते हैं, उसी तरह मुझे भी। मैं भी राम को अपने अन्तर्मन से चाहती हूँ।

जौं बिधि जनमु देइ करि छोहू।
होहुँ राम सिय पूत पुतोहू॥

—जो विधाता कृपा करके जन्म दे तो (यह भी दे कि) श्रीराम पुत्र और सीता बहू हों।

अगले जन्म में राम को पुत्र और सीता को बहू के रूप में पाने की कामना राम और सीता के प्रति कैकेयी के वात्सल्य की तुमुल ध्वनि से घोषणा करती है। इसी कारण कैकेयी कहती हैं—

प्रान तें अधिक राम प्रिय मोरें।
तिन्ह कें तिलक छोभु कस तोरें॥

—राम मुझे प्राणों से भी अधिक प्रिय हैं। उनके राजतिलक से तुझे क्षोभ कैसा?

राम के प्रति कैकेयी के हृदय में अपार स्नेह भरा हुआ है। राम को वह प्राणाधिक प्रिय बताती हैं। राम का विश्वास जीतने के लिए या राम से कुछ पाने के लिए कैकेयी ऐसा नहीं कह रही हैं। यह उनकी सहजोक्ति है, जो राम के प्रति ममत्व को अभिव्यक्ति दे रही है। इसी कारण राम के राजतिलक की बात सुनकर कैकेयी अत्यन्त उल्लसित हो उठीं।

जेठ स्वामि सेवक लघु भाई।
यह दिनकर कुल रीति सुहाई॥
राम तिलक जौं साँचेहुँ काली।
देउँ मागु मन भावत आली॥

—बड़ा भाई स्वामी और छोटा भाई सेवक होता है। यह सूर्यवंश की सुहावनी रीति है। यदि सचमुच कल ही राम का तिलक है तो हे सखी! तेरे मन को अच्छी लगे वही वस्तु माँग ले, मैं दूँगी।

कैकेयी के इस कथन में उनके निर्मल और पारदर्शी हृदय की बड़ी स्पष्ट अभिव्यक्ति हुई है। अपने कुल की मर्यादा और परम्परा के प्रति वे कितनी सजग हैं, इसे सहज ही जाना जा सकता है। वास्तव में मर्यादाएँ और परम्पराएँ मनुष्य की क्षुद्रताओं को बाँधने और श्रेष्ठताओं को गति देने के लिए ही होती हैं। स्वार्थ मनुष्य को क्षुद्र बनाता है, उसके भीतर के विराट् को बौना करता है। अतः मर्यादा पर आधारित परम्परा को जीवन में गतिमान रखने की व्यवस्था सदा बनाये रखनी चाहिए। कैकेयी ऐसी ही व्यवस्था के प्रति सजग दिखती हैं।

राम को इतना प्रेम करनेवाली कैकेयी राम-विरोधिनी कैसे बनीं, यह एक विचारणीय मुद्दा है। यदि इसे देवताओं के कार्य को पूरा करने के लिए सरस्वती का कुचक्र मान लिया जाये तो विचार के सारे द्वार बन्द हो जाते हैं। पर तार्किक मन इसे सहज में स्वीकार नहीं कर पाता है। वह कारण की खोज के लिए आकुल-व्याकुल रहता है।

इस कारण की खोज के लिए हमें वाल्मीकि रामायण तक की यात्रा करनी पड़ेगी। वाल्मीकि रामायण में कहा गया है कि कैकेयी से विवाह करते समय राजा दशरथ ने वचन दिया था कि उनके गर्भ से उत्पन्न पुत्र ही राजसिंहासन पर आरूढ़ होगा। लेकिन कालान्तर में राम के स्वभाव की श्रेष्ठता और अयोध्या की प्रजा में उनकी लोकप्रियता को देखकर राजा दशरथ का मन बदल गया। वह चुपके से भरत की अनुपस्थिति में बिना कैकेयी को बताये राम का तिलक करने की योजना बना

बैठे। दशरथ की यह योजना उनके और राम दोनों के लिए महँगी पड़ी। दशरथ यदि कैकेयी से सलाह माँगते तो सम्भवत: वह राम को युवराज बनाने की स्वीकृति दे देतीं, क्योंकि राम से उन्हें बहुत प्रेम था। पर दशरथ का मन संशयी था। वह सोच रहे थे कि कहीं सलाह लेना भारी न पड़ जाये। यदि कैकेयी उन्हें उनके पुराने वचन की याद दिलाकर भरत को युवराज बनाने की जिद करें तो दशरथ मना नहीं कर पायेंगे। इसीलिए दशरथ ने भरत की अनुपस्थिति का लाभ उठाना चाहा और कैकेयी को पूर्व सूचना न देने तथा उनसे पूर्व सलाह न लेने में ही भलाई समझी। पर दशरथ का यह दाँव असफल रहा।

वास्तव में राम के युवराज बनने की कोई जल्दी नहीं थी। भरत के आगमन की प्रतीक्षा की जा सकती थी। आखिर दशरथ-मरण पर भरत को बुलाया ही गया था। भरत आ जाते तो धूमधाम से राम का राजतिलक करना ज्यादा स्वाभाविक और शुभ होता। पर दशरथ के मन की पेंच ने इसे फलित नहीं होने दिया।

रामकथा में आये इस अवरोध को अनेक लेखकों ने अनेक तरह से प्रस्तुत किया है। तुलसीदास ने इसे सौतिया डाह के रूप में चित्रित किया है। मैथिलीशरण गुप्त ने इसे भरत पर सन्देह के रूप में प्रस्तुत किया है।

भरत से सुत पर भी संदेह?
बुलाया तक न उसे निज गेह?

—भरत जैसे पुत्र पर भी सन्देह? उसे राजतिलक के अवसर पर अपने घर नहीं बुलाया?

मैथिलीशरण गुप्त का यह तर्क भी प्रभावपूर्ण है, किन्तु यहाँ हम तुलसीदास के तर्क की ही चर्चा करेंगे, क्योंकि वही हमारा विवेच्य विषय है।

□

कैकेयी : कुमति कथा

मन्थरा कैकेयी को समझाती है कि तुम अपने आपको राजनीति में पारंगत समझती हो, अपने प्रति राजा के प्रेम को सर्वाधिक और सर्वोत्तम समझती हो; लेकिन यह सच नहीं है। कौसल्या तुमसे ज्यादा चतुर है।

चतुर गँभीर राम महतारी।
बीचु पाइ निज बात सँवारी॥

—राम की माता कौसल्या बड़ी चतुर और गम्भीर है। उसने मौका पाकर अपनी बात बना ली।

मन्थरा बहुत तर्कपूर्ण और विश्वसनीय ढंग से कैकेयी के मन के विश्वास को तोड़ने का प्रयत्न करती है। वह कहती है कि कौसल्या चतुर और गम्भीर है। ये दोनों गुण यदि सज्जन में आ जायें तो वह परमार्थ का पोषक बनता है और यदि दुर्जन में आ जायें तो वह स्वार्थ का संवर्द्धन करता है। व्यक्ति यदि चतुर और गम्भीर हो तो वह हित-सिद्धि से पहले अपनी रणनीति को उजागर नहीं करता है। चतुरता यदि गम्भीरता से अनुशासित हो तो मनुष्य कठिन-से-कठिन परिस्थिति में भी अपना हित सिद्ध कर सकता है। मन्थरा कैकेयी को समझा रही है कि इन्हीं गुणों के बल पर मौका देखकर कौसल्या अपनी बात बना रही है।

मन्थरा द्वारा कौसल्या के गुणों का बखान एक सत्पुरुष का प्रशस्ति-वाचन नहीं है, यह तो एक दुष्ट व्यक्ति का ध्वंस-घोष है; अयोध्या के राजपरिवार को सुरक्षित रखनेवाली विश्वास की दीवार को खण्ड-खण्ड करनेवाली वाणी-बारूद है।

पठए भरतु भूप ननिअउरें।
राम मातु मत जानब रउरें॥

—राजा ने जो भरत को ननिहाल भेज दिया, उसमें आप बस राम की माता की

सलाह समझिए।

कैकेयी के मन के जो दो दुर्बल बिन्दु हैं, उन्हें मन्थरा अच्छी तरह समझती है। इसीलिए उन पर ही हथौड़ा मारने का वह प्रयत्न करती है। सौत के रूप में कौसल्या पहली बिन्दु हैं और पुत्र के रूप में भरत दूसरे बिन्दु हैं। कौसल्या नकारात्मक और भरत सकारात्मक बिन्दु हैं। कैकेयी को दोनों के प्रति मन्थरा सजग करना चाहती है।

सबसे पहले मन्थरा ने कहा कि राम की माता अपने पुत्र के हित-साधन के लिए चतुरता और गम्भीरता से चाल चल रही है और अब कह रही है कि भरत को ननिहाल भेजना उस चाल का ही एक हिस्सा है। राजा ने भरत को कौसल्या की शह पर ननिहाल भेजा है।

मन्थरा ने कैकेयी को पत्नी और माँ दोनों रूपों में आहत करने का सफल प्रयत्न किया।

सेवहिं सकल सवति मोहि नीकें।
गरबित भरत मातु बल पी कें॥

—(कौसल्या समझती है कि) और सब सौतें तो मेरी अच्छी तरह सेवा करती हैं, एक भरत की माँ पति के बल पर गर्वित रहती है।

कैकेयी के सुरक्षित वर्तमान को असुरक्षित भविष्य के रूप में मन्थरा बड़ी खूबी से प्रस्तुत करती है। वह कहती है कि राजा के प्रेम को लेकर जो तुम्हारी समर्थ स्थिति है, उसे कौसल्या असमर्थता में बदलना चाहती है। तुम उसके दबदबे से बाहर हो, यही कौसल्या की सबसे बड़ी पीड़ा है।

सालु तुम्हार कौसिलहि माई।
कपट चतुर नहिं होइ जनाई॥

—इसी से हे माई! कौसल्या को तुम साल रही हो। किन्तु वह कपट करने में चतुर है, अतः उसके हृदय का भाव जानने में नहीं आता।

मन्थरा एक विश्वस्त सलाहकार की तरह कैकेयी के असुरक्षित भविष्य का खाका खींच रही है। वह बड़ी स्पष्टता से बताना चाहती है कि राम का राजतिलक एक सहज-स्वाभाविक घटना नहीं, एक सोची समझी, पूर्ण नियोजित रणनीति के तहत की जा रही साजिश है। भला कैकेयी 'दशरथ प्रिया' की दर्पपूर्ण प्रतिष्ठा कैसे खो सकती थीं! इस सम्मान को छीनने के लिए यदि कोई प्रयत्न कर रहा हो तो उसे कैसे क्षमा कर सकती थीं! अयोध्या के राजभवन में कैकेयी की यही प्रतिष्ठा तो उनकी प्राणशक्ति थी। राजमुकुट भले ही महाराज दशरथ के माथे पर हो, पर

अयोध्या के जन-मन में यह प्रतीति कि महाराज कैकेयी के वश में हैं, कैकेयी की सबसे बड़ी थाती थी। इसे कैकेयी किसी भी कीमत पर खोने के लिए तत्पर नहीं हो सकती थीं, इसे मन्थरा अच्छी तरह जानती थी। इसीलिए वह भविष्य के भय का सुदृढ़ ताना-बाना बुन रही थी।

राजहि तुम्ह पर प्रेमु बिसेषी।
सवति सुभाउ सकइ नहिं देखी॥

—राजा का तुम पर विशेष प्रेम है। कौसल्या सौत के स्वभाव से उसे देख नहीं सकती।

सौत के प्रभाव और पुत्र के अनहित का बार-बार जिक्र करके मन्थरा कैकेयी की निर्मल बुद्धि को मलिन करना चाहती है। मानव स्वभाव का यह एक सहज नियम है कि जब तक मन मलिन न हो, मनुष्य बुरा व्यवहार कर ही नहीं सकता। इसीलिए सौत के प्रभाव का भय दिखाने के बाद पुत्र के अहित की बात वह फिर कैकेयी के सामने रखती है।

रचि प्रपंचु भूपहि अपनाई।
राम तिलक हित लगन धराई॥

—इसीलिए कौसल्या ने जाल रचकर राजा को अपने वश में करके राम के राजतिलक के लिए लग्न निश्चय करा लिया है।

अपने इस कथन में मन्थरा यह ध्वनित करती है कि राम का राजतिलक एक षड्यन्त्र है, क्योंकि वह भरत की अनुपस्थिति में हो रहा है। अगर राजा का हृदय सचमुच साफ होता तो वे भरत को ननिहाल से बुलाकर राम का राजतिलक करते। अपने दुष्ट कर्म को शुद्ध बुद्धि से उत्पन्न सत्कर्म सिद्ध करने के लिए वह बड़े भोलेपन से कहती है।

यह कुल उचित राम कहुँ टीका।
सबहि सोहाइ मोहि सुठि नीका॥

—राम का तिलक हो, यह कुल के लिए उचित ही है और यह बात सभी को सुहाती है; और मुझे तो बहुत ही अच्छी लगती है।

आह! सचमुच मन्थरा की वाणी पर सरस्वती बैठी हुई हैं। इतने दुष्ट मन्तव्य को इतने मधुर-मनोहर ढंग से प्रस्तुत करना आश्चर्यकारी लगता है। कैकेयी ने शुरू में मन्थरा से कहा था कि राम का राजतिलक तो रघुवंश के गौरव के अनुकूल है। इस साधु वचन का सहारा लेकर मन्थरा अपने दुष्ट मन्तव्य को आगे बढ़ा रही है। जीवन का यह गणित मुझे बहुत चकित करता है। ठग, चुगलखोर, निन्दक और दुष्ट

बुद्धि के लोग सदैव साधु-सरस वचन बोलकर अपना उल्लू सीधा करते हैं। सदाचरण का सहारा लेकर दुराचरण के लक्ष्य तक पहुँचना बड़ा निन्दनीय है; लेकिन आचरण के आधुनिक बाजार में इसी का भाव सबसे ऊँचा है। हर आदमी बाहर से सदाचारी बनकर भीतर से दुराचरण की फसल काट रहा है। इसीलिए मानवता के उत्थान का रथ पाखण्डपूर्ण आचरण के कीच में फँसा हुआ है।

राम के प्रति कैकेयी के वात्सल्य को मन्थरा अच्छी तरह जानती है। इसीलिए वह राम पर निषेधात्मक नहीं, विधायक प्रहार कर रही है। अपने इस दुष्ट कर्म में कैकेयी का विश्वास-भाजन बनने के लिए वह पहले अपने को राम के करीब लाती है, जिससे कैकेयी का उस पर विश्वास और बढ़ जाये। मन्थरा कहती है कि राम का राजतिलक उचित है। यह सभी को अच्छा लग रहा है और मुझे तो सर्वाधिक पसन्द है।

अपने इस वचन से मन्थरा कैकेयी को यह विश्वास दिलाती है कि वह राम-विरोधिनी नहीं है, वह तो मात्र कैकेयी-हित संवर्द्धनी है। यदि कैकेयी के हित-साधन में राम बाधक बनते हैं तो यह राम की समस्या है। लेकिन मन्थरा राम के हित की सुरक्षा के लिए कैकेयी के हित का त्याग नहीं कर सकती। सरस्वती का प्रसाद पाकर विदग्ध बनी मन्थरा बड़े साधु भाव से हितकारी मुद्रा में कैकेयी से कहती है कि वास्तविक मुद्दा राम का राजतिलक नहीं है। राजतिलक के बाद उत्पन्न होनेवाली परिस्थितियाँ ही वास्तविक मुद्दे को जन्म देंगी जो कैकेयी के लिए बड़ा दुःखदायी सिद्ध होगा। इसीलिए राम के राजतिलक को रोकना आवश्यक है। मन्थरा सोचती है कि यदि राम का राजतिलक हो गया तो कैकेयी और भरत का भविष्य अन्धकार की अतल गहराइयों में डूब जायेगा।

आगिलि बात समुझि डर मोही।
देउ दैउ फिरि सो फलु ओही॥

—मुझे तो आगे की बात विचार कर डर लगता है। दैव उलटकर इसका फल उसी कौसल्या को दे दे।

संसार की यह सामान्य नीति और रीति है कि हर मनुष्य अपने भविष्य की सुरक्षा के लिए चिन्तित रहता है। वर्तमान की विद्रूपता उसे उतना नहीं सताती है जितना कि अनागत का अजाना आतंक उसे आक्रान्त करता है। जीवन के इस सीधे-सरल गणित के आधार पर ही मन्थरा कैकेयी के मन के विश्वास को खण्ड-खण्ड करती है और अयोध्या के राजभवन के पारिवारिक सौमनस्य को अविश्वास के प्रचण्ड ताप से दग्ध कर देती है।

रचि पचि कोटिक कुटिलपन कीन्हेसि कपट प्रबोधु।
कहिसि कथा सत सवति कै जेहि बिधि बाढ़ बिरोधु॥

—इस तरह करोड़ों कुटिलपन की बातें गढ़-छोलकर मन्थरा ने कैकेयी को उलटा-सीधा समझा दिया और सैकड़ों सौतों की कहानियाँ इस प्रकार कहीं जिस प्रकार विरोध बढ़े।

कैकेयी के अति निकट रहनेवाली मन्थरा उनके मनोविज्ञान को अच्छी तरह जानती थी। इसीलिए जब उसने देखा कि राम के राजतिलक के बाद उभरनेवाली भविष्य की घटनाओं का जो चित्र उसने खींचा है, वह कैकेयी के मन की विश्वास-दीवार में दरार डालने में सफल हो गया है तो उसने सौत के दुःख की अनेक कहानियाँ कैकेयी को सुना डालीं।

जाने क्यों मनुष्य वर्तमान के आघात को तो जैसे-तैसे रो-गाकर सह लेता है, लेकिन भविष्य से उसे बड़ा भय लगता है। इसीलिए वह ज्योतिषियों के चक्कर काटता है और ग्रह-नक्षत्रों की अनुकूलता हेतु पूजन-वन्दन करता है। आखिर मनुष्य चुपचाप भविष्य के वर्तमान बनने की प्रतीक्षा क्यों नहीं करता ? वर्तमान के दुःख को झेलने का तो उसका अभ्यास है। सहज बात तो यह होती कि भविष्य को वर्तमान बनने दो और इस नये वर्तमान को हर पुराने वर्तमान की तरह झेल जाओ। पर यह प्रायः मनुष्य से होता नहीं है। सम्भवतः मनुष्य भविष्य के दुःख की प्रहार-शक्ति को जानता नहीं है, इसीलिए भयभीत रहता है। वह यह जानने के लिए विकल रहता है कि किसी तरह पता चल जाय कि प्रहार की शक्ति क्या है ? अगर हलका-फुलका है तो उसे जर-मरकर झेला जाय और यदि भारी-भरकम है तो उसे कुछ जुगत कर दूर ढकेला जाये। इसी नियम के अधीन मन्थरा भविष्य के दुःख के प्रचण्ड प्रहार का चित्र कैकेयी के समक्ष रखती है और भयभीत कैकेयी के दुःख को दूर ढकेलने के लिए बड़ी चतुरता से सौतों की कहानियाँ सुनाकर तैयार करती है।

निर्भय मन सुरक्षा प्रदान करता है और भयभीत मन सुरक्षा की खोज करता है। निर्भय कैकेयी राम का पक्ष ले रही थीं, लेकिन मन्थरा ने उनकी निर्भयता को भविष्य में आनेवाले भय से जोड़ दिया तो भयभीत कैकेयी सुरक्षा की खोज में मन्थरा की गोद में चली गयीं। विशुद्ध विश्वास से गर्हित अविश्वास तक की यह यात्रा कैकेयी के निरीह जीवन की करुण-कथा है। रामायण के इतने समर्थ पात्र का इतना उपेक्षित हो जाना विस्मयकारी है।

भावी बस प्रतीति उर आई।
पूँछ रानि पुनि सपथ देवाई॥

—होनहार वश कैकेयी के मन में विश्वास हो गया। रानी फिर सौगन्ध दिलाकर पूछने लगी।

विश्वासी मन बिना विश्वास के जी ही नहीं सकता। इसीलिए जब कैकेयी ने दशरथ, राम और कौसल्या पर से अपना विश्वास खोया तो मन्थरा पर विश्वास कर बैठीं। अन्तर यही है कि पहला विश्वास विधेयात्मक था और दूसरा निषेधात्मक। पहला श्रद्धा पर आधारित था और दूसरा संशय पर। पहला सम्बन्धों की मधुरता की गंगा से अभिसिंचित था तो दूसरा ईर्ष्या-द्वेष की मलिन वैतरणी से।

लोग प्राय: मुझसे यह पूछते हैं कि हमारे धर्म में इतना द्राविण प्राणायाम क्यों करवाया जाता है? यदि सरस्वती को देवताओं की सहायता राम को वन भेजने के लिए करनी ही थी और उसके लिए राजतिलक को रुकवाना था, तो उन्होंने मन्थरा का सहारा क्यों लिया? सरस्वती ने सीधे कैकेयी की मति क्यों नहीं फेर दी? यह ज्यादा सीधा और सहज तरीका होता।

ऊपर से देखने में बात बड़ी तर्कपूर्ण लगती है। वास्तव में यदि सरस्वती सीधे कैकेयी को अपने 'प्रभाव' में ले लेतीं तो सबकुछ थोड़े में ही सिमट जाता। पर भीतर जाकर गहराई से देखने का प्रयत्न करें तो कुछ और बातें ध्यान में आती हैं।

सबसे बड़ी बात यह है कि जब किसी की बुद्धि को दुष्ट कार्य के लिए प्रेरित करना हो तो कमजोर बुद्धि के व्यक्ति को चुनना पड़ता है। आप देखते होंगे कि भूत-प्रेत की आत्माएँ कमजोर व्यक्ति को ही सताती हैं। दृढ़ इच्छाशक्तिवाले व्यक्ति के पास ये नहीं फटकती हैं।

विवेकानन्द के जीवन की एक मजेदार कथा है। जब उन्हें ध्यान करते-करते दूसरे के मन को प्रभावित करने की शक्ति मिल गयी तो उन्होंने अपनी शक्ति का परीक्षण करना चाहा। लेकिन इस परीक्षण के लिए उन्होंने रामकृष्ण परमहंस को अपना विषय नहीं बनाया। रामकृष्ण की इच्छाशक्ति तो परमात्मा तुल्य थी। विवेकानन्द तो उसे अपने मन से छू भी नहीं सकते थे। अत: उन्होंने अपने गुरु भाइयों में सबसे कमजोर इच्छाशक्ति के लाटू महाराज को विषय बनाया। लाटू महाराज दिन-रात मूर्तियों की पूजा किया करते थे। विवेकानन्द ने ध्यान में अपने मन का संकेत लाटू महाराज के मन पर भेजा और उन्हें निर्देश दिया कि मूर्तिपूजा बेकार है। इन मूर्तियों को गंगा में फेंक आओ।

लाटू महाराज पर विवेकानन्द के संकेत का तुरन्त प्रभाव पड़ा। उनका मन मूर्तिपूजा से उचट गया। उन्होंने सभी मूर्तियों को एक चादर में बाँधा और उन्हें

फेंकने के लिए गंगातट की ओर चल दिये। मार्ग में उन्हें रामकृष्ण मिले। पूछा, 'गठरी बाँधकर कहाँ जा रहे हो?'

लाटू महाराज ने कहा, 'गठरी में मूर्तियाँ हैं। इन्हें गंगाजी में विसर्जित करूँगा। मूर्तिपूजा में कुछ रस नहीं है।'

रामकृष्ण अपने मूर्तिपूजक शिष्य की ज्ञान-बुद्धि देखकर चकरा गये। एक क्षण के लिए उन्होंने विचारा और डाँटकर बोले, 'मूर्ति फेंकने की जरूरत नहीं, तू अपने कमरे में जा।'

रामकृष्ण सीधे विवेकानन्द के पास आये और बोले, 'छिह, यह कैसी दुष्ट बुद्धि है तुम्हारी, तुम लाटू के ऊपर अपनी ध्यानशक्ति का प्रयोग करके आस्था को डिगा रहे हो।'

विवेकानन्द लज्जित हुए। उन्होंने श्रीरामकृष्ण से क्षमा माँगी।

दुर्बल बुद्धि को प्रभावित करना आसान है और दुष्ट कार्य के लिए प्रभावित करना तो और भी आसान है; क्योंकि ठगी, ईर्ष्या, द्वेष और चुगली करनेवाले व्यक्ति की बुद्धि निषेधात्मक कार्यों के प्रति अधिक ललक रखती है। सम्भवतः सरस्वती ने इसीलिए मन्थरा को अपना 'विषय' बनाया हो।

सरस्वती ने अपना प्रभाव मन्थरा के सहारे कैकेयी तक पहुँचाया। इसमें जीवन-व्यवहार की एक और कड़ी जुड़ती है। इसके माध्यम से हम संगति के प्रभाव को समझते हैं। मन्थरा यों तो अनेक वर्षों से कैकेयी के साथ रह रही थी, लेकिन वह कैकेयी को कभी इतनी गहनता और तीव्रता से प्रभावित नहीं कर पायी थी।

आज सरस्वती का इच्छाबल पाकर वह कैकेयी की इच्छाशक्ति को निषेधात्मक ढंग से आच्छादित करने में समर्थ हो गयी। अतः यह बात समझ में आती है कि मनुष्य विधेयक एवं निषेधमय दोनों तरह की इच्छाशक्तियों से प्रभावित होता है। अतः हमारे धर्म में बार-बार सत्संगति पर बल दिया गया। अच्छी संगति जीवन को सकारात्मक ढंग से सुपुष्ट करती है।

यहाँ एक और समझने की बात है कि यदि सज्जन की इच्छाशक्ति प्रबल है तो वह दुर्जन को सुधार देता है या कम-से-कम दुर्जन के दुष्ट कर्म से प्रभावित नहीं होता है। साथ-ही-साथ यह भी सत्य है कि यदि दुर्जन की इच्छाशक्ति सुदृढ़ है तो वह सज्जन को अपने प्रभाव-क्षेत्र में घसीट लेता है। प्रचण्ड इच्छाशक्तिवाले दुष्ट के साथ रहकर सज्जन अपनी इच्छाशक्ति को सुरक्षित नहीं रख पाता है। सरस्वती ने मन्थरा की दुष्ट इच्छाशक्ति को प्रचण्ड कर दिया था, इसीलिए कैकेयी भी उससे

बच नहीं सकीं।

शुद्ध विश्वास से गर्हित विश्वास तक की कैकेयी की यात्रा मानवमात्र के लिए एक सीख है कि कभी दुर्जन को कमजोर नहीं समझो। मनुष्य जीवन पानी की तरह है। वह दुर्बलताओं के सहारे नीचे जाना चाहता है। इसीलिए ऋषियों ने जीवन में अग्नि का आदर्श रखा, जिससे लपट बनकर तेजस्विता के साथ ऊपर उठने की सीख मिलती है। सत्संगति ही वह अग्नि है जिससे जीवन तेजस्वी बनता है।

मनुष्य अच्छे और बुरे दोनों विचारों का समुच्चय होता है। सत्संगति से अच्छे विचार बढ़ते हैं और कुसंगति से बुरे विचार संवर्द्धित होते हैं। इस जगत् में अपने आचरण से मनुष्य अपनी अच्छाई और बुराई को बढ़ाता-घटाता है। आचरण के नियमन में संगति का बड़ा प्रभाव पड़ता है। दुर्भाग्य से कैकेयी को सरस्वती-प्रेरित मन्थरा की कुटिलता का साथ मिला और कैकेयी उसमें बह गयीं। उन्होंने मन्थरा से पूछा कि इस संकट से बचने के लिए क्या उपाय करना चाहिए?

का पूँछहु तुम्ह अबहुँ न जाना।
निज हित अनहित पसु पहिचाना॥

—क्या पूछती हो? अरे, तुमने अब भी नहीं समझा? अपने भले-बुरे को तो पशु भी पहचान लेते हैं।

आह! कितनी दारुण वेदना की घड़ी है यह! अयोध्या के राजभवन की सबसे समर्थ और सयानी महिला को उसकी दासी उलाहनापूर्ण प्रबोध दे रही है। जो अयोध्या के महाराज को राजनीति और शासन व्यवस्था में सलाह देती हो, वह दासी के सामने सलाह की याचना कर रही है। सचमुच! कुसंगति मनुष्य के विवेक को नष्ट कर देती है।

बीसवीं शताब्दी के रूस के महान् गणितज्ञ आस्पेंस्की गणित का अध्ययन करते-करते पश्चिम के एक महान् गुरु गुर्जिएफ के सम्पर्क में आकर सन्त बन गये। रूस छोड़कर वह इंग्लैण्ड और अमेरिका में रहने लगे। एक बार अपने शिष्यों से उन्होंने कहा कि जाओ, जान-बूझकर अपनी पूरी होश और समझ के साथ कोई अपराध करके आओ। शिष्यों ने समझा कि यह तो बड़ा आसान काम है। उन्होंने चोरी, बलात्कार, गुण्डागर्दी आदि कई तरह के अपराधों की लिस्ट बनायी। अपराध करने के लिए गये भी। पर अपने विवेक को कायम रखने के कारण कर नहीं पाये। गुरु के पास आये और बोले, 'हम विवेक की स्थिति में अपराध नहीं कर पाये।'

आस्पेंस्की ने मुसकराकर कहा, 'बिना बेहोश हुए, बिना बेसमझ हुए अपराध किया ही नहीं जा सकता। जब तुम काम, क्रोध, लोभ, मद, मोह और अहंकार के

कारण बेहोश होते हो, अपने विवेक को खो देते हो, तब अपराध करते हो। अतः जीवन में विवेक का जागरण परम आवश्यक है।'

मन्थरा के सम्पर्क में कैकेयी ने इसी विवेक को खोकर बेहोशी को चुन लिया था। अतः वह दासी से अपनी सुरक्षा का मार्ग पूछ रही थीं।

इस प्रसंग को देखकर मुझे लगता है कि मन्थरा के रुतबे को सरस्वती ने सचमुच बढ़ा दिया था। वह बड़ी ऐंठ के साथ कैकेयी को झिड़कते हुए बात कर रही है। अपनी महारानी से कह रही है कि तुम पशु से भी बदतर हो। पशु तो अपने भले-बुरे का खयाल करता है, अपने शत्रु-मित्र को पहचानता है, पर तुम्हें तो पशु जितनी भी समझ नहीं है। एक पखवारे से अयोध्या नगरी में हर्षानन्द के उत्सव चल रहे हैं। तुम्हें इसकी तनिक भी खबर नहीं है। मैं तुम्हारा दिया खाती हूँ, इसीलिए तुम्हें सच बता रही हूँ।

जौं असत्य कछु कहब बनाई।
तौं बिधि देइहि हमहि सजाई॥

—यदि मैं कुछ बनाकर झूठ कहती होऊँगी तो विधाता मुझे दण्ड देगा।

मन्थरा की यह शपथ आधुनिक युग के उन गवाहों की तरह है जो गीता पर हाथ रखकर सत्य बोलने का संकल्प लेते हैं। अपने इस वचन से मन्थरा अपने वश में हुई कैकेयी को भले ही आश्वस्त कर रही थी, पर विधाता को आश्वस्त कर पाना उसके वश में नहीं था। अतः विधाता ने कालान्तर में निश्चित रूप से उसके किये की सजा दी।

मनुष्य तो भले ही ठग लिया जाये, पर विधाता को ठगना सम्भव नहीं है। महान् वैज्ञानिक गैलीलियो ने जब कहा कि पृथ्वी सूर्य का चक्कर लगा रही है, तो ईसाई जगत् में तहलका मच गया। धर्म के ठेकेदारों ने कहा कि या तो तुम अपने कथन को असत्य घोषित करो या सजा सहने के लिए तैयार हो जाओ। गैलीलियो ने जान बचाने को ज्यादा महत्त्व दिया। उसने लिख दिया कि यह झूठ है कि पृथ्वी सूर्य की परिक्रमा करती है। मित्रों ने पूछा, 'तुम वैज्ञानिक ढंग से प्रमाणित सत्य से कैसे पीछे हट रहे हो?'

गैलीलियो ने सीधा सा जवाब दिया, 'यदि पीछे नहीं हटूँगा तो ये मेरी जान ले लेंगे। पर मैं हृदय की गहराइयों से जानता हूँ कि मेरे यह कह देने से कि पृथ्वी सूर्य की परिक्रमा नहीं करती है, सूर्य पृथ्वी की परिक्रमा कर रहा है, पृथ्वी और सूर्य अपना परिक्रमा पथ नहीं बदल देंगे। सूर्य और पृथ्वी वैज्ञानिक तथ्य के अनुसार ही कार्य करेंगे। मेरा हस्ताक्षर उनकी गति को नहीं बदल पायेगा।'

जैसे गैलीलियो ने धर्म के ठेकेदारों को तो आश्वस्त कर दिया, पर पृथ्वी और सूर्य अपनी गति से चलते रहे। इसी तरह मन्थरा ने अपने झूठ-फरेब से कैकेयी को तो आश्वस्त कर दिया, पर विधाता को नहीं कर पायी। विधाता ने उसे शत्रुघ्न से अच्छा दण्ड दिलाया। लेकिन विधाता का यह दण्ड घटनाक्रम को परिवर्तित करने में समर्थ नहीं हुआ।

रामहि तिलक कालि जौं भयऊ।
तुम्ह कहुँ बिपति बीजु बिधि बयऊ॥

—यदि कल राम का राजतिलक हो गया तो (समझना कि) तुम्हारे लिए विधाता ने विपत्ति का बीज बो दिया।

संसार में कौन ऐसा अबोध होगा जो अकारण ही अपने ऊपर विपत्ति के बादल बरसाने का आयोजन करेगा। कैकेयी मन्थरा की भविष्यवाणी में अपने अन्धकारमय भविष्य को देखने लगीं। मन्थरा ने कैकेयी की मन:स्थिति समझकर भय को और बढ़ाया।

रेख खँचाइ कहउँ बलु भाषी।
भामिनि भइहु दूध कइ माखी॥
जौं सुत सहित करहु सेवकाई।
तौ घर रहहु न आन उपाई॥

—मैं यह लकीर खींचकर बलपूर्वक कहती हूँ, हे भामिनी! तुम तो अब दूध की मक्खी हो गयीं। जो पुत्र सहित चाकरी बजाओगी तो घर में रह सकोगी, दूसरा उपाय नहीं है।

शक्ति और सामर्थ्य के शिखर पर बैठी कैकेयी के लिए मन्थरा के ये वचन परम आतंककारी थे। उनके लिए यह कल्पना कर पाना भी कठिन था कि राम के राजतिलक के बाद वह अपनी सत्ता की शक्ति को समाप्त कर बैठेंगी। सामान्य स्थिति में तो राम का राजतिलक उनके लिए गौरव की बात होती।

कैकेयी के लिए यह भी दु:सह दु:ख था कि वह अपने पुत्र भरत के साथ राम और कौसल्या की चाकरी करेंगी। आज तक जिसने सबसे चाकरी करवाई हो, उसे चाकरी करने के लिए बाध्य होना पड़े, यह विधाता का सबसे बड़ा प्रकोप है।

यदि प्रतिष्ठा खोना एकदम अनिवार्य हो जाये, जीवन के वर्चस्व को पुन:प्राप्त करने के सारे द्वार बन्द हो जायें तो मनुष्य मन मारकर जिन्दगी को अपाहिज की तरह जी सकता है। लेकिन यदि जीवन कारागार का दण्ड बन जाये तो उसे जी पाना बड़ा कठिन हो जायेगा। कैकेयी के लिए ऐसी ही स्थिति का निर्माण मन्थरा कर रही है।

कद्रूँ बिनतहि दीन्ह दुखु तुम्हहि कौसिलाँ देब।
भरतु बंदिगृह सेइहहिं लखनु राम के नेब॥

—कद्रू ने विनता को दुःख दिया था, तुम्हें कौसल्या देगी। भरत कारागार में डाल दिये जायेंगे और लक्ष्मण राम के नायब (सहकारी) होंगे।

मन्थरा ने बड़ा भयानक चित्र खींचा। मनुष्य को पराजित करने का सबसे बड़ा तरीका यही है कि उसे दुःख और दण्ड का साक्षात् रूप दिखाया जाये। काल्पनिक चीजों से मनुष्य बहुत नहीं डरता है। सारे धर्मों की पुराण-कथाएँ नरक के भयानक चित्रण से भरी पड़ी हैं, लेकिन मनुष्य धड़ल्ले से पाप किये जा रहा है। लेकिन यदि किसी शासन द्वारा कठोर दण्ड की व्यवस्था की जाये, दो-चार लोगों को फाँसी पर लटका दिया जाये तो अपराध की संख्या घट जाती है। कारण एक ही है कि पाप का दण्ड काल्पनिक है। वह मृत्यु के बाद किसी अनजाने नरक में मिलने वाला है। लेकिन अपराध का दण्ड बड़ा यथार्थ है, वह इसी जीवन में मिलता है।

इसी जीवन के दुःख और दण्ड की बात कैकेयी से मन्थरा कर रही है। अतः कैकेयी के लिए इसकी भयानकता बड़ी तीव्र है। उसने सबसे पहले कैकेयी के दुःख का चित्र प्रस्तुत किया। हिन्दू पुराण कथा में कद्रू ने सौत के रूप में विनता को जो दुःख दिया है वह बड़ा त्रासद है। उसकी कल्पना ही रोंगटे खड़ी करनेवाली है।*

कैकेयी को भयपाश में बाँधने के बाद मन्थरा भरत की दारुण स्थिति की करुण कल्पना करती है। वह कहती है कि भरत को राम जेल में डाल देंगे। कितना भयावह है कि कैकेयी विनता की तरह कद्रू रूपी कौसल्या से जीवन भर अपमानित होती रहेंगी और उनका लाड़ला एवं परम तेजस्वी पुत्र राम की जेल में सड़ेगा। और इससे भी ऊपर लक्ष्मण राम के सहयोगी बनकर सत्ता का उपभोग करेंगे। इस तरह कौसल्या और सुमित्रा की अयोध्या में तूती बोलेगी और कैकेयी एवं भरत दण्ड और दुःख उठाते हुए शापित जीवन जीयेंगे। यह तो जीवन के सत्त्व की सबसे बड़ी पराजय है। कैकेयी इसे सोचकर ही काँप उठीं।

कैकयसुता सुनत कटु बानी।
कहि न सकइ कछु सहमि सुखानी॥

---

* कद्रू और विनता कश्यप ऋषि की दो पत्नियाँ थीं। कद्रू से नाग वंश और विनता से पक्षी वंश की उत्पत्ति हुई। कद्रू ने विनता से कहा कि सूर्य के घोड़े काले हैं और विनता ने कहा कि सफेद हैं। कद्रू ने शर्त लगायी कि यदि घोड़े काले होंगे तो तू मेरी दासी बन जाना और यदि सफेद होंगे तो मैं तेरी दासी बन जाऊँगी। कद्रू ने अपने पुत्रों नागों से सूर्य के घोड़ों को ढकवा दिया। वे काले दिखने लगे, जबकि वास्तव में सफेद थे। फलतः कद्रू ने विनता को दासी बनाकर बड़ा दुःख दिया।

—कैकेयी मन्थरा की कड़वी वाणी सुनते ही डरकर सूख गयीं। कुछ बोल नहीं सकीं।

कैकेयी ने साक्षात् देख लिया कि राम का राजतिलक होते ही वह वैभव के परम शिखर से पराभव के गहन गर्त में जा गिरेंगी। अत: वह थर-थर काँप उठीं। कैकेयी की यह स्थिति देखकर मन्थरा डर गयी। उसे आशंका हुई कि कहीं कैकेयी इस अनहोने भय से प्राण ही न त्याग दे, अत: उन्हें तरह-तरह से समझाने लगी। भावीवश कैकेयी ने भी उसे अपना गुरु मान लिया।

सुनु मंथरा बात फुरि तोरी।
दहिनि आँखि नित फरकइ मोरी॥

—कैकेयी ने कहा—मन्थरा! सुन, तेरी बात सत्य है। मेरी दाहिनी आँख नित्य फड़क रही है।

प्रबल इच्छावान् व्यक्ति वर्तमान की कठिनाइयों से जूझता है और भविष्य को निरापद बनाने के लिए अटूट संकल्प के साथ प्रयत्न करता है, लेकिन दुर्बल इच्छाशक्तिवाला व्यक्ति भावी के सम्भावित दुःख से आतंकित और आशंकित होकर कुण्ठित और मनोबलहीन हो जाता है। उसके लिए सुख-शीतल वर्तमान भी दुख-दाहक बन जाता है। कैकेयी की गति ऐसी ही है। वह सोच रही हैं कि अभी तक जो सुख भरा जीवन वह जी रही हैं वह राम का राज्याभिषेक होते ही दुःखदायी बन जायेगा। मन में इस विचार के आते ही उनका भाव बदल जाता है। उनकी 'देह-भाषा' भावी दुःख का संकेत देने लगती है। वह कहती हैं कि हे मन्थरा! तू सत्य है। मेरी दाहिनी आँख फड़ककर भावी दुर्दिन का संकेत दे रही है।

विधि का यह कैसा विधान है। कुछ क्षण पहले प्रसन्न कैकेयी अब आसन्न दुःख की आशंका से थर-थर काँप रही हैं। दुःख की आग अभी जली नहीं है, लेकिन उसके ताप को वह अनुभव कर रही हैं। जब मनुष्य का मनोबल टूट जाता है तब उसके जीवन का सारा गणित ही बदल जाता है। वह परम सुख के राजमहल में सम्भावित दुःख को साक्षात् आमन्त्रित कर अत्यन्त कातर हो जाता है। इसीलिए कैकेयी की दाहिनी आँख फड़कने लगी है, जो बुरे शकुन का प्रतीक है।

दिन प्रति देखउँ राति कुसपने।
कहउँ न तोहि मोह बस अपने॥

—मैं प्रतिदिन रात को बुरे स्वप्न देखती हूँ; किन्तु अपने अज्ञानवश तुझे कहती नहीं।

आह! भय मनुष्य को कितना कमजोर कर देता है। जिस कैकेयी को लोग परम विदुषी, ज्ञान-सम्पन्न और नीति-पारंगत कहते हैं वही अपने लिए कह रही है

कि वह अज्ञानी है। भय का भयानक प्रभाव तो देखिए। मन्थरा जैसी चाटुकार चेरी कैकेयी जैसी सर्वगुण-सम्पन्न महिषी की गुरु बन गयी है। सचमुच जब मनुष्य अपने दुर्बल क्षणों में होता है तो वह दुर्बल आचरण ही करता है। रोग-पाप से भयग्रस्त लोग भूत-प्रेत के चक्कर में फँसते हैं, जबकि ज्ञान-ध्यान की साधना करनेवाले सबल-समर्थ लोग प्रभु की आराधना करते हैं। मन्थरा के वचनों ने कैकेयी को अत्यन्त दुर्बल बना दिया था। उन्होंने अपने जीवन के उदात्त स्वरूप को खो दिया था।

काह करौं सखि सूध सुभाऊ।
दाहिन बाम न जानउँ काऊ॥

—सखी! क्या करूँ, मेरा तो सीधा स्वभाव है। मैं दायाँ-बायाँ कुछ भी नहीं जानती।

कैकेयी की यह उक्ति पीड़ित व्यक्ति के असहाय मन की अभिव्यक्ति है। जब मनुष्य भयानक परिस्थितियों के दबाव से निकल पाने में असमर्थ होता है तो इसी तरह की सफाई देता है। वह बार-बार विधाता से यही पूछता है कि मैंने तो कभी किसी को दुःख नहीं दिया, फिर मुझे इतना दुःख क्यों मिल रहा है ?

अपनें चलत न आजु लगि अनभल काहुक कीन्ह।
केहिं अघ एकहि बार मोहि दैअँ दुसह दुखु दीन्ह॥

—अपने चलते मैंने आज तक कभी किसी का बुरा नहीं किया। फिर न जाने किस पाप से दैव ने मुझे एक ही साथ यह दुःसह दुःख दिया।

कैकेयी की मानसिकता बड़ी कारुणिक है। दुःख अगर टुकड़ों में मिले तो मनुष्य उसे सह लेता है, पर यदि एक बार में ही उसका पहाड़ टूट पड़े तो अपने आपको सँभालना कठिन होता है। जन्म-जन्मान्तर से दुःख उठा रही भारत की निम्न जातियाँ अपने दुःख की शिकायत नहीं करतीं। उन्हें दुःख उठाने की, उसी में जीने की आदत पड़ गयी है। उन्होंने हर जन्म में दुःख और अभाव देखा है, अतः दुःख झेलना और अभाव में जीना उनका स्वभाव बन गया है।

दुःख उठा रहे व्यक्ति का दुःख यदि जरा और बढ़ जाये तो वह उसे उठा लेगा, पर सुख भोग रहे व्यक्ति पर यदि दारुण दुःख आ जाये तो वह एकदम से टूट जाता है। हम सब जानते हैं कि जब कोई बड़ा अधिकारी अपनी नौकरी से अवकाश प्राप्त करता है और फिर कहीं उसे अनुबन्ध पर काम नहीं मिलता है तो वह शीघ्र दिवंगत हो जाता है। पदासीन होने पर वह आज्ञा देता था, अब पदहीन होने पर उसे कोई पूछता ही नहीं है। लोग या तो उपेक्षा करते हैं या उसे ही आज्ञा देते हैं। अतः ऐसा व्यक्ति अपने को बहुत दयनीय पाता है; किन्तु छोटे पदों पर काम करनेवाले

लोग अवकाश प्राप्त करने के बाद मजे में जीते हैं। पहले वे अपने अधिकारी की आज्ञा मानते थे, अब अपने बच्चों की आज्ञा मानते हैं।

सुख भोग रहे व्यक्ति के लिए भारी दुःख का आगमन बड़ा कष्टकारी होता है। इसीलिए कैकेयी विचार करके देख रही हैं कि उन्हें यह दुःख क्यों मिला है? वह हिन्दू धर्म के कर्म सिद्धान्त के आधार पर सोच रही हैं कि दुःख तो दुष्कर्म का फल होता है, पर मैंने तो जानते हुए कभी कोई दुष्कर्म नहीं किया। फिर यह दुःख मुझे क्यों मिल रहा है?

सनातन काल से दुःख का यह तर्क मनुष्य को सताता रहा है। भले मनुष्य को जब दुःख मिलता है तो वह बार-बार यही सोचता है कि उसे दुःख क्यों मिल रहा है? दुःख तो पापी और दुराचारी को मिलना चाहिए। आखिर सदाचारी को दुःख क्यों मिलता है?

मैंने कहीं पढ़ा था। एक यहूदी सन्त भगवान् से बार-बार पूछता था, 'मैं रोज तेरी प्रार्थना करता हूँ, रोज शास्त्रों द्वारा बताये गये मार्ग पर चलता हूँ। पर तू मेरी कोई इच्छा पूरी नहीं करता है। मैं प्रार्थना के बाद भी असहाय और दरिद्र हूँ। मेरा मित्र कभी प्रार्थना नहीं करता है, सभी गन्दे काम करता है; पर वह गुलछर्रे उड़ा रहा है। आखिर तेरा यह कैसा न्याय है?'

भगवान् ने सन्त से कहा, 'कारण एक ही है, तू मुझे रोज-रोज अपनी माँगों से परेशान करता है, पर तेरा मित्र मुझे कभी तकलीफ नहीं देता है।'

जो भी हो, संसार की लीला बड़ी विचित्र है। दुखियारे मन्दिर में प्रार्थना कर रहे हैं और सुखियारे बड़े-बड़े होटलों में मदिरा पी रहे हैं। कैकेयी संसार की इसी विचित्रता से चिन्तित हैं। बार-बार सोच रही हैं कि जब मैंने कोई दुष्कर्म किया ही नहीं तो मुझे दुःख क्यों मिल रहा है?

जीवन की इस विद्रूपता से एक ही बात समझ में आती है कि बिना कुछ कीमती खोये इस संसार में कुछ कीमती मिलता नहीं है। बीज जब अपने स्वत्व को माटी में सड़ाता है तब वृक्ष बनने का विराट् सुख उसे प्राप्त होता है। दुःख सदैव दण्ड नहीं होता है। कैकेयी जिस घटना को अपने ऊपर आया अकारण दुःख समझ रही हैं, वह वास्तव में राम के महनीय जीवन के लिए एक स्वर्णिम अवसर है। पर यह जान पाना कैकेयी के लिए अभी सम्भव नहीं है।

कैकेयी अपने ऊपर आनेवाले भविष्य के दुःख से परम व्याकुल हैं। उन्हें कोई कारण नहीं दिखाई दे रहा है, जिसके द्वारा वह अपने दुःख की व्याख्या कर सकें। भविष्य के भीतर झाँक न पाने की मनुष्य की असमर्थता ही उसके लिए

वरदान भी है और अभिशाप भी। यदि मनुष्य भविष्य के अदृश्य लेख को पढ़ लेता तो कभी पुरुषार्थ प्रदर्शित करने की क्षमता अपने भीतर नहीं जुटा पाता। वह निठल्ले भाव से भविष्य के घटित होने की मात्र प्रतीक्षा ही करता। उसके जीवन से उत्सव और राग-रंग के भाव सदा के लिए मिट जाते। भविष्य की कुण्डली पढ़ पाने में असमर्थ मनुष्य अपनी कुण्डली स्वयं ही लिखता है। अजाने भविष्य के फल से आशंकित कैकेयी अपनी कुण्डली स्वयं लिखने का प्रयत्न करती हैं।

नैहर जनमु भरब बरु जाई।
जिअत न करबि सवति सेवकाई॥

—मैं भले ही नैहर जाकर वहीं जीवन बिता दूँगी, पर जीते-जी सौत की चाकरी नहीं करूँगी।

अपने भविष्य को परम सुरक्षित करने के लिए कैकेयी ने एक सुनिश्चित निर्णय ले लिया। उन्होंने दृढ़ता से संकल्प कर लिया कि चाहे पूरा जीवन नैहर में ही क्यों न काटना पड़े, पर वे सौत की चाकरी नहीं करेंगी। युवराज राम की जननी राजमाता कौसल्या के अधीन वे कभी जी नहीं सकेंगी। कैकेयी का यह संकल्प बड़ा मनोवैज्ञानिक और युक्तिसंगत है। जिस व्यक्ति के जीवन में सदा 'राजयोग' रहा हो, वह दरिद्रयोग का प्रहार सहजता से कैसे सह सकेगा?

अपने मन की पीड़ा को व्यक्त करने के लिए कैकेयी बहुत कारुणिक वक्तव्य देती हैं। कहती हैं कि अपना पूरा जीवन मैं नैहर में बिता दूँगी, लेकिन अयोध्या में रहकर कौसल्या की दासी नहीं बनूँगी। किसी भी स्वाभिमानी स्त्री के लिए ये दोनों स्थितियाँ कठिन और दुःसह हैं। स्त्री अपनी ससुराल को छोड़कर नैहर में रहे, यह उसके दाम्पत्य जीवन की सबसे बड़ी पराजय है। कोई स्त्री अपनी ससुराल में अपने पद और प्रभाव को खो दे तो यह सबसे अपमानजनक स्थिति है। कैकेयी कहती हैं कि यदि दोनों में से किसी एक स्थिति को चुनने की बाध्यता उनके सामने हो तो वह नैहर जाना पसन्द करेंगी। सौत के साथ अपमानित-उपेक्षित जीवन जीने से अच्छा रहेगा कि नैहर में चुपचाप निरीह भाव से जीवन काट लिया जाये।

जीवन के प्रति मोह मनुष्य की सबसे बड़ी दुर्बलता है। अभाव, दीनता, पीड़ा और रोग में भी जीने की लालसा इसी लोभ से उपजती है। अपमान और अत्याचार इसी लोभ के कारण मनुष्य सहता है। दुर्बल मनुष्य इस लोभ के कारण ही घुट-घुटकर मरता है और सबल मनुष्य इस लोभ के कारण ही परम पराक्रम करता है।

अपमान और दुर्दशा की स्थिति में अवसादग्रस्त हो आत्महत्या की बात कैकेयी नहीं सोचती हैं। लेकिन यह निर्णय अवश्य लेती हैं कि 'कौसल्या की चाकरी' उन्हें स्वीकार्य नहीं होगी। पराधीनता मनुष्य के माथे पर सबसे बड़ा कलंक है। समर्थ व्यक्ति का दासत्व तो मनुष्य होने की गरिमा पर मर्मान्तक आघात है। इसीलिए मनीषियों ने जीवन के लौकिक और पारलौकिक दोनों स्तरों पर मुक्ति की कामना की। जीवन का परम लक्ष्य मोक्ष माना है, क्योंकि बन्धन कभी लक्ष्य हो ही नहीं सकता।

अरि बस दैउ जिआवत जाही।
मरनु नीक तेहि जीवन चाही॥

—दैव जिसको शत्रु के वश में रखकर जिलाता है, उसके लिए तो जीने की अपेक्षा मरना ही अच्छा है।

मनुष्य अपने निर्णय को उचित सिद्ध करने के लिए तर्क खोजने में परम सिद्धहस्त है। कैकेयी इसी तर्क के अनुसार विचार कर रही हैं कि अयोध्या में जब राम के राजतिलक के बाद कौसल्या रूपी शत्रु प्रभावी हो जायेगी तो उसके दबाव में निरन्तर जीना मृत्यु से भी बदतर हो जायेगा।

वास्तव में जैसे मित्र का प्रभाव जीवन को सरस बनाता है उसी तरह शत्रु का दबाव जीवन को नीरस करता है। शत्रु यदि सदैव आँख तरेरता रहे, अपमानकर वचन बोलता रहे तो शिष्ट व्यक्ति के लिए जी पाना कठिन हो जाता है।

श्रेष्ठ जनों के लिए अपमान मृत्यु है। महाभारत के कर्णपर्व (अध्याय ६८, ६९ एवं ७०) में एक रोचक प्रसंग है। कर्ण के साथ जब भयंकर युद्ध में युधिष्ठिर अपमानित हुए तो उन्हें अर्जुन पर बड़ा क्रोध आया। सायंकाल जब अर्जुन श्रीकृष्ण के साथ युधिष्ठिर से मिले तो धर्मराज अर्जुन पर उबल पड़े। उन्होंने अर्जुन को धिक्कारते हुए कहा कि कर्ण अभी तक जीवित है। तुम्हारे गाण्डीव को धिक्कार! तुम्हारे कुन्तीपुत्र होने को धिक्कार!

अर्जुन गाण्डीव का अपमान सहन नहीं कर सके। वे क्रोध में तलवार निकालकर धर्मराज का वध करने के लिए लपके। श्रीकृष्ण यह सब देखकर सन्न रह गये। अर्जुन को रोकते हुए उन्होंने कहा, 'तुम्हें युधिष्ठिर को नहीं, कर्ण को मारना है।'

आक्रोश-युक्त अर्जुन ने कहा, 'धर्मराज ने मेरे गाण्डीव का अपमान किया है। मेरी प्रतिज्ञा है कि यदि कोई मेरे धनुष का अपमान करेगा तो मैं उसका वध करूँगा।'

श्रीकृष्ण ने समझाया, 'आपस में लड़-मरकर प्रतिज्ञा पूरी मत करो। प्रतिज्ञा

पूरी करने के और भी उपाय हैं। तुम युधिष्ठिर की निन्दा करो। यदि बड़े छोटों द्वारा की गई अपनी निन्दा चुपचाप सुन लें तो वे मृतक जैसे ही हो जाते हैं। तुम युधिष्ठिर की निन्दा करो।'

अर्जुन ने युधिष्ठिर की खूब निन्दा की। पर वे बड़े भाई की निन्दा करके ग्लानि से भर उठे। उन्होंने फिर तलवार निकाल ली और श्रीकृष्ण से बोले, 'मैंने देवता जैसे अपने बड़े भाई की निन्दा की है, अब मुझे जीने का अधिकार नहीं। मैं आत्महत्या करूँगा।'

श्रीकृष्ण फिर चकरा गये, 'तुम मरोगे तो कर्ण को कौन मारेगा? तुम्हारे मरने का मैं एक अन्य उपाय बताता हूँ। तुम अपनी प्रशंसा करो। स्वयं की प्रशंसा करनेवाला मृतक होता है।'

भगवान् श्रीकृष्ण ने अपने व्यावहारिक धर्मज्ञान से पाण्डवों को आपस में कट-मरने से बचाया और सिखाया कि किसी का अपमान चुपचाप सहना और करना तथा अपनी शेखी बघारना मृत्यु के समान है।

सचमुच, कैकेयी एक सत्पुरुष की तरह ही सोच रही हैं। शत्रुभाव रखनेवाले व्यक्ति के साथ जीना अपमान का जीवन है। ऐसा जीवन मृत्यु से भी बदतर है। इसीलिए मानव इतिहास में श्रेष्ठजनों ने मृत्यु का आलिंगन किया, लेकिन अपमानपूर्ण जीवन स्वीकार नहीं किया।

दीन बचन कह बहुबिधि रानी।
सुनि कुबरीं तियमाया ठानी॥

—रानी ने बहुत प्रकार के दीन वचन कहे। उन्हें सुनकर कुबरी ने 'त्रिया चरित्र' फैलाया।

अपनी सम्भावित दुर्दशा को याद करके महारानी कैकेयी अत्यन्त विकल हो उठीं। उनके चेहरे पर दीनता के भाव स्पष्ट दिखाई देने लगे। अत: मन्थरा ने समझ लिया कि रानी सम्पूर्ण रूप से उसके हाथों में आ चुकी हैं। अब वह मनचाहे ढंग से दुर्बलमना महारानी का उपयोग कर सकती है। इसीलिए उसने अपना प्रपंच फैलाया।

इस प्रपंच को तुलसी ने त्रिया चरित्र का नाम दिया। पुराने जमाने में आम स्त्री के विकट स्वभाव को व्यक्त करनेवाला यह बड़ा प्रचलित शब्द है। इससे स्त्री के नाटकीय स्वभाव का परिचय मिलता है। जो है, वह न दिखाई दे और जो नहीं है, वही दिखाई दे, यही इस चरित्र का मूल अभीष्ट है।

मन्थरा भीतर से तो रानी को दुर्बल देख अत्यन्त प्रसन्न हुई, लेकिन बाहर से

सहानुभूति और सेवा-समर्पण की भावना से ओत-प्रोत हो बोल उठी।

अस कस कहहु मानि मन ऊना।

सुखु सोहागु तुम्ह कहुँ दिन दूना॥

—तुम मन में ग्लानि मानकर ऐसा क्यों कह रही हो, तुम्हारा सुख-सुहाग दिन-दिन दूना होगा।

महारानी कैकेयी की सबसे दुर्बल नस को मन्थरा ने सहलाया। उसने कहा कि किसी भी कीमत पर तुम्हारा सुख-सुहाग कम नहीं होगा। वास्तव में महारानी अपने सुख-सुहाग को लेकर ही चिन्ता में थीं। आज तक उन्होंने दशरथ की सभी रानियों को दबाकर रखा था, अब उनके दबकर रहने का योग बन रहा था, यही उनकी सबसे बडी पीड़ा थी। तुलसी रामायण के अनुसार, अभी तक कैकेयी के चिन्ता और पीड़ा के विषय भरत नहीं हैं। अभी वह अपने सुख-सुहाग को लेकर चिन्तित हैं।

हर पत्नी के लिए सुहाग का सबसे बड़ा सुख यही होता है कि पति-प्रेम उस पर सदा अबाधित रूप से बरसता रहे। कैकेयी को यह सौभाग्य प्राप्त था। दशरथ की अनेक रानियों में वह सर्वाधिक प्रेम-पात्र थीं। दशरथ के प्रेम-चषक का अधिकतम अमृत उन्हें ही समर्पित था। इसीलिए उसके छिनने की आशंका से वह सर्वाधिक मर्माहत थीं।

मन्थरा ने उन्हें आश्वासन दिलाया कि सुख-सुहाग मिटने या घटने का दुःखद प्रसंग उनके जीवन में कभी नहीं आयेगा। दशरथ उन्हें सदैव हृदय की गहराइयों से प्यार करते रहेंगे। तुम परम सुरक्षित रहोगी, पर नाश उसका होगा जो तुम्हारे सर्वनाश के बारे में सोच रहा है।

जेहिं राउर अति अनभल ताका।

सोइ पाइहि यहु फलु परिपाका॥

—जिसने तुम्हारी बुराई चाही, वही परिणाम में यह (बुराई रूपी) फल पायेगी।

मानव स्वभाव का यह बड़ा सरल गणित है कि यदि आप किसी दुखियारे व्यक्ति का विश्वास जीतना चाहते हैं तो उसे यह विश्वास दिलाइए कि आप उसके साथ हैं और उसके दुःख को दूर करने में समर्थ भी हैं। मन्थरा कैकेयी रानी को यही विश्वास दिला रही है।

जब तें कुमत सुना मैं स्वामिनि।

भूख न बासर नींद न जामिनि॥

—हे स्वामिनि! मैंने जब से यह कुमत सुना है, तब से मुझे न तो दिन में कुछ भूख लगती है और न रात में नींद ही आती है।

अपने आपको मन्थरा रानी की परम हितैषी सिद्ध कर रही है। इसका कारण साफ है। एक बार यदि हितैषी के रूप में आप किसी का विश्वास जीत लें तो उसे बार-बार समझाने की जरूरत नहीं पड़ती है। व्यक्ति सहज भाव से विश्वासपूर्वक आपकी सलाह को स्वीकार किये जाता है। इसका सबसे बड़ा सुफल यह होता है कि बार-बार किसी को समझाने के लिए लम्बे-चौड़े तर्कों का ताना-बाना नहीं बुनना पड़ता है।

महारानी की हित-साधना के लिए मन्थरा अपने आपको बहुत चिन्तित दिखा रही है। वह कहती है कि जब से यह समाचार उसने सुना है, उसकी आँखों में रात को नींद नहीं आती और दिन में उसे भूख नहीं लगती है। यह विधाता की अद्भुत लीला है। जिस समाचार को सुनकर सारी अयोध्या नाच रही है, सभी आनन्द-उमंग से भरपूर होकर खा-पी रहे हैं, रातों में जमकर नींद भर सो रहे हैं, वही समाचार कैकेयी और मन्थरा को भीतर तक प्रकम्पित कर रहा है।

पूँछेउँ गुनिन्ह रेख तिन्ह खाँची।
भरत भुआल होहिं यह साँची॥

—मैंने ज्योतिषियों से पूछा तो उन्होंने रेखा खींचकर (गणित करके अथवा निश्चयपूर्वक) कहा कि भरत राजा होंगे, यह सत्य बात है।

व्यथा-व्याकुल मनुष्य को आश्वस्त करने के लिए ज्योतिष की यह चाल बड़ी प्यारी है। घटना के घटित होने से पहले ही यदि ज्योतिषी उसके 'शुभ' स्वरूप की घोषणा कर दे तो व्याकुल व्यक्ति आश्वस्त हो जाता है। मन्थरा ने यही किया। उसने पहले यह कहा कि हे रानी! मैं आपकी व्यथा से आपसे कहीं अधिक व्याकुल हूँ। अब वह यह कह रही है कि आने वाली घटना को उसने ज्योतिषियों के माध्यम से जान लिया है। भरत निश्चित रूप से राजा बनेंगे, यह उनका दृढ़ मत है।

दुखियारा व्यक्ति सदा एक सहारा खोजता है। जब उसे दृश्य का सहारा नहीं मिलता तो वह अदृश्य की शरण में जाता है। ज्योतिष अदृश्य का सबसे सरल और सर्वाधिक उपलब्ध सहारा है। इसीलिए ज्योतिष की फसल हर युग में खूब फलती-फूलती है। दृश्य कारकों को ध्यान में रखकर परिणाम की जो गारण्टी समर्थ-से-समर्थ व्यक्ति हमें नहीं दे पाता, उसे अदृश्य शक्तियों की गणना करके एक साधारण ज्योतिषी दे देता है। ये संगणित परिणाम निश्चित रूप से जीवन-यथार्थ को बहुत कम प्रभावित कर पाते हैं, लेकिन कुछ समय की राहत तो अवश्य ही देते हैं।

भामिनि करहु त कहौं उपाऊ।
है तुम्हरीं सेवा बस राऊ॥

—हे भामिनि! तुम करो तो उपाय मैं बताऊँ। राजा तुम्हारी सेवा के वश में हैं ही।

अपने विश्वास के बल को परखने के लिए मन्थरा ने कैकेयी के सामने एक प्रस्ताव रखा। इस प्रस्ताव से यह स्पष्ट होता है कि मन्थरा एक क्षण के लिए यह नहीं भूली है कि वह दासी है और कैकेयी महारानी। इसीलिए वह अपने प्रस्ताव को कार्यरूप देने के लिए कैकेयी से आज्ञा माँग रही है और साथ में यह भी कह रही है कि प्रस्ताव की सफलता में कोई सन्देह नहीं होगा, क्योंकि महाराज दशरथ की 'कृपा दृष्टि' उन्हें प्राप्त है।

मन्थरा कैकेयी को यह विश्वास दिलाना चाहती है कि प्रस्ताव त्रुटिहीन है और रानी पर महाराज की कृपा होने के कारण उसकी सफलता असन्दिग्ध है। अपने हित-साधन के लिए कैकेयी को इससे बढ़कर और किसी चीज की आवश्यकता नहीं थी। इसीलिए बिना प्रस्ताव को जाने-सुने ही कैकेयी मन्थरा के चरणों में विनत हो गयीं।

परउँ कूप तुअ बचन पर सकउँ पूत पति त्यागि।
कहसि मोर दुखु देखि बड़ कस न करब हित लागि॥

—(कैकेयी ने कहा—) मैं तो तेरे कहने से कुएँ में गिर सकती हूँ। पुत्र और पति को भी छोड़ सकती हूँ। जब तू मेरा बड़ा भारी दुःख देखकर कुछ कहती है तो भला मैं अपने हित के लिए उसे क्यों न करूँगी!

विश्वास सबसे प्रबल वशीकरण मन्त्र है। एक बार यदि जीवन में किसी के प्रति घटित हो जाये तो मनुष्य सर्वस्व त्याग के लिए तैयार हो जाता है। जीवन में समर्पण तभी फलदायी होता है जब वह विश्वास की गहरी नींव पर खड़ा हो। कैकेयी कहती हैं कि उनके विश्वास की नींव बड़ी गहरी है। मन्थरा को आश्वस्त करने के लिए वह अपने जीवन की तीन सर्वाधिक प्रिय पूँजी को दाँव पर लगाती हैं। कहती हैं कि मैं अपने प्राण की चिन्ता किये बिना कुएँ में गिर सकती हूँ। अपने पुत्र और पति को त्याग सकती हूँ।

संसार में हर स्त्री के लिए प्राण, पुत्र और पति प्यारे होते हैं। जीवन प्राण के द्वारा ही चलता है। प्राण न हो तो शरीर का कोई मोल नहीं है। प्राण होने के कारण पंच तत्त्व से बनी देह को देवालय कहा जाता है और प्राण के चले जाने से इसे 'अधम शरीर' कहा जाता है। अतः प्राण से प्रिय और कुछ भी नहीं है। इस प्रियता के कारण ही किसी परम आत्मीय को प्राण-सा प्रिय कहा जाता है। ऐसे प्रिय प्राण

को कैकेयी मन्थरा के कहने पर छोड़ने को तैयार हैं।

अपने समर्पण को विश्वास में रूपान्तरित करने के लिए वह कहती हैं कि मैं अपने पुत्र को भी तेरे कहने पर छोड़ सकती हूँ। सन्तान सभी को सर्वाधिक प्यारी होती है, क्योंकि सन्तान को गर्भ में धारण करके ही स्त्री माँ बनने का गौरव प्राप्त करती है। सन्तान में माँ अपने अस्तित्व, अपने आदर्श और अपने मनोरथ को अभिव्यक्त करती है। सन्तान माँ को प्राण से भी प्यारी होती है। कैकेयी इसे भी त्यागने को तत्पर हैं।

पति स्त्री का सौभाग्य ही नहीं, देवतुल्य आराध्य भी माना गया है; क्योंकि पति के कारण ही पत्नी का जीवन परम सुरक्षित, सम्पूर्ण रूप से सन्तुष्ट और आन्तरिकता के साथ आनन्दमय होता है। पति हमारी संस्कृति में पत्नी का रक्षा-कवच होता है। ऐसे पति के त्याग के लिए भी कैकेयी पहल करती हैं।

प्रसंग बड़ा नकारात्मक है, पर इससे मिलनेवाला सन्देश बड़ा सकारात्मक है। जीवन में समर्पण आ जाये, विश्वास पूरी दृढ़ता से जीवन में प्रतिष्ठित हो जाये तो मनुष्य सर्वस्व परित्याग के लिए सहज रूप से सिद्ध हो जाता है। आइए, जरा ध्यान से देखें। कैकेयी साधारण महिला नहीं थीं। वह परम यशस्विनी राजमहिषी थीं। परम प्रतापी सम्राट् दशरथ सदैव उनकी इच्छाओं की पूर्ति के लिए तत्पर रहते थे। ऐसे बहुमूल्य जीवन को त्यागने की सिद्धता कैकेयी दिखा रही हैं।

सन्तान साधारण हो तो भी प्राणाधिक प्रिय होती है। कैकेयी के पुत्र भरत तो 'विश्व भरण-पोषणकर्ता' हैं, जन-जन के प्रिय राम के परम प्रिय हैं। ऐसे अमूल्य रत्न भरत को भी कैकेयी ने दाँव पर लगाया। पति गया-बीता भी हो तो भी स्त्री उसे अपना सुहाग मानकर उसके साथ जन्म-जन्मान्तर तक जीने की कामना करती है, किन्तु कैकेयी के पति दशरथ तो परम प्रतापी हैं। देवता तक उनकी वन्दना करते हैं। ऐसे पति को भी त्यागने की बात कैकेयी कर रही हैं।

इतना ही नहीं, वह मन्थरा को परम आत्मीय और अन्तरंग सलाहकार के रूप में रखते हुए कह रही हैं कि तुम मेरे भारी दुःख को दूर करने के लिए कह रही हो तो भला मैं क्यों नहीं मानूँगी।

कितना सच है कि दुःख-कातर व्यक्ति जब किसी के जाल में फँसता है तो वह फँसता ही चला जाता है। उसके बचाव का कोई उपाय ही नहीं होता है। कैकेयी ऐसे ही जाल में फँस रही हैं।

कैकेयी को पूरी तरह अपने जाल में फँसता देख मन्थरा अपने प्रस्ताव को बड़ी चतुराई से प्रस्तुत करती है।

दुइ बरदान भूप सन थाती।
मागहु आजु जुड़ावहु छाती॥

—तुम्हारे दो वरदान राजा के पास धरोहर हैं। आज उन्हें राजा से माँगकर अपनी छाती ठण्डी करो।

मन्थरा की कपट-बुद्धि तो देखिए। कैकेयी भूल चुकी हैं कि उनका कोई वरदान राजा के पास धरोहर है, पर मन्थरा को याद है। क्षुद्र बुद्धि के लोग आघात करने में परम प्रवीण होते हैं। इसीलिए मन्थरा वरदान के माध्यम से राजा दशरथ पर प्रहार करने की रणनीति बना रही है।

यहाँ एक बात और दर्शनीय है। धरोहर में पड़े वरदानों को माँगना कोई बुरी बात नहीं है। किन्तु वरदान की गरिमा इस बात में होती है कि उन्हें प्रसन्नतापूर्वक सर्वकल्याण के लिए माँगा जाये, दूसरों को आहत करने के लिए नहीं। लेकिन मन्थरा कहती है कि वरदान माँगकर अपनी छाती को ठण्डा कर लो—अर्थात् अपना हिसाब पूरा कर लो। यह तो प्रतिसाद नहीं, प्रतिशोध की भाषा है।

सुतहि राजु रामहि बनबासू।
देहु लेहु सब सवति हुलासू॥

—पुत्र को राज्य और राम को वनवास दो और सौत का सारा आनन्द तुम ले लो।

कुटिल मन्थरा ने कैकेयी को परम सुरक्षित होने का मार्ग दिखा दिया। दोनों वरदानों के माध्यम से अयोध्या के सिंहासन का ही नहीं, राजभवन का भी भाग्य बदला जा सकता था। भरत के राजा बनते ही कैकेयी का राजमाता बनना सुनिश्चित हो जाता। राम को वनवास देकर अयोध्या में होनेवाले किसी भी सम्भावित उपद्रव को आसानी से रोका जा सकता था। कौसल्या पर प्रहार का यही सबसे क्रूर किन्तु रक्तपातहीन तरीका था।

भूपति राम सपथ जब करई।
तब मागेहु जेहिं बचनु न टरई॥

—जब राजा राम की सौगन्ध खा लें तब वर माँगना, जिससे वचन न टलने पावे।

सफलता का सूत्र रानी के समक्ष रखने के बाद मन्थरा उसके प्रयोग का उपाय भी रानी को बताती है। यह उपाय अत्यन्त बुद्धि-भावित है। इसके प्रयोग से असफलता के सभी द्वार बन्द हो सकते हैं। वह कहती है कि जब तक राजा राम की शपथ न ले लें तब तक अपनी बात उनके सामने न रखना। वचनबद्धता के अभाव में राजा वरदान को अस्वीकार भी कर सकते हैं, कोई अन्य वरदान माँगने के लिए आग्रह भी कर सकते हैं। इससे बचने के लिए आवश्यक है कि राजा को 'राम की

सौगन्ध' के साथ पहले बाँध लिया जाये, फिर उनके सामने प्रस्ताव किया जाये।

होइ अकाजु आजु निसि बीतें।
बचनु मोर प्रिय मानेहु जी तें॥

—आज की रात बीत गयी तो काम बिगड़ जायेगा। मेरी बात को हृदय से प्रिय समझना।

मन्थरा अपनी योजना को परम व्यावहारिक ढंग से प्रस्तुत करती है। कहती है कि यदि तुमने निर्णय में विलम्ब किया तो राम के राज्याभिषेक की घोषणा कर दी जायेगी। फिर राजा के लिए पैर पीछे करना कठिन होगा। आज की रात बहुत महत्त्वपूर्ण है। दो-टूक निर्णय आज ही हो जाना चाहिए। यह दुविधा की नहीं, आर-पार की लड़ाई है। इसमें स्पष्ट और दृढ़ राजनीति ही काम आयेगी।

महारानी कैकेयी के लिए यह एक कठिन निर्णय था। राम के प्रति प्रेमपूर्ण होने के कारण ऐसा कोई निर्णय स्पष्ट और दो-टूक रूप में ले पाना उनके लिए पीड़ादायक हो सकता था। सम्भवत: वह सोच सकती थीं कि हो जाने दो राम को राजा, यदि राम और कौसल्या उन्हें दु:ख देंगे तब वे अपने वरदानों के माध्यम से राम और कौसल्या दोनों को बेदखल कर देंगी। किन्तु मन्थरा प्रतीक्षा की मन:स्थिति में नहीं थी। वह चाहती थी कि गरम लोहे पर प्रहार किया जाये, जिससे भरत को राज्य भी मिल जाये और कौसल्या का गर्व भी चूर-चूर हो जाये। इसीलिए वह कहती है कि हे रानी! मेरा वचन हृदय से प्रिय मानकर उस पर अमल करो। इसी से सम्पूर्ण सफलता की सिद्धि सम्भव है।

कार्य की सिद्धि के लिए मन्थरा रानी को एक अचूक सुझाव देती है।

बड़ कुघातु करि पातकिनि कहेसि कोपगृहँ जाहु।
काजु सँवारेहु सजग सबु सहसा जनि पतिआहु॥

—पापिनी मन्थरा ने बड़ी बुरी घात लगाकर कहा—कोप-भवन में जाओ। सब काम बड़ी सावधानी से बनाना, राजा पर सहसा विश्वास न कर लेना।

यहाँ मन्थरा के लिए 'पापिनी' शब्द का प्रयोग बहुत सटीक है। किसी की शुद्ध बुद्धि को मलिन करना ही सबसे बड़ा पाप है। पाप कर्म करने के लिए दुष्टात्मा व्यक्ति सामने नहीं आता है, पीछे से घात लगाता है। मन्थरा भी कैकेयी के पीछे से घात लगा रही है। वह रानी को सजग करती हुई कहती है कि भोग-विलास सम्पूरित शयन-कक्ष में राजा से वरदान मत माँगना। वहाँ तो तुम्हारा मन प्रेमपूर्ण होगा। सचमुच, प्रेम में आघात कर पाना बड़ा कठिन होता है। इसीलिए सन्त-महात्मा और सत्पुरुष प्रेम फैलाने की बात करते हैं। संसार में जितना प्रेम फैलेगा,

विरोध उतना ही कम होगा।

इसीलिए मन्थरा रानी से कहती है कि कोप-भवन जाओ। कोप-भवन में जाने से तुम भी कोप-पूर्ण बनोगी और प्रहार करने की तुम्हारी सामर्थ्य ज्यादा प्रखर होगी। यह बड़ी मनोवैज्ञानिक स्थिति है। हम पूजा के लिए मन्दिर जाते हैं तो हमारी मन:स्थिति पूजा भाव से परिपूर्ण होती है। हम मदिरा-महोत्सव में जाते हैं तो शराब भाव में डूबे रहते हैं। ऐसा सम्भव ही नहीं हो सकता कि हम पूजा में शराबी हों और शराब में पुजारी। लक्ष्य ही प्राय: यात्रा की मन:स्थिति को निर्धारित करता है। हमारा लक्ष्य यदि शत्रुता है तो हम शत्रु तक गाली देते हुए पहुँचते हैं और हमारा लक्ष्य यदि मैत्री है तो हम मित्र तक मधुर स्मरण के साथ पहुँचते हैं। मन:स्थिति लक्ष्य के अनुरूप बन जाती है।

कैकेयी यदि शयनकक्ष में रहेंगी तो कोप करने पर भी राजा दशरथ उसे 'प्रिया' का प्रेम-कोप मान लेंगे। कैकेयी लाख गम्भीरता दिखायेंगी तो भी महाराज पर उसका अपेक्षित प्रभाव नहीं पड़ेगा। लेकिन यदि कैकेयी कोप-भवन में रहेंगी तो दशरथ तक 'सही संकेत' जायेगा। कोप-भवन का अर्थ ही होता है कि 'प्राणेश्वरी' प्राणघातिनी बनने की तैयारी कर रही है। इस समाचार को सुनकर ही दशरथ थरथरा जायेंगे।

वातावरण की अपनी एक भाषा होती है। वे मूक होकर भी सहस्राधिक मुखर होते हैं। विवाह के समय घर की सजावट मन के उल्लास को प्रकट करती है। मृत्यु के समय घर का सूनापन मन की उदासी को अभिव्यक्त करता है। मन्दिर में फूलों की क्यारियाँ, देवी-देवताओं के चित्र मन को शान्त-शीतल करते हैं और शराबखाने में उत्तेजक चित्र मन को विक्षुब्ध बनाते हैं। इसीलिए वातावरण का मनुष्य के जीवन में बहुत महत्त्व है।

इस सन्दर्भ में मन्थरा की सलाह बहुत उपयुक्त और उपयोगी है। वह कहती है कि तुरन्त कोप-भवन में चली जाओ। इससे तुम्हारा कोप स्वाभाविक बनेगा और राजा इसकी गम्भीरता को देखकर घबरा भी जायेंगे। ऐसी स्थिति में अधिक वाद-विवाद की आवश्यकता नहीं होगी। बस, केवल वरदानों के माध्यम से सीधे प्रसार करना होगा।

मन्थरा एक सलाह और देती है। कहती है—सभी काम अच्छी तरह बनाना। राजा पर जल्दी में विश्वास मत कर लेना। मन्थरा की यह सीख महारानी कैकेयी के चरित्र को महिमामण्डित करती है। हम सभी जानते हैं कि महारानी कैकेयी अपने प्राणाधिक प्रिय पति दशरथ को बहुत प्यार करती हैं। इसीलिए उनके लिए यह बहुत

कठिन है कि वे महाराज दशरथ से कोई सौदा करें। प्रेम में सौदा हो ही नहीं सकता। प्रेम का गौरव यही है कि वह मनुष्य को दाता बनाता है, जबकि लोभ में मनुष्य भिखारी बनता है।

इसलिए यह सम्भव था कि प्रेममयी कैकेयी सौदेबाजी से चूक भी सकती थीं। दशरथ के आने पर प्रिय की आकुलता, प्रणय-निवेदन की मधुरता और नेत्रों से प्रवाहित होनेवाली हृदय की कोमलता उन्हें प्रणयाकुल हो पति की बाँहों में लिपट जाने का आमन्त्रण दे सकती थीं। मन्थरा कैकेयी के प्रेमभाव को अच्छी तरह से समझती थी। अतएव वह गम्भीर चेतावनी दे रही है कि जब तक बात न बन जाये, झुकना नहीं। राजा पर यों ही विश्वास भी नहीं कर लेना। जब वह राम की शपथ ले लें तब तुम अपने मुख को खोलना। इस तरह मन्थरा पूरी तरह कैकेयी को विध्वंस के मार्ग पर चलने के लिए संकल्पबद्ध करती है। और विधि का विधान तो देखिए, कैकेयी परम प्रसन्न हो उठती हैं।

कुबरिहि रानि प्रानप्रिय जानी।
बार-बार बड़ि बुद्धि बखानी॥
तोहि सम हित न मोर संसारा।
बहे जात कइ भइसि अधारा॥

—मन्थरा को रानी ने प्राणों के समान प्रिय समझकर बार-बार उसकी बड़ी बुद्धि का बखान किया और बोलीं—संसार में मेरा तेरे समान हितकारी और कोई नहीं है। तू मुझ बही जाती हुई के लिए सहारा हुई है।

कैसी विचित्र बात है, स्वार्थसिद्धि तो मनुष्य को व्यग्र और उतावला बना देती है, लेकिन परमार्थसिद्धि उसे सुस्त और ढीला बनाये रहती है। अपने स्वार्थ को फलीभूत होते देख कैकेयी प्रसन्न हो उठती हैं। वह अपनी मन्त्रदाता मन्थरा के गुण गाते नहीं थकती हैं। उसकी बुद्धि की भी बड़ी प्रशंसा करती हैं। मेरे खयाल से यदि कैकेयी को अपनी बुद्धि से भरत को राजा बनवाना होता तो इतने प्रपंच कर पाना कठिन होता। क्योंकि प्रपंच के लिए जिस दुष्ट-बुद्धि की आवश्यकता होती है वह कैकेयी में लेशमात्र भी नहीं थी, किन्तु मन्थरा में वह लबालब भरी हुई थी। पुत्र-मोह और सौत-डाह से पीड़ित कैकेयी मन्थरा के 'ठाट' को देखकर चकित-विस्मित हो उठीं। मन्थरा की योजना में उन्हें सफलता की पूर्ण गारण्टी दिखी। इसीलिए कैकेयी ने उसे महान् हितकारी कहा और इस बात के लिए धन्यवाद दिया कि डूबती हुई उनके भविष्य की नौका को मन्थरा ने बचा लिया। हित के पूर्ण हो जाने पर उन्होंने पुरस्कार की घोषणा भी कर दी।

जौं बिधि पुरब मनोरथु काली।
करौं तोहि चख पूतरि आली॥

—यदि विधाता कल मेरा मनोरथ पूरा कर दें तो हे सखी! मैं तुझे आँखों की पुतली बना लूँ।

यह कैकेयी के धवल चरित्र की विशेषता है कि मन्थरा के कपट-जाल में फँसने के बाद भी वह अपनी शुद्ध बुद्धि को बनाये रखती हैं। इसका प्रमाण इस बात में है कि वे कहती हैं कि 'यदि विधाता मेरा मनोरथ कल पूरा कर दें', अगर वह शीलवान् नहीं होतीं तो कहतीं कि यदि मेरा मनोरथ कल पूरा हो जाये। शीलवान् हर घटना में प्रभु की इच्छा देखता है और क्षुद्र व्यक्ति हर एक सफल कर्म में अपने पुरुषार्थ को और असफल कर्म में प्रभु की इच्छा को केन्द्र में मानता है। कैकेयी मोहान्ध अवश्य हुई थीं, लेकिन उन्होंने चरित्र की गरिमा को पूरी तौर पर खोया नहीं था।

प्रसन्नता के क्षण में कैकेयी मन्थरा को कुछ आश्वासन देती हैं। कहती हैं कि अगर विधाता ने सफलता दे दी तो तू मेरी परम प्रिय बन जायेगी। यह तो अयोध्या का भाग्य ही कहा जायेगा कि कैकेयी का मनोरथ भरत ने पूरा नहीं होने दिया, नहीं तो कैकेयी राजमाता बनतीं और मन्थरा राजमाता की पट्ट और परम प्रिय दासी। फिर तो अयोध्या के राजभवन में नित्य कलह-क्लेश की आग धूँ-धूँ करके जलती, जिसमें राम की 'स्वर्गादपि गरीयसी' अयोध्या नरक से भी बदतर हो जाती। जब विघटनकारी तत्त्व प्रिय सहायक बन जायें तो समर्थ व्यक्ति सत्ता के माध्यम से सर्वनाश करता है। विघटनकारी मन्थरा समर्थ कैकेयी को सर्वनाश के मार्ग पर ले जा रही है।

बहुबिधि चेरिहि आदरु देई।
कोपभवन गवनी कैकेई॥

—इस प्रकार दासी को बहुत तरह से आदर देकर कैकेयी को‍प-भवन में चली गयीं।

अपने हित-साधन के लिए कैकेयी पूर्ण रूप से तैयार हो गयीं। लक्ष्य बुरा हो या भला, मनुष्य जब उसके लिए एकनिष्ठ भाव से समर्पित हो जाता है तो उसका मन असंशय हो उठता है और आपदाएँ उसे डिगा नहीं पाती हैं। कैकेयी इसी भाव से कोप-भवन में प्रवेश करती हैं।

मानव इतिहास में ऐसे क्षण दुर्लभ हैं जब किसी एक घटना ने इतिहास-चक्र की गति की दिशा को मोड़ दिया हो। इन दुर्लभ घटनाओं में से एक कैकेयी का कोप-भवन में जाना है। इसी घटना ने सत्तापथी राम को वनपथी बनाया। इस घटना

ने राजा राम को स्वर्ण-सिंहासन से उतारकर वनवासी राम बनाकर जन-जन के हृदय के सिंहासन पर बिठाया। इसी घटना ने रामायण जैसे परम वन्दनीय ग्रन्थ को हम सबके लिए सुलभ कराया।

कैकेयी का कोप-भवन गमन अयोध्या के राजभवन के माथे पर कलंक भले ही हो, पर यह मानव इतिहास के माथे पर धवल चन्दन है। इसी के माध्यम से राम मर्यादा पुरुषोत्तम और देवत्व के अवतरण का स्वरूप बनकर श्रेष्ठ मानवीय आचरण के नन्दा दीप बन जाते हैं। कैसा अद्भुत है विधि का विधान! यहाँ हर उपद्रव जीवन का सर्वनाश ही नहीं, जीवन के नव्य सृजन का संकेत भी है। जैसे पहाड़ी को बारूद से उड़ाकर राजमार्ग बनाया जाता है उसी तरह कोप-भवन में कैकेयी का जाना राजभवन में बारूद का विस्फोट है; किन्तु इसी से मानव की जय यात्रा का राजमार्ग राम का अयण, रामा (सीता) का अयण (मार्ग) विश्व मानवता को प्राप्त होता है। कोप-भवन में जाकर कैकेयी ने अपने शील-सौजन्य को मिटाया, लेकिन राम को गरिमामण्डित होने का अवसर भी प्रदान किया। किन्तु अभी के लिए अयोध्या पर जो आपदा आयी है, आइए, उसका अवलोकन करें।

बिपति बीजु बरषा रितु चेरी।
भुइँ भइ कुमति कैकई केरी॥
पाइ कपट जलु अंकुर जामा।
बर दोउ दल दुख फल परिनामा॥

—विपत्ति बीज है, दासी वर्षा ऋतु है, कैकेयी भी कुबुद्धि जमीन है। उसमें कपट-रूपी जल पाकर अंकुर फूट निकला। दोनों वरदान उस अंकुर के दो पत्ते हैं और अन्त में इनके दुःख रूपी फल होगा।

कैकेयी और मन्थरा ने जो जाल बुना है उसका फल क्या मिलेगा, इसका सुन्दर अंकन इन चौपाइयों में किया गया है। हर गृहस्थ को इससे सीख लेनी चाहिए।

परिवार में कलह और विपत्ति के बीज को बोने के लिए कुबुद्धि रूपी जमीन की आवश्यकता पड़ती है। कपट और प्रपंच रूपी वर्षा ऋतु अभीष्ट होती है। ऐसे जल और जमीन के सहयोग से बीज में जो अंकुर फूटता है वह कैकेयी के दो वरदानों की तरह परिवार को दो भागों में बाँट देता है। परिवार को यदि बचाना हो तो प्रेम का बीज सुबुद्धि की जमीन पर बोया जाना चाहिए और उसे विश्वास के जल से सींचा जाना चाहिए। ऐसा होने पर उसके भीतर से परिवार की एकता और सुरक्षा का अंकुर फूटता है।

परमात्मा ने मनुष्य को सबसे दुर्लभ गुण दिया है—चुनाव का। मनुष्य अच्छे और बुरे, प्रिय और अप्रिय, प्रेयस् और श्रेयस् के बीच चुनाव कर सकता है। चुनाव के इस विशेषाधिकार के कारण ही मनुष्य में अधमाधम और देवोपम दोनों बनने की सम्भावना है। कैकेयी ने प्रेम और सुबुद्धि का तिरस्कार कर अधम मार्ग को अपनाया।

कोप समाजु साजि सबु सोई।
राजु करत निज कुमति बिगोई॥

—कैकेयी कोप का सब साज सजाकर (कोप-भवन में) जा सोयीं। राज्य करती हुई वह अपनी दुष्ट बुद्धि से नष्ट हो गयी।

कभी-कभी समझदार मनुष्य कैसे पतन के गर्त में गिर जाता है, इसे हम कैकेयी के चरित्र में देख सकते हैं। अयोध्या का राजसिंहासन कैकेयी के इशारे पर चलता था। यदि कैकेयी अपनी सुबुद्धि को बनाये रखतीं तो सम्भव था वह अपना वर्चस्व अयोध्या के सिंहासन पर बनाये रखतीं। पर सत्ता का दुर्भाग्य यही है कि उसे बनाये रखने के लिए सत्तासीन गलत निर्णय ले लेता है और खाई में गिर जाता है। श्रीमती इन्दिरा गांधी ने आपातकाल की घोषणा करके सत्ता को बचाना चाहा, पर वह सफल नहीं हुईं। आपातकाल एक गलत मार्ग था, यदि वह चुनाव कराकर सत्ता को कायम रखने का मार्ग अपनातीं तो इतिहास में उनका नाम वन्दनीय बन जाता। □

कैकेयी : कोप कथा

राजशक्ति को अपने अधिकार में रखने के लोभ के कारण कैकेयी ने कोप भवन का मार्ग अपनाया। यह मार्ग यदि कैकेयी को लक्ष्य तक पहुँचा भी देता तो भी वन्दनीय नहीं कहा जाता। इतिहास इसे गर्हित षड्यन्त्र के रूप में ही याद करता। समुद्र-मन्थन की पौराणिक कथा हमें बताती है कि छल-कपट से प्राप्त किया गया अमृत भी जीवन में उपद्रव उत्पन्न करता है।

राउर नगर कोलाहलु होई।
यह कुचालि कछु जान न कोई॥

—राजमहल और नगर में धूमधाम मच रही है। इस कुचाल को कोई कुछ नहीं जानता।

जीवन में दुर्भाग्य का आगमन जब अचानक होता है तो यह बहुत दुःखदायी बनता है। अगर दुर्दिन के आने की पूर्व जानकारी हो तो मनुष्य तैयारी कर सकता है, किन्तु यदि वह हठात् जीवन में अवतरित हो जाये तो पीड़ा बहुत गहरी हो जाती है। सुनामी की लहरों ने जब समुद्र में हाहाकार उत्पन्न किया तो लोग दहल उठे थे, क्योंकि यह अचानक हुआ था। आजकल लोग तूफान से कम डरते हैं, क्योंकि उसके आगमन की पूर्व घोषणा यन्त्रों द्वारा सम्भव हो गयी है। लोग जानकारी प्राप्त कर सजग हो जाते हैं। किन्तु बिना पूर्व सूचना के जीवन में तूफान का आना बड़ा भयावह होता है।

कोप-भवन में कैकेयी का प्रवेश अयोध्या में तूफानी मौसम की सूचना दे रहा था। लेकिन राम के राज्याभिषेक के आनन्द में डूबे अयोध्यावासी इससे बेखबर थे। वे तो राम को बधाई देने के लिए राजभवन में पंक्तिबद्ध थे।

प्रमुदित पुर नर नारि सब सजहिं सुमंगलचार।
एक प्रबिसहिं एक निर्गमहि भीर भूप दरबार॥

—बड़े ही आनन्दित होकर नगर के सब स्त्री-पुरुष शुभ मंगलाचार के साथ सज रहे हैं। कोई भीतर जाता है, कोई बाहर निकलता है; राजद्वार में बड़ी भीड़ हो रही है।

अयोध्या की समस्त जनता शुभ की आराधना में व्यस्त है, लेकिन किसी एक कोने में अशुभ का बीज बोया जा रहा है। कितना सच है कि जन्म में ही मृत्यु छिपी होती है। सुख में ही दुःख समाया होता है। पर हम एक ही की उपस्थिति को जान पाते हैं।

कितनी अजीब बात है कि आज की साँझ अयोध्या में आनन्द की बरखा कर रही है और कल की सुबह पीड़ा की बरसात करेगी। जो आज राम से आनन्द-पुष्प लेकर मिल रहे हैं, कल वे ही राम से पीड़ा-अश्रु लेकर मिलेंगे।

बाल सखा सुनि हियँ हरषाहीं।
मिलि दस पाँच राम पहिं जाहीं॥

—श्रीराम के बालसखा राजतिलक का समाचार सुनकर हर्षित होते हैं। वे दस-पाँच मिलकर श्रीराम के पास जाते हैं।

सुख और दुःख दोनों में अकेलापन आदमी को बहुत खलता है। सुख में वह चाहता है कि लोग उसका वन्दन और अभिनन्दन करें और दुःख में चाहता है कि लोग उसके आँसुओं को पोंछें। जीवन का यह सहज नियम है कि सुख बाँटने से बढ़ता है और दुःख बाँटने से घटता है। राम के सुख को बढ़ाने के लिए और सुखमय राम को देखकर अपने जीवन को धन्य करने के लिए राम के मित्रगण उनसे मिल रहे हैं।

प्रभु आदरहिं प्रेमु पहिचानी।
पूँछहिं कुसल खेम मृदु बानी॥

—प्रेम पहचानकर प्रभु श्रीराम उनका आदर करते हैं और कोमल वाणी से उनका कुशल-क्षेम पूछते हैं।

आइए, इस प्रसंग में हम जीवन के एक बड़े गहरे सत्य की ओर दृष्टि दौड़ाते चलें। जब कोई सिहासनारूढ़ होता है, सत्तासीन होता है तो उसके पास स्वार्थियों और चाटुकारों की भीड़ लग जाती है। सत्तासीन व्यक्ति ऐसे ही लोगों के जाल में फँस जाता है, क्योंकि ये लोग उसका भव्य वन्दन और अभिनन्दन करने लगते हैं। राम ऐसे निहित स्वार्थ-संचालित व्यक्तियों से बचते हैं। वे 'प्रेम' को पहचानकर सबको आदर देते हैं। राम का यह आदर्श यदि हमारे जीवन में आ जाये तो हम निश्चित रूप से सत्ता और पद पाने के बाद स्वार्थियों के जाल में नहीं फँसेंगे।

जीवन को गति देने के लिए दो ही संचालक तत्त्व हैं—प्रेम और स्वार्थ। यदि

प्रेममय होकर जीवन जिया जाये तो सर्वत्र जीवन-व्यापार का नियमन होता है। समता-समरसता से जीवन सुगन्धित होता है। जब स्वार्थ से जीवन संचालित होता है तो सम्बन्धों की गरिमा नष्ट होती है और मनुष्य नैतिक दृष्टि से बौना और तुच्छ हो जाता है। प्रेम जीवन को गौरव प्रदान करता है और स्वार्थ उसे निन्दनीय बनाता है। जब हम प्रेम से मिलते हैं तो जीवन के शुभ को एक-दूसरे के लिए अर्पित करते हैं और जब स्वार्थ से मिलते हैं जो जीवन का अशुभ हमारे व्यक्तित्व पर ग्रहण बनकर छा जाता है।

मनुष्य का व्यवहार ही उसके चरित्र का सबसे सशक्त परिचय देता है। राम प्रेम को पहचानते हैं, सबको आदर देते हैं और मधुर वाणी में हाल-चाल पूछते हैं। प्रेम, आदर और माधुर्य आचरण के तीन श्रेष्ठ आभूषण हैं। राम इन तीनों से सजे हुए थे। पदासीन होने की प्रसन्नता के क्षणों में राम किसी की उपेक्षा नहीं कर रहे थे, किसी को अनदेखा करके तुच्छ नहीं बना रहे थे। सबको आदर देकर वे महिमा-मण्डित कर रहे थे। इसीलिए सभी लोग उनसे मिलकर लौटते समय उन्हीं के गुण गा रहे थे।

को रघुबीर सरिस संसारा।
सीलु सनेहु निबाहनिहारा॥

—संसार में श्रीराम के समान शील और स्नेह को निबाहनेवाला और कौन है?

शील और स्नेह की पहचान परीक्षा-काल में ही होती है। आप देखते होंगे कि चुनावों के समय नेतागण हाथ जोड़कर प्रणाम की मुद्रा में आपके पास आते हैं। लगता है कि वे विनम्रता की मूर्ति हैं और सदियों से आप को जानते-पहचानते हैं; लेकिन चुनाव जीत जाने के बाद जब वे मन्त्री बन जाते हैं तो आपको पहचानते ही नहीं। आप बतायें भी कि आप कौन हैं, तो भी उनके चेहरे पर कोई भाव नहीं आता। ऐसी नम्रता और प्रीति को दिखावा कहा जाता है, क्योंकि परीक्षा के समय वह कसौटी पर खरी नहीं उतरती है।

राम दिखावे से एकदम दूर हैं। उनका शील और स्नेह परीक्षा की घड़ी में और दमकने लगता है। युवराज होने के स्वर्णमुकुट के गौरव को सँभालते हुए राम अपने माथे से शील और स्नेह के चन्दन को पोंछते नहीं हैं। सत्तासीन होने के गर्वित क्षणों में भी वे अपने हर मित्र को आदर देते हैं, उससे मधुरता से बात करते हैं और ऐसा करते समय वे सबके प्रेम को भी अच्छी तरह पहचानते हैं। उनके समक्ष न कोई उपेक्षित होता है और न दयनीय। ऐसे शील और स्नेह-सम्पन्न राम को जन्म-जन्मान्तर तक अपना स्वामी बनाने के लिए पूरी अयोध्या लालायित है।

सेवक हम स्वामी सियनाहू।
होउ नात यह ओर निबाहू॥

—हम तो सेवक हों और सीतापति श्रीराम हमारे स्वामी हों और यह नाता अन्त तक निभ जाये।

शील और स्नेह से युक्त व्यक्ति का अनुकरण करना ही जीवन की सबसे बड़ी धन्यता है। ऐसा व्यक्ति सहज ही जीवन को ऊँचा उठा देता है। भगवान् बुद्ध से लोग कहते थे कि हमें ज्ञान दीजिए। वे कहते थे कि ज्ञान की बात छोड़ो, बस मेरे साथ रहो। मुझे देखो। प्रश्न पूछनेवाला आरम्भ में इसका अर्थ नहीं समझता था, लेकिन उनके साथ रहते-रहते वह अपना प्रश्न भूल जाता था।

बुद्ध के पास उस युग के महान् पण्डित सारिपुत्र अनेक प्रश्न लेकर आये थे। बुद्ध ने कहा, 'वत्स, अभी प्रश्न मत पूछो। मेरे साथ एक वर्ष रहो, फिर प्रश्न पूछना। मैं निश्चित रूप से उत्तर दूँगा।'

सारिपुत्र बुद्ध के पास रह गये। वर्ष के अन्त में बुद्ध ने उन्हें बुलाया और कहा, 'वत्स, अपने प्रश्न पूछो।'

सारिपुत्र ने कहा, 'प्रभु! अब मेरे पास कोई प्रश्न नहीं है। आपके सान्निध्य में सारे प्रश्न खो गये।'

महापुरुषों का सान्निध्य इसी कारण से जीवन को गरिमा प्रदान करता है, क्योंकि उनकी उपस्थिति ही जीवन को रूपान्तरित करने में सक्षम होती है।

हर अयोध्यावासी राम को अपने स्वामी के रूप में देखना चाहता है, क्योंकि वे शीलमय हैं, स्नेहमय हैं। शील जीवन को उच्चता प्रदान करता है और स्नेह गहनता। शील जीवन का विराटत्व है और स्नेह जीवन का विस्तार। शील और स्नेह के संस्पर्श से ही जीवन की तुच्छता तिरोहित होती है। इसीलिए राम जन-जन को प्यारे हैं। ऐसे प्यारे राम को चोट पहुँचानेवाला निन्दनीय बनता है। कैकेयी ऐसा ही निन्दनीय आचरण करने के लिए कोप-भवन में उपस्थित हैं।

अस अभिलाषु नगर सब काहू।
कैकयसुता हृदयँ अति दाहू॥

—पूरे नगर की ऐसी अभिलाषा है (कि राम राजा बनकर रहें)। परन्तु कैकेयी के हृदय में बड़ी जलन हो रही है।

कैकेयी की जलन का एक गहरा अर्थ है। जो राम से जलता है वह अपने जीवन से शील और स्नेह को तिरस्कृत करता है। जब तक मनुष्य शील और स्नेहमय होगा वह कभी शील-स्नेह के मूर्तमन्त प्रतीक राम के विरुद्ध नहीं जा

सकेगा। इसीलिए कोप-भवन में जाकर कैकेयी शील और स्नेह दोनों से च्युत हुईं। कैकेयी अयोध्या के जनमानस में अपने शील और स्नेह के कारण ही समायी हुई थीं। श्रीराम उन्हें उनके शील और स्नेह के कारण प्यार करते थे और वे भी श्रीराम को उनके शील और स्नेह के कारण ही हृदय से चाहती थीं। परीक्षा की घड़ी में कैकेयी ने अपने शील और स्नेह दोनों को खो दिया, लेकिन राम ने दोनों को निभाया। इसीलिए कैकेयी रामकथा में निन्दनीय और राम वन्दनीय बन गये।

हतभागिनी कैकेयी ने अपने शील और स्नेह को कैसे और क्यों खोया, इसको लेकर विश्व की रामकथाओं में अनेक तरह की चर्चाएँ हैं। उनका उल्लेख यहाँ करना हमारा अभीष्ट नहीं है। हम यहाँ तुलसीदास द्वारा प्रस्तुत कारण की ही विवेचना करेंगे।

को न कुसंगति पाइ नसाई।
रहइ न नीच मतें चतुराई॥

—कुसंगति पाकर कौन नष्ट नहीं होता। नीच के मत के अनुसार चलने से चतुराई नहीं रह जाती।

यह जीवन का ध्रुव सत्य है कि कुसंगति से मनुष्य नष्ट होता है। ग्रहण करना मनुष्य का स्वभाव है। अच्छाई-बुराई का विवेक न होने के कारण जो भी उसे मिल जाता है, उसे अपना लेता है। इसीलिए कहा गया है कि अच्छा वातावरण होने से अच्छाइयों के पल्लवित-पुष्पित होने का अवसर अधिक रहता है। ऋषियों की संगति पाकर वाल्मीकि डाकू से ऋषि बन गये। चैतन्य महाप्रभु को पाकर जगाई-मधाई (जगन्नाथ-माधव) विलासिता से साधुता की ओर बढ़ गये।

जैसे सुसंगति बुरे लोगों को सुधार देती है उसी तरह कुसंगति अच्छे लोगों को नष्ट कर देती है। महात्मा गांधी के पुत्र हरिदास गांधी कुसंगति से ही नष्ट हो गये। श्रीकृष्ण का पुत्र साम्ब कुसंगति के कारण ही यादव कुल के नाश का कारण बना। धनी और उच्च पदस्थ व्यक्तियों के बच्चे कुसंगति के कारण ही बिगड़ जाते हैं।

कुसंगति का प्रभाव कभी भी, किसी पर भी पड़ सकता है। इसके लिए किसी आयु विशेष का कोई बन्धन नहीं है। कैकेयी इसका साक्षात् प्रमाण हैं। वे परम ज्ञानमयी और विदुषी हैं, फिर भी मन्थरा की संगति के कारण परम मूढ़ बन जाती हैं। इसीलिए कहा गया है कि हमेशा कुसंगति से बचते रहना चाहिए। इस बचाव का एक सीधा उपाय यह है कि सुसंगति के लिए जीवन में आग्रह पैदा किया जाये। जब मनुष्य को सत्संगति प्रिय हो जाती है तो उसके भीतर से कुसंगति की चाह मिट जाती है।

बंगाल के महान् नाटककार और नाट्य-शिल्पी गिरीश चन्द्र घोष बड़े शराबी थे। लेकिन रामकृष्ण परमहंस पर उनकी बड़ी भक्ति थी। रामकृष्ण भी उन्हें बहुत प्यार करते थे और 'भैरव' कहा करते थे। रामकृष्ण ने उन्हें कभी शराब पीने से मना नहीं किया, लेकिन रामकृष्ण के साथ रहने से गिरीश चन्द्र एकदम बदल गये। वे वामाचारी से सदाचारी बन गये। धीरे-धीरे शराब पीने की उनकी लत समाप्त हो गयी।

जब भी अवसर मिले, श्रेष्ठ जनों के साथ रहना, उनके जीवन-चरित्र को पढ़ना-सुनना जीवन को संस्कारित और श्रेष्ठ बनाने का सबसे सस्ता और कारगर उपाय है। यदि मनुष्य इस धरती पर सदाचारी और सुविचारी बनकर जिये तो धरती ही स्वर्ग बन सकती है। फिर मृत्यु के बाद स्वर्ग तलाशने की आवश्यकता नहीं रहेगी।

कुसंगति का सबसे बड़ा अभिशाप यह है कि वह मनुष्य के समस्त सद्‌गुणों पर कालिख मढ़ देती है। बुरा मनुष्य अनिवार्य रूप से क्षुद्र बुद्धि का अथवा निम्न कोटि का हो, यह आवश्यक नहीं। प्राय: बुरे लोग बुद्धिमान्, बलवान्, धनवान् और विद्वान् होते हैं। पर उनकी बुरी लत उनके धवल यश को काला कर देती है। इसलिए यदि यश को बचाना है तो कुसंगति से बचने का प्रयत्न किया जाना चाहिए।

कुसंगति के साथ-ही-साथ जीवन के पतन का एक और कारण है—नीच व्यक्तियों के विचार को स्वीकार करना। विचारों की स्वीकृति और अस्वीकृति से ही मनुष्य के आचरण की पहचान होती है। विचार के वृक्ष पर ही चरित्र का पुष्प खिलता है।

यदि नीच व्यक्तियों के विचार को ही सुनने का अवसर मिलता है तो श्रेष्ठ-से-श्रेष्ठ व्यक्ति भी अपने चरित्र की आभा को खो देता है। नीच व्यक्ति प्राय: श्रेष्ठ विचारों की खिल्ली उड़ाते हैं। आज के जीवन में भी हम देखते हैं कि क्षुद्र बुद्धि के लोग ईमानदार और सदाचारी व्यक्ति को इधर-उधर का माल हड़पने की सलाह देते रहते हैं; जब वह नहीं सुनता है तो उसे मूढ़ और नासमझ कहते हैं।

क्षुद्रता एक बोझ है, जिसे ढोनेवाला व्यक्ति कभी तनकर खड़ा नहीं हो सकता। नीचता जीवन के तेज को हर लेती है। इसीलिए कैकेयी जैसी महा मतिवाली महिला मन्थरा की सलाह मानकर क्षुद्रमति हो गयी। परिणामत: अयोध्या का सदा हित चिन्तन करनेवाली कैकेयी कोप-भवन में बैठकर स्वयं अयोध्या के सर्वनाश का कारण बन रही हैं। आइए, इस ऐतिहासिक क्षण में हम भी सम्मिलित हो लें। □

कैकेयी : कपट कथा

विधाता की लीला को समझ पाना मनुष्य के लिए हमेशा से कठिन कार्य रहा है। कब क्या हो जायेगा, इसका पता कर पाना हर एक के लिए असम्भव-सा रहा है। खाता-पीता मनुष्य कब दम तोड़ दे, सुख-वैभव में जीता व्यक्ति कब भिखारी हो जाये और आनन्द-उमंग में किलकता आदमी कब गहरे शोक से विजड़ित हो जाये, कह पाना कठिन है। इस सृष्टि में अपने को परम समर्थ समझने वाले मनुष्य को असहाय और असमर्थ बनाने के लिए ही विधाता ने भविष्य की किताब को खोलने और पढ़ने का अधिकार अपने पास ही रखा है।

कैसी विडम्बना है कि आज महाराज दशरथ आनन्दपूर्वक कैकेयी के राजभवन में जा रहे हैं, लेकिन अन्य दिनों की तरह वे आनन्द में लौट नहीं पायेंगे। विधाता ने परम प्रतापी और परम प्रसन्न सम्राट् के लिए घोर दुःख और गहन विषाद का उपहार सजा रखा है।

साँझ समय सानंद नृपु गयउ कैकई गेहँ।
गवनु निठुरता निकट किय जनु धरि देह सनेहँ॥

—सन्ध्या के समय राजा दशरथ आनन्द के साथ कैकेयी के महल में गये। मानो साक्षात् स्नेह ही शरीर धारण कर निष्ठुरता के पास गया हो।

आज की यह अद्‌भुत घड़ी है। नित्य इसी दिन प्रेम से प्रेम का मिलन होता था। प्रेमपूर्ण महाराज दशरथ प्रेममयी कैकेयी के सान्निध्य में नित्य रात को यहीं रहा करते थे। किन्तु आज समय ने पलटा खाया है। स्नेहमयी कोमलांगिनी कैकेयी आज निष्ठुर बन गयी हैं। यह उनके भीतर के प्रेम की पराजय है। उनके हृदय में प्रेम के मुकाबले स्वार्थ ने अपनी महत्ता स्थापित कर ली है।*

---

* कैकेयी के कोप-भवन में दशरथ की स्थिति का मार्मिक विवेचन जानने के लिए प्रभात प्रकाशन द्वारा प्रकाशित लेखक की पुस्तक 'रघुकुल रीति सदा…' पढ़ें।

कोपभवन सुनि सकुचेउ राऊ।
भय बस अगहुड़ परइ न पाऊ॥

—कोप-भवन का नाम सुनकर राजा सहम गये। डर के मारे उनका पाँव आगे नहीं पड़ता।

महाराज दशरथ सुकोमल शयनकक्ष और प्रेम-पूरित कैकेयी का ध्यान करते हुए आये थे, लेकिन कोप-भवन में कैकेयी के होने का समाचार पाकर उनके होश उड़ गये। सहज ही उन्हें पता चल गया कि प्रिया क्रोध में है। प्रेमाविष्ट व्यक्ति प्रतिदान में स्नेह चाहता है, उसके मन में प्रेम-आमन्त्रण की कामना होती है। ऐसी स्थिति में यदि उसे कोप मिल जाये तो कँपकँपी छूटना स्वाभाविक ही माना जायेगा।

कितने दयनीय हैं दशरथ! जिनके प्रताप से संसार काँपता है वह प्रिया के कोप से काँप रहे हैं। वासना और आसक्तिमय प्रेम इतना ही कमजोर करता है। प्रिय प्रसन्न हो तो प्रेम प्रोत्साहित करता है और प्रिय कुपित हो तो प्रेम हतोत्साहित करता है। दशरथ को सदा प्रोत्साहित करनेवाली कैकेयी आज कोप-भवन में बैठकर उन्हें हताशा के गर्त में डाल रही हैं। महाराज दशरथ धीरे-धीरे डरते हुए कैकेयी के पास पहुँचते हैं।

सभय नरेसु प्रिया पहिं गयऊ।
देखि दसा दुखु दारुन भयऊ॥

—राजा डरते-डरते अपनी प्यारी कैकेयी के पास गये। उसकी दशा देखकर उन्हें बड़ा दुःख हुआ।

कोप-भवन में निश्चित रूप से कैकेयी प्रसन्न मुद्रा और लकधक वस्त्राभूषण में नहीं रही होंगी। वे अवश्य ही उदास, हताश और निराश दिख रही होंगी। जिनकी इच्छामात्र से रंक राजा हो जाये, ऐसे समर्थ महाराज दशरथ अपनी प्राणेश्वरी प्रिया को बदहाल देखकर कैसे न दुःखी होते।

भूमि सयन पटु मोट पुराना।
दिए डारि तन भूषन नाना॥

—कैकेयी भूमि पर पड़ी हैं। पुराना मोटा कपड़ा पहने हुए हैं। शरीर के नाना आभूषणों को उतारकर फेंक दिया है।

राजभवन के शयनागार में पति की ललक भरी प्रतीक्षा में पहने जानेवाले अपने परिधान को कैकेयी ने उतारकर कोप-भवन के वस्त्रों को पहन लिया है। यदि राजमहल में कोप-भवन है तो इसका साफ अर्थ है कि रानियों का कोप करके एक अलग भवन में जाने की परम्परा है। इससे सहज ही राजा को पता चल

जाता होगा कि किसी कारणवश रानी कुपित है। पर कोप का सूचनांक सम्भवतः उनके परिधान से मालूम पड़ता था। यदि कपड़े फटे-पुराने हैं, आभूषण टूटे-फूटे और बिखरे हैं तथा चेहरे पर उदासी छायी है तो पता चलता होगा कि क्रोध का पारा एकदम ऊँचा है। इसीलिए फटे-पुराने कपड़ों में कैकेयी को देखकर महाराज डर गये।

आजकल मैं देखता हूँ कि स्त्रियाँ हर अवसर के अनुकूल फबनेवाले वस्त्र-आभूषण पहनती हैं। उस युग में भी अवश्य ही ऐसी परम्परा रही होगी। इसलिए कैकेयी ने अवश्य ही कोप-भवन के उपयुक्त फटे-पुराने वस्त्र अपने पास रखे होंगे। अन्यथा ऐसे वस्त्र तो राजभवन की दासियाँ भी नही पहनती होंगी।

वस्त्राभूषण द्वारा किया गया स्त्री का शृंगार पुरुष को सदा से आकर्षित करता रहा है। इसीलिए व्यावहारिक जीवन और ललित साहित्य दोनों में इनकी बड़ी धाक है। पति को अपने शृंगार से प्रसन्न करना पत्नी का धर्म माना गया था। शृंगार से कामनाएँ-वासनाएँ उद्दीप्त होती हैं। इससे दाम्पत्य प्रेम ज्यादा सुदृढ़ होता है।

आजकल इस शृंगार में एक खोट आ गयी है। अधिकांश स्त्रियाँ घर से बाहर निकलकर कार्यालयों-उद्योगों में काम करने लगी हैं। वहाँ वे सज-धजकर जाती हैं। पराये पुरुषों के बीच वे ज्यादा रहती हैं। घर में जब वे आती हैं तो कार्यालय के कपड़ों को उतारकर घरेलू कपड़े पहन लेती हैं और पति के साथ उसी कपड़े में बिना शृंगार के रहती हैं।

अब शृंगार के उद्देश्य का केन्द्र बदल गया है। पहले शृंगार स्वयं को अच्छा दिखाने के लिए और पति को प्रसन्न करने के लिए होता था, अब बाहर कार्य करने के कारण शृंगार कार्य-स्थलों पर अच्छा दिखने के लिए होता है। घर में पति शृंगारहीन पत्नी को देखता है। इसलिए दाम्पत्य सम्बन्ध ठण्डे होते जा रहे हैं और दाम्पत्येतर सम्बन्ध गरम। इसी कारण स्त्री-पुरुष के बीच अनैतिक सम्बन्धों में आज तेजी से वृद्धि हो रही है। सुखी दाम्पत्य और पारिवारिक जीवन के लिए इस स्थिति में सुधार अपेक्षित है।

दशरथ शृंगारहीन कैकेयी को देखकर दहल उठे। मनुष्य जिसे प्रेम करता है उसे दयनीय स्थिति में नहीं देख पाता। समर्थ व्यक्ति के लिए तो यह और भी कठिन होता है। दशरथ समर्थ थे, फिर भी उनकी प्रिया असहाय पड़ी थी। वे कारण नहीं जानते थे, इसीलिए घबराए थे। किन्तु तुलसीदास कैकेयी के माथे की लकीर पढ़ लेते हैं।

कुमतिहि कसि कुबेषता फाबी।
अनअहिवातु सूच जनु भाबी॥

—उस दुर्बुद्धि कैकेयी को यह कुवेषता कैसी फब रही है, मानो भावी विधवापन की सूचना दे रही हो!

हिन्दू जीवन रचना में एक सन्तुलित व्यवस्था हर व्यक्ति के लिए बनायी गयी थी। ब्राह्मण से कहा गया था कि यदि तुम ज्ञानी और तपस्वी होने का सम्मान चाहते हो तो सुख-सुविधा के प्रतीक धन को मत छूना। क्षत्रिय से कहा गया था कि यदि शासन करना चाहते हो तो अनीति मत करना। वैश्य से कहा गया कि यदि धन-वैभव का सुख भोगना चाहते हो ज्ञानी-तपस्वी जैसा सम्मान पाने की बात मत सोचना। शूद्र से कहा गया कि यदि सेवा से मुक्ति सिद्ध करना चाहते हो तो अहंकार और दर्प को मन में मत आने देना। इसी तरह स्त्री से कहा गया कि जब तक सुहागन हो, खूब शृंगार करना, किन्तु विधवा हो जाने पर शृंगार की ओर ताकना भी नहीं।

ये व्यवस्थाएँ जीवन के नियमन और नियन्त्रण के लिए की गयी थीं। इससे जीवन के अनैतिक मोड़ को रोका गया था। कैकेयी की स्थिति को देखकर तुलसी इसी तरफ इशारा कर रहे हैं। पति के जीवित होने से सौभाग्यवती होने के कारण कैकेयी के लिए शृंगारहीन होने की मनाही थी। अपनी स्वार्थपूर्ण दुर्बुद्धि के कारण उन्होंने शृंगार को फेंक दिया था। यह उचित नहीं था। परम्परा के अनुसार शृंगारहीन तो केवल विधवा ही हो सकती है। अतः तुलसी कहते हैं कि यह शृंगारहीनता कैकेयी के विधवा होने का संकेत है।

यहाँ एक बात और समझने लायक है। जब मनुष्य दुर्बुद्धि के जाल में फँसता है तो अपने सौभाग्य को खो बैठता है। स्त्री का सबसे बड़ा सौभाग्य उसका पति, उसका सुहाग होता है। दुर्बुद्धियुक्त कैकेयी शृंगारहीन होकर अपने इसी सौभाग्य को खोने की तैयारी कर रही है।

महाराज दशरथ हर तरह से अपनी प्रिया को मनाने का प्रयत्न कर रहे हैं। वे कहते हैं कि हे प्रिये! मैं तुम्हारे लिए होनी को अनहोनी और अनहोनी को होनी में बदल सकता हूँ। बस, तुम मुझे इतना बता दो कि तुम्हें किसने कोप-भवन में आने के लिए बाध्य किया है? वे अपने प्रेम का वास्ता देकर भी कैकेयी को आश्वस्त करना चाहते हैं।

जानसि मोर सुभाउ बरोरू।
मनु तव आनन चंद चकोरू॥

—हे सुन्दरि! तू तो मेरा स्वभाव जानती ही है कि मेरा मन सदा तेरे मुख रूपी चन्द्रमा

का चकोर है।

राजा दशरथ अपने प्रेम की बड़ी काव्यात्मक व्याख्या करते हैं, जिससे प्रसन्न होकर कैकेयी उन्हें प्रेमपाश में बाँध लें। कह रहे हैं कि तू चन्द्रमा है और मैं चकोर। चन्द्रमा पर अमावस छायी हो तो चकोर मुरझा जाता है। चन्द्रमा में पूनम खिली हो तो चकोर उल्लसित हो जाता है। चकोर के मन का प्रसाद-अवसाद चन्द्रमा से बँधा होता है। दशरथ कैकेयी को बताते हैं कि मैं भी उसी तरह तुमसे बँधा हूँ।

प्रिया प्रान सुत सरबसु मोरें।
परिजन प्रजा सकल बस तोरें॥

—हे प्रिये! मेरी प्रजा, कुटुम्बी, सर्वस्व, पुत्र, यहाँ तक कि मेरे प्राण भी, ये सब तेरे वश में हैं।

दशरथ के पास अपने समर्पण की आन्तरिकता को व्यक्त करने के लिए इससे बढ़कर और कोई उपाय नहीं था। अपनी समस्त सम्पत्ति और शक्ति को उन्होंने कैकेयी के चरणों में समर्पित कर दिया। इसमें एक खतरा था कि कहीं यह ढोंग या औपचारिकता न हो।

हम प्राय: अपने बात-व्यवहार में अपने स्नेही जनों से कहते रहते हैं कि मेरा तो सबकुछ आपका ही है। सुननेवाला अच्छी तरह जानता है कि आप वास्तविकता का निरूपण नहीं कर रहे हैं, मात्र औपचारिक वक्तव्य दे रहे हैं। हृदय की गहराइयों से मित्र जानता है कि माँगने पर आप एक पैसा भी नहीं देंगे।

कभी-कभी हमारे वक्तव्य ढोंग भी होते हैं। हम समर्पण की लम्बी-चौड़ी बातें तो करते हैं, लेकिन समय आने पर भाग खड़े होते हैं। मॉरीशस और भारत में मैं ऐसे अनेक व्यक्तियों को जानता हूँ जो समर्थ हैं, सक्षम हैं। वे सभाओं, सामाजिक मिलन के अवसरों पर मुझसे कहते हैं कि कभी 'राम काज' के लिए जरूरत पड़े तो मुझे न भूलें। किन्तु मैंने सचमुच उनसे माँगा तो वे भाग खड़े हुए। फोन करने पर वे सदा बैठकों या बाथरूम में व्यस्त मिलते हैं।

इस बार की भारत-यात्रा में मुझे रामायण सेण्टर की भारत शाखा के उद्घाटन समारोह में १६ दिसम्बर, २००५ को भाग लेना था। इसकी अध्यक्षता महान् विधिवेत्ता डॉ. लक्ष्मीमल्ल सिंघवी ने कृपापूर्वक स्वीकार कर हमें धन्य किया। इस अवसर पर मैंने अपने एक परिचित भारतीय उद्योगपति को भी आमन्त्रित किया। मैंने मॉरीशस में उनकी कई तरह से सहायता की है। वे बार-बार मुझे रामायण सेण्टर के लिए सहायता का आश्वासन देते रहे थे। जब मैं मिला तो उन्होंने कार्यक्रम में आने की सहर्ष स्वीकृति दी, सहायता करने की भी बात की; पर वे कार्यक्रम में नहीं आये।

न आने के लिए उन्होंने कोई खेद भी प्रकट नहीं किया। स्पष्ट है कि उनका आश्वासन ढोंग था।

प्राय: मनुष्य की वचनबद्धता दिखावा या ढोंग होती है। उसे वास्तविक और यथार्थ बनाने के लिए अतिरिक्त बल की आवश्यकता पड़ती है। अपने वचन को सत्यापित करने के लिए महाराज दशरथ अपने परम प्रिय राम का सहारा लेते हैं।

जौं कछु कहौं कपटु करि तोही।
भामिनि राम सपथ सत मोही॥

—यदि मैं तुमसे कुछ कपट करके कहता होऊँ तो हे भामिनी! मुझे सौ बार राम की सौगन्ध है।

दशरथ और कैकेयी के बीच विश्वास का बाँध बाँधने के लिए राम ही सबसे मजबूत सीमेण्ट थे। राम से दोनों का प्यार था। राम से दोनों परम आन्तरिकता से जुड़े हुए थे। कैकेयी यह अच्छी तरह से जानती थीं कि राम से बँध जाने पर राजा कभी मुकर नहीं सकते। मन्थरा ने भी उन्हें यही सीख दी थी कि जब तक राजा राम से न बँध जायें, उन पर विश्वास न करना। परम प्रेमपूर्ण राजा ने बिना किसी वाद-विवाद के राम की सौगन्ध ले ली। कैकेयी को प्रसन्नता की अमरबेलि मिल गयी।

यह सुनि मन गुनि सपथ बड़ि बिहसि उठी मतिमंद।
भूषन सजति बिलोकि मृगु मनहुँ किराितिनि फंद॥

—यह सुनकर और मन में राम की सौगन्ध को विचारकर मन्द बुद्धि कैकेयी हँसती हुई उठी और गहने पहनने लगी, मानो कोई भीलनी मृग को देखकर फन्दा तैयार कर रही हो।

यह अद्‌भुत बात है कि कैकेयी की प्रसन्नता और पीड़ा दोनों के लिए राम ही केन्द्र में हैं। वह राम के कारण ही कोप-भवन में आयी थीं और राम के नाम की सौगन्ध ने ही उन्हें कोप-भवन से उठाया।

कैकेयी हँसते हुए उठती हैं। यह हँसी प्रसन्नता की सूचक है। लेकिन यह प्रसन्नता जीवन के शुभ के निषेध पर खड़ी है, इसीलिए कैकेयी को मन्द बुद्धि कहा गया है। मन्द बुद्धि के लोग ही बुराई और विरोध में आनन्दित होते हैं।

कैकेयी का आभूषण पहनना प्रेयसी की प्रसन्नता का प्रतीक माना जाता, यदि उनका मन साफ होता। लेकिन उनके मन के कपट को देखकर ही कहा गया है कि वह दशरथ को अपना प्रेम समर्पित करने के लिए नहीं, अपितु उन्हें अपने कपट-जाल में फँसाने के लिए ऐसा कर रही हैं। गहन प्रेम से गहन कपट तक की यात्रा ही कैकेयी की नियति है।

अपनी परम प्रिया को आभूषण पहनते देख राजा प्रमुदित होते हैं और उन्हें राम के राज्याभिषेक का शुभ समाचार देते हैं।

दलकि उठेउ सुनि हृदउ कठोरू।
जनु छुइ गयउ पाक बरतोरू॥

—इतना सुनते ही रानी का कठोर हृदय फटने लगा। मानो पका हुआ बालतोड़ फोड़ा छू गया हो।

राजा के मुख से राम के राज्याभिषेक की बात सुनकर रानी का हृदय फटने लगा। उनके हृदय की पीड़ा प्रभूत हो उठी। लेकिन उन्होंने बाहर से कुछ दिखाया नहीं। रानी उचित समय की प्रतीक्षा कर रही हैं। वह कुटिलता भरी चतुराई से अपनी बात को राजा के सामने रखने के लिए सोच रही हैं।

ऐसिउ पीर बिहसि तेहिं गोई।
चोर नारि जिमि प्रगटि न रोई॥

—ऐसी भारी पीड़ा को रानी ने हँसकर छुपा लिया; जैसे चोर की स्त्री प्रकट होकर नहीं रोती।

अपनी असलियत छिपाने के लिए जैसे चोर की स्त्री व्यवहार करती है वैसे ही कैकेयी कर रही हैं। चोर जेल जाये या पिटे तो उसकी स्त्री दुःखी होने के बाद भी नहीं रोती है, क्योंकि लोग पूछेंगे कि क्यों रो रही है तो सच बताना पड़ेगा कि मेरा चोर पति जेल गया है या उसने मार खायी है। कैकेयी की हँसी में भी प्रसन्नता नहीं है, मन के वास्तविक भाव को छुपाने की चतुरता है।

यदि कैकेयी रो देतीं तो दशरथ पूछते—ऐसे शुभ समय में क्यों रो रही हो, तो उनका भेद खुल जाता। अतः वह हँस पड़ीं, जिससे राजा यह समझें कि कैकेयी राम के राज्याभिषेक से प्रसन्न हैं।

राजा उनकी मुसकान को प्रसन्नता मानकर बहुत आनन्दित हुए। ऐसे समय में कैकेयी ने अपने को प्रहार के लिए सन्नद्ध कर लिया। नीति-निपुण राजा त्रिया चरित्र के अथाह समुद्र को थाह नहीं पाये।

कपट सनेहु बढ़ाइ बहोरी।
बोली बिहसि नयन मुहु मोरी॥

—कपटयुक्त प्रेम बढ़ाकर फिर वह नेत्र और मुख मोड़कर हँसती हुई बोली।

प्रहार से पहले राजा को अपने प्रति पूर्ण समर्पित करने के लिए रानी ने अपना कपटपूर्ण प्रेम द्विगुणित करके दिखाया। ठीक उसी तरह से जैसे बलि के बकरे को लोग अच्छी तरह खिलाते-पिलाते हैं।

रानी के बढ़े हुए प्रेम को प्रकट करने के लिए यहाँ एक अच्छा सूत्र दिया गया है। वह अपने नेत्र और मुख को राजा की तरफ करके हँसती हैं। क्रोध में मनुष्य मुख फेर लेता है, लज्जा में मुख झुका लेता है और प्रेम में मुख सन्मुख होता है। प्रेम में मुख जब सन्मुख होता है तो आँखें बोलने लगती हैं। प्रेम में जितना आँखें बोलती हैं उतना वाणी नहीं बोल पाती। आँखों की मौन भाषा-अभिव्यक्ति किसी भी पाण्डित्यपूर्ण अभिव्यक्ति से अधिक सशक्त होती है। इसीलिए प्रेम बिना आँखों की भाषा समझे किया ही नहीं जा सकता। पुरुष प्रायः प्रेम का निवेदन वाणी से करते हैं, लेकिन स्त्रियाँ प्रेम के गहन और पवित्रतम क्षण में मात्र आँखों से बोलती हैं। स्त्री के पास नयन की सर्वाधिक सशक्त भाषा होती है।

नयन की इस भाषा में यदि सात्त्विक प्रेम भरा हो तो यह अमृत बनकर संजीवनी का काम करती है और यदि इसमें कपट भरा हो तो विष बनकर सर्वनाश का कारण बनती है। आज स्थिति विकट है। सदा अपने नयनों में 'सनेह' धारण करनेवाली कैकेयी के नयन आज 'कपट सनेह' से भरे हुए हैं।

मागु मागु पै कहहु पिय कबहुँ न देहु न लेहु।
देन कहेहु बरदान दुइ तेउ पावत संदेहु॥

—हे प्रियतम! आप माँग-माँग तो कहा करते हैं, पर देते-लेते कुछ भी नहीं। आपने दो वरदान देने को कहा था, उनके भी मिलने में सन्देह है।

कोप-भवन में बैठी पत्नी यदि पति को 'प्रियतम' कह दे तो समझो, प्रेम की जययात्रा जीवन में फिर आरम्भ हो गयी; पर दुर्भाग्यवश यहाँ प्रेम की क्षययात्रा आरम्भ होने जा रही है, क्योंकि 'प्रियतम' सम्बोधन में सात्त्विक सनेह नहीं, कपट सनेह है। पर राजा अभी तक इससे अनजान हैं।

राजा की इसी स्थिति का लाभ कैकेयी उठाती हैं। प्रेमपूर्ण उलाहना के साथ कहती हैं कि माँगने को तो आप बहुत कहते हैं, पर देते कुछ नहीं हैं। आपने मेरे दो पुराने वरदान ही अभी तक नहीं दिये। इस उलाहने को सुनकर राजा खिल उठते हैं।

जानेउँ मरमु राउ हँसि कहई।
तुम्हहि कोहाब परम प्रिय अहई॥

—राजा ने हँसकर कहा—अब मैंने तुम्हारा मतलब समझा। मान करना तुम्हें परम प्रिय है।

प्रसन्न राजा पति के रूप में अपने अनुभव की बात कर रहे हैं। प्रायः पत्नियाँ अपने पतियों से इच्छापूर्ति के लिए मान करती हैं। उनकी मनचाही वस्तु मिल जाये तो परम प्रसन्न हो जाती हैं। राजा ने अनेक बार इसे देखा था। अतः कहते हैं कि यह

कोई नयी बात नहीं है, पति से मान करना तुम्हारी पुरानी आदत है।

थाती राखि न मागिहु काऊ।
बिसरि गयउ मोहि भोर सुभाऊ॥

—तुमने उन वरों को थाती रखकर कभी माँगा ही नहीं और मेरा भूलने का स्वभाव होने से मुझे भी वह प्रसंग याद नहीं रहा।

मुदित राजा प्रसन्न कैकेयी से अब चुहुलबाजी कर रहे हैं। कहते हैं कि वरदान तो तुम्हें माँगना चाहिए था। थाती के रूप में तुमने उसे सुरक्षित रखा। तुम्हीं ने कहा था कि जब अवसर आयेगा तब माँगोगी। अतः इसमें मुझसे नाराज होने का कोई कारण नहीं बनता है।

महाराज दशरथ एक और बात कहते हैं, जो हर पति के लिए उपयोगी है। भूलने का स्वभाव होने के कारण मैं वरदानों को भूल गया। यद्यपि यह बात राजा ने विनोद में कही है, लेकिन इसमें बहुत सच्चाई है। पति यदि पत्नी की माँग को भूले नहीं तो उसका जीना कठिन हो जायेगा। इसीलिए समझदार लोग कहते हैं कि अच्छे पति को सदा पत्नी के सामने यही प्रदर्शित करना चाहिए कि वह भुलक्कड़ है, तभी वह सुख-चैन से जी सकेगा, अन्यथा पत्नी की माँगी हुई हर चीज को जुटाने के चक्कर में उसका सुख-चैन छिन जायेगा।

यह प्रसंग हमें बताता है कि जीवन के अन्य क्षेत्र में सफल होने के लिए तीव्र स्मरण-शक्ति चाहिए, पर पति रूप में सफल और सुखी होने के लिए भुलक्कड़ होना चाहिए। विधाता की यह सृष्टि बड़ी न्यारी है। यहाँ कमजोरी भी कहीं-न-कहीं शक्ति बन जाती है।

राजा दशरथ अपने भुलक्कड़ स्वभाव को पहले की तरह कायम रखते तो दुर्घटना से बच जाते, लेकिन उन्होंने चतुरता दिखायी और फँस गये।

झूठेहुँ हमहि दोषु जनि देहू।
दुइ कै चारि मागि मकु लेहू॥

—मुझे झूठ-मूठ दोष मत दो। चाहे दो के बदले चार माँग लो।

महाराज दशरथ बड़े उदार दिख रहे हैं। उनकी उदारता का आधार उनका प्रेम है। वह सोच रहे हैं कि वे अपनी पुरातन प्रिया कैकेयी से बात कर रहे हैं। पर उन्हें पता नहीं है कि कैकेयी बदल चुकी हैं। कैकेयी के परिवर्तित मन का यदि दशरथ को पता होता तो आधे वरदान भी वे उन्हें नहीं देते। भविष्य में न झाँक सकने की अपनी असमर्थता के कारण मनुष्य कितने दारुण दुःख झेलता है, इसे हम दशरथ के चरित्र में देख सकते हैं।

रानी दो के लिए चिन्तित हैं, किन्तु दशरथ ने कहा कि चार माँग लो। अपनी वाणी की सत्यता को स्थापित करने के लिए वह एक महावाक्य भी बोलते हैं।

रघुकुल रीति सदा चलिं आई।
प्रान जाहुँ बरु बचनु न जाई॥

—रघुकुल में सदा से यही रीति चली आयी है कि प्राण भले ही चले जायँ, पर वचन नहीं जाता।

श्रेष्ठ पुरुष जब अपने को सत्यनिष्ठ और प्रामाणिक सिद्ध करने के लिए किसी बाह्य आधार का सहारा लेते हैं तो बड़े दयनीय बन जाते हैं। उस समय तो उनकी स्थिति अत्यंत दीनतापूर्ण और पीड़ाजनक होती है जब अपने किसी परम प्रिय के समक्ष वे अपनी सत्यता और प्रामाणिकता के लिए साक्ष्य खोजते हैं। कोप-भवन में दशरथ की स्थिति ऐसी ही दयनीय है।

दशरथ ने कोप-भवन में प्रवेश करने पर कैकेयी के मन को जीतने के लिए राम का सहारा लिया था। अब वे अपने कुल का सहारा ले रहे हैं। सत्पुरुष के पास अपनी गरिमा को सिद्ध करने के लिए दो ही पूँजी होती है। एक तो यह कि वह अपनी सन्तान की सौगन्ध ले और दूसरी यह कि वह अपने कुल की मर्यादा की सौगन्ध ले। साधारण लोग भगवान् की शपथ लेते हैं, क्योंकि ऐसे लोगों में भगवान् का भय होता है।

मुगल बादशाह जहाँगीर अपने इनसाफ के लिए बहुत प्रसिद्ध था। उसके पास एक आदमी ने फरियाद की कि मैं अपनी अमानत अपने मित्र के पास छोड़कर कुछ दिनों के लिए बाहर गया था। लौटकर आया तो मित्र अमानत देने से इनकार कर रहा है। कहता है कि अमानत उसको मैंने दी ही नहीं।

जहाँगीर ने अमानत हड़पनेवाले को बुलाया और कहा, 'मुझसे झूठ मत बोलना, मैं तुम्हारा शहंशाह हूँ। झूठ बोलने पर कड़ी-से-कड़ी सजा दूँगा।'

लेकिन वह व्यक्ति घबराया नहीं। उसने कहा कि मैं अमानत के बारे में बिलकुल नहीं जानता।

जहाँगीर को विश्वास था कि यह व्यक्ति झूठ बोल रहा है, इसलिए उसने कहा, 'कुरान पर हाथ रखकर अल्लाह का नाम लेकर कहो कि तुमने अपराध नहीं किया है।'

कुरान को देखकर और अल्लाह के नाम पर शपथ लेने की बात सुनकर अपराधी थर्रा गया। उसने अपराध स्वीकार कर लिया।

क्रोध से काँपते हुए जहाँगीर ने कहा, 'आज मैं तुम्हारा वध कर देता। पर

तुम्हें इसलिए मुक्त कर रहा हूँ कि तुम मुझसे भले ही नहीं डरते हो, पर खुदा से डरते हो।'

सामान्य जन भगवान् से डरते हैं, लेकिन श्रेष्ठजन भगवान् से प्यार करते हैं और धर्म से, जीवन के नियामक सिद्धान्तों से डरते हैं।

दशरथ के साक्ष्य में दो तल समाये हुए हैं। पहला—पुत्र-प्रेम और दूसरा—कुल-प्रेम। हर मनुष्य अपनी सन्तान को प्रेम करता है, किन्तु वह सन्तान बुढ़ापे में यज्ञ-अनुष्ठान के बाद मिली हो और सर्वगुण-सम्पन्न हो तो प्यार और भी प्रगाढ़ होता है। ऐसी प्राणप्रिय सन्तान का अनिष्ट कोई नहीं चाहता। दशरथ को राम प्राणाधिक प्रिय थे, अतः कैकेयी को प्रसन्न करने के लिए उन्होंने सबसे पहले राम को दाँव पर लगाया।

महाराज यदि राम को दुबारा इस्तेमाल करते तो हलके बन जाते, उनके चरित्र की गरिमा घट जाती। जो लोग आज न्यायालयों में पैसा लेकर गवाही देने के लिए गीता की बार-बार शपथ लेते रहते हैं उन्हें कोई सन्त-महात्मा या सत्यवादी नहीं कहता है। ऐसे व्यक्ति की सभी निन्दा करते हैं। बार-बार शपथ लेनेवाला व्यक्ति हास्यास्पद बनता है। इसीलिए दशरथ ने दूसरी बार राम का उपयोग न कर कुल-परम्परा का उपयोग किया।

दशरथ का यह कथन रामचरितमानस के महावचनों में से एक है। वचन की सुरक्षा के लिए प्राणों की आहुति देने की तत्परता दशरथ को बड़ा गौरव प्रदान करती है। नियति के चक्र में फँसे दशरथ सचमुच अपने प्राण खो देते हैं, लेकिन अपने वचन को खण्डित नहीं होने देते हैं।

नहिं असत्य सम पातक पुंजा।
गिरि सम होहिं कि कोटिक गुंजा॥

—असत्य के समान पापों का समूह भी नहीं है। क्या करोड़ों घुँघचियाँ मिलकर पहाड़ के समान हो सकती हैं?

दशरथ बड़ी दृढ़ता से कैकेयी को विश्वास दिलाना चाहते हैं कि वे असत्य नहीं बोल सकते। असत्य सबसे बड़ा पाप है और पापपूर्ण आचरण करना उनके लिए सम्भव ही नहीं।

अपने मन की सच्चाई को व्यक्त करने के लिए वे राम और कुल दोनों को एक साथ कैकेयी के समक्ष रख देते हैं।

तेहि पर राम सपथ करि आई।
सुकृत सनेह अवधि रघुराई॥

—उस पर मैंने राम की शपथ भी ले ली है। राम मेरे सुकृत (पुण्य) और प्रेम की सीमा हैं।

दशरथ का यह वचन राम के साथ-ही-साथ दशरथ के चरित्र का घोषणा-पत्र है। दशरथ ने कहा कि राम मेरे जीवन के पुण्य और प्रेम की सीमा हैं। सचमुच, पुत्र पिता के पुण्य से पैदा होते हैं और प्रेम से बढ़ते हैं। अच्छी सन्तान मिल जाये तो समझना चाहिए कि जीवन का पुण्य उदय हो गया है। संसार में बहुत सारे लोग बच्चे पैदा करते हैं, वास्तव में बच्चे पैदा करने के उद्योग के कारण ही यह सृष्टि चल रही है, पर अच्छे बच्चे बड़े भाग्य से मिलते हैं। यशस्वी सन्तान की उपलब्धि से माँ की कोख धन्य होती है और पिता का पुण्य फलित होता है। ऐसी सन्तान को जब माता-पिता का प्रेम मिलता है तो परिवार में आनन्द के दीप जलने लगते हैं।

परिवार की सुख-शान्ति का आधार प्रेम ही है। प्रेम ही पति-पत्नी के जीवन को सात्त्विकता और शुचिता प्रदान करता है और प्रेम ही सन्तान को ताजा फूल की तरह खिलने में सर्वाधिक सहयोग करता है। भोजन-वस्त्र की सुविधा चाहे कितनी भी अच्छी क्यों न हो, यदि प्रेम की शहद बच्चों को नहीं चटायी गयी तो वे संसार में जीते हुए अपने जीवन को मृदु-मधुर नहीं बना पायेंगे।

महाराज दशरथ की इस बात में बड़ा दम है कि राम उनके पुण्य और प्रेम की सीमा हैं। इसका अर्थ यह है कि दशरथ को इससे अधिक कुछ पाने की आकांक्षा ही नहीं है।

कैकेयी के सामने दशरथ अपने कुल की मर्यादा और अपने जीवन के प्रेम एवं पुण्य को उसकी प्रसन्नता के लिए समर्पित कर देते हैं।

बात दृढ़ाइ कुमति हँसि बोली।
कुमत कुबिहग कुलह जनु खोली॥

—इस प्रकार बात पक्की करके दुर्बुद्धि कैकेयी हँसकर बोली, मानो उसने कुमत (बुरे विचार) रूपी दुष्ट पक्षी (बाज) की कुलही (टोपी) को खोल दिया हो।

अपनी घात के लिए तत्पर कैकेयी का यहाँ बड़ा अच्छा वर्णन हुआ है। सबसे पहले उन्होंने राम और रघुवंश की शपथ दिलाकर दशरथ को वचनबद्ध कर लिया। अब वह निरीह एवं विवश दशरथ पर प्रहार करने के लिए तैयार हो रही हैं। उन्होंने हँसकर अपने आपको दशरथ के सामने विश्वस्त बनाया, फिर अपने बुरे विचारों वाले बाज को झपट्टा मारने के लिए तैयार किया।

भूप मनोरथ सुभग बनु सुख सुबिहंग समाजु।
भिल्लिनि जिमि छाड़न चहति बचनु भयंकरु बाजु॥

—राजा का मनोरथ सुन्दर वन है, सुख सुन्दर पक्षियों का समुदाय है। उस पर भीलनी की तरह कैकेयी अपना वचन रूपी बाज छोड़ना चाहती हैं।

कैकेयी का मुख खुलते ही उसके बुरे विचारों का बाज दशरथ पर झपट पड़ेगा। परिणामत: राजा के मनोरथ रूपी वन में विचरनेवाले सुख के पक्षी घायल होंगे। राजा का सर्वाधिक प्रिय मनोरथ है राम का राज्याभिषेक और उनका सुख है राम को युवराज के रूप में यशस्वी बनते देखना। कैकेयी अपनी दुर्बुद्धि और दुर्मति से इसी पर कुछ ही क्षणों में प्रहार करेगी।

सुनहु प्रानप्रिय भावत जी का।
देहु एक बर भरतहि टीका॥

—हे प्राण प्यारे! सुनिए, मेरे मन को भानेवाला एक वर दीजिए, भरत को राजतिलक।

महाराज दशरथ के प्राण को निचोड़ने के लिए यह एक ही वरदान पर्याप्त था। वह राम के राज्याभिषेक की धूमधाम से तैयारी कर रहे थे। उनका मन-प्राण परमप्रिय राम को सिंहासन पर आरूढ़ होने के सपने देख रहा था। वे इस बात से आह्लादित थे कि उनकी आँखों के सामने ही राम की जययात्रा आरम्भ होगी। किन्तु कैकेयी के पहले वरदान से ही राजा की आकांक्षाओं के सारे महल, भावनाओं के सारे सपने ध्वस्त हो गये। पहला वरदान ही जब इतना भयानक है तो दूसरा कितना मर्मभेदी होगा, यह समझने में राजा को देरी नहीं लगी होगी। किन्तु जब तक वह कुछ कहते, कैकेयी ने अपना दूसरा वरदान राजा की झोली में डाल दिया।

मागउँ दूसर बर कर जोरी।
पुरवहु नाथ मनोरथ मोरी॥
तापस बेष बिसेषि उदासी।
चौदह बरिस राम बनबासी॥

—दूसरा वर भी मैं हाथ जोड़कर माँगती हूँ, मेरा मनोरथ पूरा कीजिए। तपस्वियों के वेश में विशेष उदासीन भाव से राम चौदह वर्ष तक वन में निवास करें।

मनुष्य यदि क्रोध में कुछ गलत कह जाये, कुछ अनावश्यक चीज माँग ले तो उसे समझना आसान है। किन्तु यदि विनम्रतापूर्वक कोई हृदय को चीरना चाहे तो उसे कुटिलता की सीमा ही कहेंगे। कैकेयी की विनम्रता हृदय की कोमलता नहीं, कुटिलता की प्रतीक है। जैसे कुटिल व्यक्ति मधुर बनकर लूटता है उसी तरह कैकेयी व्यवहार कर रही हैं।

राम के स्थान पर भरत को राजा बनाने का वरदान कैकेयी ने सहज ही एक वाक्य में माँग लिया, लेकिन राम के वनवास के वरदान को वह बहुत चतुरता से

प्रस्तुत करती हैं। राम के वन जाने के साथ वह तीन बातों को जोड़ती हैं। कहती हैं कि राम का वेश तपस्वी का हो, वे वनवास के समय घर-परिवार और राज्य की ओर से विरक्त मुनियों की तरह उदासीन रहें और चौदह वर्षों तक वन में रहें।

इस वरदान से कई रोचक तथ्य सामने आते हैं। पहला तथ्य यह है कि क्यों वरदान को चौदह वर्षों के लिए माँगा गया? उसे कम या अधिक भी माँगा जा सकता था। यह भी सम्भव था कि राम को सदा के लिए वनवासी होने का वरदान माँग लिया जाता। ऐसा होने पर पितु-मातु आज्ञापालक राम सदा के लिए अयोध्या की सत्ता से बेदखल हो जाते। आखिर यह वरदान समयबद्ध क्यों है?

कुछ लोग कारण देते हैं कि हिन्दू सम्पत्ति उत्तराधिकार के प्राचीन विधि के अनुसार यदि कोई चौदह वर्षों तक बाहर रहे तो वह अपनी सम्पत्ति के उत्तराधिकार को खो देता था। कुछ लोगों का यह भी कहना है कि चौदह वर्षों तक तपस्वी का जीवन बिताने के बाद राम स्वत: ही राजा बनने से अस्वीकार कर देते, क्योंकि तब तक उन्हें साधु बनकर जीवन-यापन की आदत पड़ गयी होती।

इन दोनों कारणों में से पहला कारण मुझे अधिक सटीक लगता है, यद्यपि इसके पक्ष में कोई ठोस प्रमाण मेरे पास नहीं हैं। मेरा मन बार-बार यह भी सोचता है कि कैकेयी ने क्यों नहीं जीवन भर के लिए राम का वनवास माँग लिया? यह तो भरत और कैकेयी दोनों के जीवन को निरापद बना देता। मुझे लगता है कि राजनीति-निपुण कैकेयी यदि ऐसा करतीं तो अयोध्या में विद्रोह हो जाता। जिस निरापद ढंग से वह भरत को शासक बनाना चाहती थीं वह सम्भव नहीं हो पाता। प्रजा, राजा और राम भी विद्रोह कर सकते थे। आखिरकार त्याग की भी एक सीमा होती है। त्याग जब तक तपस्या हो तब तक ठीक लगता है, लेकिन जब वह दण्ड बन जाये तो बहुत कष्टकर होता है।

कैकेयी ने मध्य और निष्कण्टक मार्ग चुना। उन्होंने चौदह वर्षों तक राम को वनवासी बनाकर अयोध्या के शासन के उत्तराधिकार से वंचित भी करना चाहा और राम चौदह वर्षों के दौरान भरत के विरुद्ध कोई साजिश न करें, इस पर भी रोक लगायी। उन्होंने माँग की कि राम तपस्वी के वेश में उदासीन होकर वन में रहें। राम अगर राज पुत्र के रूप में जंगल में रहते तो सम्भव है, भरत से राज्य छीनने का प्रयत्न करते, अयोध्यावासियों से बराबर सम्पर्क में रहकर विद्रोह की स्थिति उत्पन्न करते। राम अयोध्या में बहुत लोकप्रिय थे, ऐसे राम पर हाथ उठाना भी बहुत खतरनाक था। इसीलिए कैकेयी बहुत सावधानी बरत रही हैं।

राजनीति की निपुण खिलाड़ी महारानी कैकेयी अच्छी तरह जानती हैं कि

यदि राम केवल वेश में ही तपस्वी होंगे तो भरत के सिर से खतरा टलेगा नहीं। जब तक मन साधु न हो जाये, भीतर की सांसारिक इच्छाएँ-आकांक्षाएँ मरती नहीं हैं। इसीलिए उन्होंने कहा कि राम 'विशेष उदासी' भी हों। विशेष उदासी का अर्थ है सांसारिकताओं से मुक्त हो जाना। यदि साधु का वेश हो, मन विरक्त हो और इस स्थिति में चौदह वर्ष तक रहना पड़े तो स्वभावतः संसार से विरक्त होने की स्थिति पैदा हो जायेगी। कैकेयी यही चाहती थीं। उनकी रणनीति में यह था कि राम स्वतः अपने को साधु घोषित कर दें।

रामायण के बहुत सारे अध्येता कहते हैं कि कैकेयी ने देवताओं का काम करने के लिए राम को वन भेजा। यदि ऐसा था तो उन्होंने राम को तपस्वी और उदासीन रहने के लिए क्यों कहा? उन्हें तो कहना चाहिए कि राम एक क्षत्रिय पुत्र की तरह वन में रहकर बलवर्द्धन करें, जिससे राम में शक्ति का भाव आये और वे प्रतापी रावण को पराजित कर सकें। मुझे नहीं लगता कि कैकेयी की नीयत राम को देवत्व प्रदान करने की थी; किन्तु राम ने वन जाकर संघर्ष के स्थान पर स्नेह का मार्ग अपनाकर पारिवारिक सम्बन्धों को निश्चय ही देवत्व प्रदान किया। कैकेयी के वरदान इस दृष्टि से अनमोल हैं कि उन्होंने राम को तपने और निखरने का अवसर प्रदान किया।

जैसे हीरे का मोल तराशने से बढ़ता है उसी तरह राम का मोल वन जाने से बढ़ा। लेकिन यह अयोध्या के राजपरिवार के लिए महँगा सौदा था। इससे कैकेयी कलंकित हुईं, दशरथ को प्राणों की आहुति देनी पड़ी, सीता का वन में अपमानजनक हरण हुआ। किन्तु पारिवारिक ईर्ष्या-द्वेष की इस धधकती ज्वाला से दो स्वर्ण-कलश चमचमाते हुए निकले। इन्हें हम राम और भरत के नाम से जानते हैं। राम ने भरत को राज्य देकर भ्रातृत्व के सम्बन्ध को शिखर प्रदान किया और भरत ने राम के लिए सिंहासन छोड़कर त्याग का दैवी उदाहरण प्रस्तुत किया।

सुनि मृदु बचन भूप हियँ सोकू।
ससि कर छुअत बिकल जिमि कोकू॥

—कैकेयी के कोमल वचन सुनकर राजा के हृदय में ऐसा शोक हुआ जैसे चन्द्रमा की किरणों के स्पर्श से चकवा विकल हो जाता है।

दशरथ की स्थिति बड़ी दयनीय है। जब वे कोप-भवन में आये तो उदास और विषादमय कैकेयी को देखकर दुःखी हुए, किन्तु जब वरदान पाने की उसकी कामना को पूर्ण करने का राजा ने वचन दिया तो वह मुसकरा पड़ीं। उनकी मुसकान को देखकर राजा गद्गद हो उठे। किन्तु इस मुसकान से जो तीर निकला, उससे राजा

अपनी रक्षा नहीं कर सके।

कैकेयी के वचन यद्यपि बड़े मृदु थे, उन्हें बोलते समय वह बड़ी विनीत थीं, लेकिन उनके प्रभाव में कोमलता नहीं थी। छल और कपट से भरे लोग छाती में छुरा भोंकते समय सदा मीठे शब्दों का इस्तेमाल करते हैं। वरदान माँगते समय कैकेयी पहले महाराज दशरथ को 'प्राणप्रिय' कहती हैं, फिर 'नाथ' कहती हैं और हाथ जोड़कर विनम्रता प्रदर्शित करते हुए वर माँगती हैं।

जो प्राण लेने जा रहा हो यदि वह प्राणप्रिय कहे तो बड़ी वितृष्णा होती है। जो समस्त अयोध्या को अनाथ करने जा रहा हो वह यदि नाथ कहे तो मन क्षुब्ध हो उठता है। जो निर्दय होकर चाकू मारने जा रहा हो वह यदि हाथ जोड़कर विनम्रता दिखाये तो मनुष्य के भोलेपन से विश्वास ही उठ जाता है। विनम्रता और मृदुता जब दिखावा बनते हैं तो जीवन का पतन होता है और जब ये आचरण के अंग बनते हैं तो जीवन यशस्वी और समरस बनता है। कैकेयी ने मानवमात्र के लिए वरेण्य यश पर प्रहार किया, इसी कारण दशरथ शोक से व्याकुल हो उठे।

गयउ सहमि नहिं कछु कहि आवा।
जनु सचान बन झपटेउ लावा॥

—राजा सहम गये, उनसे कुछ कहते न बना, मानो बाज वन में बटेर पर झपटा हो।

सबसे पहले कैकेयी के वचनों ने राजा के मन पर प्रभाव डाला। वर के तथ्य को सुनते ही वे शोकमय हो उठे। अब वह शोक उनके अंग-अंग में बसे प्राण में समा गया। वे उद्विग्न और विकल हो उठे। उनके मन-प्राण में इतनी आकुलता भर उठी कि उनकी साँसों का सन्तुलन ही टूट गया।

बिबरन भयउ निपट नरपालू।
दामिनि हनेउ मनहुँ तरु तालू॥

—राजा का रंग बिलकुल उड़ गया, मानो ताड़ के पेड़ को बिजली ने मारा हो।

राजा की मन:स्थिति का तुलसी बड़ा सूक्ष्म वर्णन करते हैं। पहले उन्होंने कहा कि राजा का मन शोक से आकुल हो उठा। फिर स्पष्ट किया कि समस्त शरीर में व्याप्त प्राण और स्नायुतन्त्र सहम उठे। अब कहते हैं कि प्रभाव शरीर पर दिखने लगा। शरीर का रंग बदल गया। संवेगात्मक पीड़ा का प्रभाव इसी तरह प्रकट होता है। पहले मन छटपटाता है, फिर प्राण विकल होते हैं और अन्त में शरीर विवर्ण होकर अपने मन पर हुई चोट को प्रकट करता है।

माथें हाथ मूदि दोउ लोचन।
तनु धरि सोचु लाग जनु सोचन॥

—माथे पर हाथ रखकर दोनों नेत्र बन्द करके राजा ऐसे सोच करने लगे मानो साक्षात् सोच ही शरीर धारण कर सोच कर रहा हो।

जब मन-प्राण और शरीर तीनों उदास हो उठें तो मनुष्य हताश-निराश हो जाता है। राजा ने आँखें बन्द कर हाथों को माथे पर रख लिया। यह स्थिति हारे-थके मनुष्य की सबसे सटीक अभिव्यक्ति है। महाराज समझ नहीं पा रहे हैं कि क्या किया जाये।

मोर मनोरथु सुरतरु फूला।
फरत करिनि जिमि हतेउ समूला॥

—मेरा मनोरथ रूपी कल्पवृक्ष फूल चुका था, किन्तु फलते समय कैकेयी ने हथिनी की तरह उसे जड़ समेत उखाड़कर नष्ट कर डाला।

महाप्रतापी दशरथ दयनीय और निरीह हो गये हैं। उन्हें लगता है कि अपने जिस मनोरथ को वह कल फलीभूत होते देख सकते थे, उसे कैकेयी ने पागल हथिनी की तरह उखाड़ फेंका। यदि कोई अपने मनोरथ को पूर्ण करने में अक्षम हो तो वह बाधाओं के आगमन से ज्यादा चिन्तित नहीं होता, क्योंकि उसे पता है कि मनोरथ को पूर्ण कर पाना उसके वश में नहीं है। किन्तु यदि मनुष्य सक्षम और समर्थ हो और बाधाएँ उसकी असमर्थता बनकर उसके मार्ग को अवरुद्ध कर दें तो बड़ी पीड़ा होती है। समर्थ के पाँवों में बाधाओं की बेड़ी बड़ी कारुणिक स्थिति उत्पन्न करती है।

कैकेयी एक ऐसी बाधा थीं जिसे समर्थ और सम्राट् दशरथ सहज ही हटा सकते थे, लेकिन शीलवान् दशरथ के लिए यह कठिन हो रहा था। शीलवान् व्यक्ति अपने वचन से बँधा होता है।

महाभारत की एक रोचक कथा है। कर्ण ने कुन्ती को वचन दिया था कि वह केवल अर्जुन को ही मारेगा। इसीलिए अनेक बार उसने युद्ध में भीम को घायल और पराजित करके छोड़ दिया। जब इन्द्र उसके पास छल करके उसका कवच माँगने आये तो भी उसने प्राणों की चिन्ता नहीं की।

कर्ण सूर्य-पुत्र था। इसलिए सूर्य ने आकर कर्ण को सावधान किया—इन्द्र जानते हैं कि तुम दानी हो। आये हुए याचक को कुछ भी देने से मना नहीं करते हो। वे तुमसे तुम्हारा कवच माँगेंगे। उसे देना नहीं। यही कवच युद्ध में तुम्हारी रक्षा करेगा।

कर्ण ने सूचना देने के लिए सूर्य को धन्यवाद दिया और कहा—यदि इन्द्र याचक बनकर आयेंगे तो मैं देने से मना नहीं करूँगा। कर्ण के द्वार से कोई खाली

हाथ नहीं लौट सकता।

इतिहास जानता है कि इन्द्र आये, याचना की और कर्ण ने सूर्य का दिया हुआ अपना रक्षा-कवच इन्द्र को दे दिया। कर्ण मना कर सकता था, इन्द्र को उनके छल के लिए फटकार सकता था; लेकिन उसने इन्द्र के छल से अधिक अपने शील को महत्त्व दिया।

दशरथ भी छल और शील के द्वन्द्व में फँसे हुए थे। निश्चित रूप से कैकेयी छलपूर्वक राम के अधिकार को छीन रही थीं। दशरथ में कैकेयी को झिड़क देने की पूर्ण सामर्थ्य थी, पर उनकी सामर्थ्य शील से जुड़ी थी, इसीलिए वे अपने अधिकार का दुरुपयोग करने से हिचक रहे थे। शीलवान् व्यक्ति स्वयं दुःख सहता है और अशिष्ट व्यक्ति दुःख देता है। शीलवान् का आचरण करुणा से नियमित होता है और अशिष्ट का आचरण क्रूरता से।

महाराज दशरथ की सबसे बड़ी कठिनाई यह थी कि वह चाहकर भी अशिष्ट नहीं हो सकते थे। इसलिए कैकेयी उन्हें मनमाने ढंग से रौंद रही थीं। इसीलिए कहा जाता है कि श्रेष्ठ आचरण अपने अतिरूप में दुर्बलता बन जाता है। विनम्रता को लोग कायरता मान लेते हैं। क्षमा को दण्ड न देने की असमर्थता मान लिया जाता है। बहुतों ने दशरथ की वचनबद्धता को कामासक्त पति की गिड़गिड़ाहट कहा था, लेकिन मैं समझता हूँ कि यह दशरथ के शील का अपमान है। जिस तरह वे कैकेयी को प्यार करते थे उसी तरह उन्हें अपने बच्चों से भी प्यार था।

अवध उजारि कीन्ह कैकेईं।
दीन्हिस अचल बिपति कै नेईं॥

—कैकेयी ने अयोध्या को उजाड़ कर दिया और विपत्ति की अचल नींव डाल दी।

घर-परिवार से जब शुभ तिरोहित होता है तो उपद्रव उसे दबोच लेते हैं। इसीलिए शीलवान् व्यक्ति परिवार में शुभ की सर्जना के लिए जोर देते हैं। परिवार फूलों का एक हार है, जो मनुष्य को सौन्दर्य भी प्रदान करता है और सुगन्ध भी। इसमें से एक भी फूल टूटा या मुरझाया तो परिवार की गरिमा खण्डित और कलंकित होती है। राम को वनवासी बनाने की माँग करके कैकेयी ने पारिवारिक जीवन की मर्यादा को स्वार्थ के लिए तोड़ा है, इसलिए अयोध्या उजड़ रही है।

जब परिवार में प्रेम की जगह स्वार्थ प्रभावी होता है तो परिवार उजड़ता है और इस उजाड़ से विपत्तियों का आगमन होता है। जहाँ एकता है वहाँ सुख है। जहाँ फूट है वहाँ विपत्ति है।

मानवता की शुभ यात्रा के लिए त्याग और प्रेम की आवश्यकता होती है।

इन दोनों आधारों पर ही जीवन-प्रासाद भव्य और टिकाऊ बनता है। जब हम किसी के लिए त्याग करते हैं तो हमारे प्रति उस व्यक्ति के मन में प्रेम उत्पन्न होता है। जहाँ प्रेम होता है वहाँ त्याग करने की प्रेरणा हमें मिलती है। इसीलिए परिवार से प्रेम और त्याग के आधार को कभी मिटने-टूटने नहीं देना चाहिए।

कैकेयी ने इन दोनों आधारों को तोड़ा, इसलिए अयोध्या के उजड़ने और विपत्ति में फँसने का समय आया। लेकिन राम ने इसे अपने व्यवहार से और सुदृढ़ किया। उन्होंने सदा प्रेम बरसानेवाली माँ कैकेयी के लिए वन जाने की आज्ञा मानकर महानतम त्याग किया। राम के इस शुभ आचरण ने भरत के आचरण को और शुभ्र-ज्योतित किया। उजड़ती और विपत्ति में फँसी अयोध्या का रुदन राम और भरत के प्रेम एवं त्याग के कारण भ्रातृ-प्रेम के तुमुल शंखनाद से गूँज उठा। यह गूँज इतनी सनातन और नित्य नूतन है कि आज भी हिन्दू मन उसे पूर्ण ताजगी के साथ सुन रहा है।

न तो कैकेयी को पता है, न दशरथ को कि जहाँ राम और भरत पैदा हुए हैं वह अयोध्या कभी उजड़ नहीं सकती, वहाँ कोई विपत्ति डेरा डाल नहीं सकती। यह कथा भविष्य की पुस्तक आगे बाँचेगी। पर हतभाग्य दशरथ उसे सुनने के लिए नहीं रहेंगे। अभी तो कैकेयी के वरदानों को सुनकर माथे पर हाथ धरे आँखें बन्द किये महाराज किंकर्तव्यविमूढ़-से बैठे हैं।

भरतु कि राउर पूत न होंही।
आनेहु मोल बेसाहि कि मोही।

—कैकेयी बोलीं—क्या भरत आपके पुत्र नहीं हैं? क्या आप मुझे दाम देकर खरीद लाये हैं?

अपने वरदानों के माध्यम से राम के लिए वनवास और भरत हेतु राज्य माँगकर कैकेयी ने दशरथ से आन्तरिक प्रेम की डोर तोड़ दी थी। क्योंकि प्रेम को तोड़े बिना प्रहार किया ही नहीं जा सकता। कैकेयी जीवन के इस गणित को बहुत अच्छी तरह समझ रही हैं। इसीलिए राजा को चुप-मौन देखकर वह प्रेम का वास्ता नहीं देती हैं। वह अपने अधिकारों का सहारा लेती हैं। पुरानी कैकेयी होतीं तो कहतीं—आप मुझे इतना प्यार करते हैं; मेरी छोटी सी बात मान लीजिए न! किन्तु अब बोलनेवाली कैकेयी पुरानी नहीं, नितान्त नयी हैं। बात भी छोटी नहीं, बहुत भारी है। प्राण से ही इसका मोल चुकाया जा सकता है।

सौदेबाजी में सबसे पहले प्रेम ही नष्ट होता है। इसीलिए प्रेम का सहारा त्यागकर कैकेयी अधिकार की बात कर रही हैं। सबसे पहले वह भरत को सामने

करती हैं। कमजोर आदमी सदा दूसरों को ढाल बनाता है। समर्थ आदमी दूसरे के लिए ढाल बनता है। दशरथ के चुप रहने से कैकेयी ने समझ लिया था कि यदि राम और भरत में चुनाव करना होगा तो राजा हर कीमत पर राम का ही चुनाव करेंगे। साथ-ही-साथ वह यह भी जानती थीं कि राम का चुनाव होते ही भरत के साथ-ही-साथ वह भी दशरथ के 'प्रेम क्षेत्र' से 'आउट' हो जायेंगी।

कटु वरदान माँगने के कारण कैकेयी का मोल दशरथ की दृष्टि में स्वयमेव घट गया था। वह अपने को आगे करतीं तो परिस्थितियाँ और कमजोर होतीं; अतः उन्होंने भरत को आगे किया। भरत का मोल अभी कम नहीं हुआ था।

रानी कैकेयी दशरथ को बताना चाहती हैं कि भरत भी उन्हीं के पुत्र हैं। पर यह बड़ा लचर तर्क है। दशरथ अच्छी तरह जानते हैं कि भरत उनके पुत्र हैं। कठिनाई भरत के पुत्र होने की नहीं है, कठिनाई राम से मुकाबला करने की है। राम के मुकाबले भरत पुत्र हैं या नहीं, कैकेयी इस पर बल देना चाहती हैं और दशरथ ऐसी किसी भी तुलना से बचना चाहते हैं। भला एक शीलवान् पिता पुत्रों में फूट डालने के लिए और परिवार में वैमनस्य पैदा करने के लिए तुलना कैसे कर सकता है!

भरत का मोल पूछने के बाद कैकेयी अपना भी मोल पूछती हैं; क्योंकि उनका मोल भी भरत के मोल से जुड़ा है। आज की परिस्थिति न होती तो कैकेयी का मोल दशरथ से जुड़ता। हिन्दू व्यवस्था में पत्नी का मोल उसके सुहाग अर्थात् पति से आँका जाता है; किन्तु कैकेयी ने सम्प्रति उसे तोड़ दिया है। अब उनका भाग्य भरत से जुड़ा है। यह बात अलग है कि जब भरत भी उनसे अलग हो जायेंगे तो कैकेयी का कोई भी मोल नहीं रह जायेगा।

प्रेम के राजमार्ग पर अपना सबकुछ लुटा देने के बाद कैकेयी अधिकारों की पगडण्डी पर चलकर कुछ पाना चाहती हैं। वे दशरथ से दो सवाल करती हैं—भरत आपका बेटा है या नहीं, मैं आपकी विवाहिता पत्नी हूँ या नहीं? आपने मेरे साथ सात फेरे लगाये हैं या मुझे कहीं बाजार से खरीदा है?

मुझे ऐसा लगता है कि अधिकारों की बात करके कैकेयी अपने को और कमजोर कर रही हैं। वास्तव में कमजोर व्यक्ति ही अधिकार माँगता है। समर्थ तो अधिकार देता है।

दशरथ उनकी कुपित याचना को सुनकर मौन ही रहते हैं। इसे देखकर वह बिफर उठती हैं।

जो सुनि सरु अस लाग तुम्हारें।
काहे न बोलहु बचनु सँभारें॥

—जो मेरा वचन सुनते ही आपको बाण-सा लगा तो आप सोच-समझकर बात क्यों नहीं कहते?

इसी को कहते हैं—उलटा चोर कोतवाल को डाँटे। कैकेयी स्वयं सोच-समझकर नहीं बोल रही हैं और महाराज दशरथ से कह रही हैं कि आप सोच-समझकर बात क्यों नहीं करते? कैकेयी की यह बात तो एकदम सच है कि राजा दशरथ को उनकी वाणी बाण जैसी ही चुभी थी। दशरथ के सामने दो रास्ते थे। वे चोट की प्रतिक्रिया में चिल्लायें या चोट को अपने भीतर समेटकर शान्त मन से कुछ कहें। अभी यह तय नहीं है कि दशरथ कौन सा विकल्प चुनने वाले हैं। इसलिए उन्हें उत्तेजित करने के लिए कैकेयी एक कदम और आगे बढ़ती हैं।

देहु उतरु अनु करहु कि नाहीं।
सत्यसंध तुम्ह रघुकुल माहीं॥

—उत्तर दीजिए, हाँ कीजिए, नहीं तो ना ही कर दीजिए। आप रघुवंश में सत्य प्रतिज्ञावाले हैं।

स्वार्थलोलुप व्यक्ति बहुत क्रूर होता है। उसे अपना लाभ ही दिखाई देता है। दूसरे के मान-अपमान की उसे चिन्ता नहीं होती है। इतनी अनर्थकारी समस्या उपस्थित करके कैकेयी दशरथ से दो-टूक उत्तर चाहती हैं। अपना उत्तर पाने के लिए इतना निर्दय हो उठती हैं कि दशरथ को उनके कुल और उनकी सत्यनिष्ठा की याद दिलाती हैं। किसी को सत्कर्म के लिए प्रेरित करने के लिए यदि कुल-मर्यादा और सत्यनिष्ठा का स्मरण कराया जाये तो इसे उत्तम मित्रभाव कहा जायेगा; किन्तु किसी को कुएँ में कूदने के लिए, अनर्थ करने के लिए और मर्यादा का नाश करने के लिए कुल और सत्य के नाम पर उकसाना तो घोर अधमता है।

यदि कैकेयी प्रसन्न मुद्रा में कहतीं कि हे महाराज! आप रघुकुल के सर्वश्रेष्ठ पुरुष हैं। आप जितना सत्यप्रतिज्ञ रघुकुल में दूसरा कोई नहीं हुआ, तो दशरथ आनन्दातिरेक से अपनी प्राणेश्वरी प्रिया का हार्दिक अभिनन्दन करते, उनके आँचल को सौभाग्य से भर देते। संसार का सर्वोत्तम उनके चरणों में लाकर रख देते। प्रसन्न कैकेयी द्वारा दशरथ का यशगान उनके उदात्त सत्त्व का सम्मान होता, किन्तु कोपवती कैकेयी द्वारा उनके कुल और सत्यसन्ध चरित्र का स्मरण कराना निरीह दशरथ के वक्ष को छुरे से चीरना है। क्रूर कैकेयी इसमें तनिक भी संकोच नहीं कर रही हैं।

देन कहेहु अब जनि बरु देहू।
तजहु सत्य जग अपजसु लेहू॥

—आपने ही वर देने को कहा था, अब भले ही न दीजिए। सत्य को छोड़ दीजिए

और जगत् में अपयश लीजिए।

कैकेयी बहुत चतुरता से दशरथ पर आक्रमण कर रही हैं। कह रही हैं कि वर मैंने माँगा नहीं था, आपने ही देने की पहल की थी। मेरा तो पुराना ही वर कब से आपके पास पड़ा था। अब बाजी आपके हाथ में है। आपने ही देने को कहा था और आप ही चाहें तो मना कर दें।

अगर कैकेयी बात को यहीं समाप्त कर देतीं तो यह एक पत्नी की समझदारी होती। हम समझते कि उन्होंने संकट में फँसे पति को उबारने का प्रयत्न किया। लेकिन दुर्भाग्यवश बात ऐसी है नहीं, अपने आगे के कथन में वह दशरथ को पछाड़ने का प्रयत्न कर रही हैं। कहती हैं कि वर नहीं देना है तो सत्य को छोड़ दीजिए और सारे संसार में अपयश और निन्दा के पात्र बनिए।

शीलवान् पुरुष के लिए अपयश ही मृत्यु है। इसीलिए कैकेयी उन्हें ललकार रही हैं। यदि कैकेयी को तनिक भी विश्वास होता कि वे मैदान से भाग खड़े होंगे तो कैकेयी ऐसी आघातकारी बातें कभी नहीं करतीं। दशरथ के लिए इससे बड़ी और कोई हार नहीं हो सकती। लोग उन्हें झूठा और वचन को तोड़नेवाला कहें। सत्य ही शील का आधार होता है। शीलवान् पुरुष सबकुछ लुट जाने देते हैं, लेकिन सत्य को नहीं लुटने देते। व्यक्ति यदि सत्य को दृढ़ता से धारण किये रहे तो महाकाल भी उसे काल के गाल में समेट नहीं पाता।

सत्य सराहि कहेहु बरु देना।
जानेहु लेइहि मागि चबेना॥

—सत्य की बड़ी सराहना करके वर देने को कहा था। समझा था कि यह चबेना ही माँग लेगी।

दशरथ को मौन-निरीह देख कैकेयी लड़ाई लड़ने पर तुली हुई हैं। पहले उन्हें ललकारा कि सत्य प्रतिज्ञ होकर सत्य छोड़ रहे हो, संसार में अपयश कमाने की तैयारी कर रहे हो, अपने कुल की मर्यादा को मिट्टी में मिला रहे हो। अब कह रही हैं कि आप केवल सत्य पर भाषण झाड़ना ही जानते हो। आरम्भ में आपने सत्य की खूब महिमा गायी। सत्य को सभी पुण्य कर्मों का मूल कहा। वचनबद्धता को रघुकुल की रीति कहा, इसके लिए प्राण देने की प्रतिबद्धता दिखायी; पर यह सब मात्र वाग्विलास था। ये सारे कथन आपके चरित्र-बल के नहीं, चरित्र-छल के प्रतीक हैं। यदि आप में सचमुच चरित्र का सत्त्व होता तो सत्य की सराहना के साथ-ही-साथ आप सत्य का आचरण भी करते।

इस प्रसंग में मुझे एक बात याद आती है। मॉरीशस की एक प्रतिष्ठित

सामाजिक संस्था ने मुझे सत्य पर प्रवचन देने को आमन्त्रित किया। मैंने अपना प्रवचन आरम्भ करते हुए कहा कि मैं आप का आभारी हूँ कि आपने मुझे सत्य पर बोलने जैसा आसान विषय दिया। मेरी बात सुनकर सभी चकराये। मैंने खुलासा करते हुए कहा—सत्य पर बोलना आसान है, सत्य बोलना कठिन है। सत्य पर मैं घण्टों बोल सकता हूँ, पर सत्य दस मिनट भी बोल पाऊँगा, कह नहीं सकता।

आज के जीवन में हम देखते हैं कि सामाजिक, सांस्कृतिक, धार्मिक और राजनीतिक नेता सत्य, ईमानदारी, एकता और विनम्रता पर भाषण तो खूब झाड़ते हैं; लेकिन आचरण में सत्य, ईमानदारी, एकता और विनम्रता का व्यवहार नहीं करते हैं।

आचरण के इसी खोखलेपन के लिए कैकेयी दशरथ को ललकार रही हैं। कहती हैं कि बहुत ऊँची-ऊँची बातें करके आपने मुझे वर माँगने के लिए कहा। आप क्या समझते थे कि मैं चना-चबेना माँगूँगी!

कैकेयी की यह बात तो बहुत सटीक है कि उन्हें वर के रूप में कोई साधारण चीज नहीं माँगनी थी। सांसारिक अभावों से पीड़ित भक्त जैसे भगवान् से रोटी, कपड़ा और मकान माँगते हैं, वैसी कोई आकांक्षा उनके मन में नहीं थी। मनुष्य जितनी छोटी चीज माँगता है उतना ही छोटा बनता है।

स्वामी विवेकानन्द के जीवन की एक प्रसिद्ध घटना है। वे अपने पिता की मृत्यु के बाद आर्थिक दृष्टि से बहुत परेशान थे। उनकी माँ और भाइयों को दो समय का भोजन भी नहीं मिलता था। विवेकानन्द के हितैषियों ने स्वामी रामकृष्ण परमहंस को यह बात बतायी। रामकृष्ण ने एक दिन विवेकानन्द से कहा, 'आज काली मन्दिर में जाओ। माँ से जो चाहो, माँग लो। तुम्हें मिल जायेगा।'

विवेकानन्द मन्दिर में जाकर ध्यान में डूब गये। लौटे तो रामकृष्ण ने पूछा, 'माँ से परिवार के लिए आर्थिक सहायता माँगी?'

विवेकानन्द की आँखों में आँसू आ गये, 'नहीं गुरुदेव, मैं माँ से रोटी नहीं माँग पाया। मैंने माँ से ज्ञान, विवेक और वैराग्य माँगा।'

रामकृष्ण ने माथा ठोंक लिया। उन्होंने विवेकानन्द को दो बार और काली मन्दिर में भेजा, पर विवेकानन्द किसी तरह भी रोटी नहीं माँग सके। वे हर बार पहले वर को ही दोहराते रहे।

छोटा वरदान न माँगना जितनी श्रेष्ठता है, बड़ा वरदान छलपूर्वक माँगना उतनी ही तुच्छता है। विवेकानन्द ने छोटा वरदान न माँगकर जितनी श्रेष्ठता दिखायी, कैकेयी ने छलपूर्वक बड़ा वरदान माँगकर उतनी ही तुच्छता प्रदर्शित की।

सिबि दधीचि बलि जो कछु भाषा।
तनु धनु तजेउ बचन पनु राखा॥

—राजा शिबि, दधीच और बलि ने जो कुछ कहा, शरीर और धन त्यागकर भी उन्होंने अपने वचन की प्रतिज्ञा को निबाहा।

मौनी बाबा बने दशरथ पर कैकेयी ने अन्तिम और अत्यन्त प्रभावकारी प्रहार किया। वह उन्हें उन राजाओं का स्मरण दिलाने लगीं जिन्होंने वर देने के लिए अपने जीवन और धन दोनों का त्याग किया। वास्तव में कैकेयी भी दशरथ से जीवन और धन दोनों माँग रही थीं। मनुष्य के पास इस संसार में सुखमय जीवन जीने के लिए ये दो ही आधार हैं। विषय-भोग के लिए जीवन चाहिए और भोग का साधन जुटाने के लिए धन। सांसारिक भक्त भगवान् से ये ही दो चीजें माँगते हैं—स्वस्थ जीवन और विपुल वैभव। अच्छे दानियों से भी लोग धन-सम्पदा माँगते हैं।

परमात्मा तो अपार और अकूत सम्पदा का मालिक है। वह कितना भी देने पर खाली नहीं होता। किन्तु मनुष्य की सम्पदा की एक सीमा है, चाहे वह राजा ही क्यों न हो। एक बिन्दु पर आकर वह दाता से भिखारी बन जाता है।

मैंने कहीं पढ़ा था। अच्छे कुल का दिखनेवाला एक नौजवान सड़क पर भीख माँग रहा था। एक व्यक्ति ने उसे टोका, 'आप खाते-पीते घर के लगते हैं, भीख क्यों माँग रहे हैं?'

भिखारी मुसकराया, 'पहले मैं आपकी तरह दाता था। दान करते-करते आज भिखारी हो गया।'

हिसाबी मनुष्य सीमा से पार नहीं जाता। पर उदार व्यक्ति सीमा से पार जाकर सहायता करता है। इसके लिए उसे जीवन और धन दोनों का त्याग करना पड़े तो करता है। कैकेयी ऐसे ही राजाओं का उदाहरण देकर दशरथ को जगा रही हैं।

कैकेयी को अच्छी तरह पता है कि वचन पूरा करने से दशरथ का जीवन भी जायेगा और धन भी। राम को खोकर वह जीवन खो देंगे और जीवन के खोने से धन अपने आप ही चला जायेगा। प्रतिशोध और स्वार्थ से प्रेरित कैकेयी आँखें मूँदकर व्यवहार करती हैं।

आह! प्रतिशोध और कटुता से जीवन कितना क्षुद्र और हेय बन जाता है। पति के प्राणों की रक्षा के लिए युद्ध में अपने जीवन सर्वस्व को दाँव पर लगाने वाली कैकेयी आज अपने ही प्राणप्रिय पति से अपने स्वार्थ की पूर्ति के लिए प्राणों का दान माँग रही हैं। कैकेयी अगर केवल धन माँगतीं तो क्षुद्रता का इतना जघन्य प्रदर्शन नहीं होता जितना प्राण और धन की याचना से हो रहा है। पति के प्राण बचानेवाली

सावित्री यदि पति का प्राण माँगे तो चरित्र कितना दूषित हो गया है, यह कल्पना सहज ही की जा सकती है। कैकेयी स्वार्थवश सावित्री के परम पद से अपदस्थ हो गयी थीं। सच है, मनुष्य स्वयं ही अपने को गिराता और उठाता है।

बँगला भाषा के महान् कालीभक्त साधक राम प्रसाद ने काली माँ को समर्पित अपने एक भजन में लिखा है—हे माँ! मैं कुएँ में गिरा हूँ; लेकिन माँ, यह कुआँ स्वयं मैंने ही खोदा है।

प्रेम, वात्सल्य और पराक्रम के लिए अवध राज्य में परम वन्दनीय बनी कैकेयी ने अपने क्षुद्र स्वार्थ की पूर्ति के लिए ईर्ष्या और द्वेष का कुआँ स्वयं खोद लिया है। विधाता के इस विधान में हम कैकेयी के सिवाय किसे दोष दें!

अति कटु बचन कहति कैकेई।
मानहुँ लोन जरे पर देई॥

—कैकेयी बहुत कड़वे वचन कह रही हैं, मानो जले पर नमक छिड़क रही हों।

क्षुद्र और श्रेष्ठ व्यक्ति में यही अन्तर है। क्षुद्र कटु वचन बोलकर आनन्दित होता है और श्रेष्ठ कटु वचन बोलकर पछताता है। स्थिति उस समय और दारुण एवं दयनीय हो जाती है, जब श्रेष्ठ व्यक्ति कटु बोले और पछताये न। कटु वचन मन के घाव को हरियाते हैं और सद्वचन उसे सहलाते हैं। जीवन के इस सहज सत्य को जब सत्पुरुष भूल जाते हैं तब जीवन उपवन के सभी नैतिक पुष्प झर जाते हैं। मन-सरोवर अपनी शुचिता को खोकर पंकमय हो उठता है।

श्रेष्ठ और सुशील कैकेयी कटु वचन बोलकर दशरथ को घायल और पीड़ित करने में आनन्द ले रही हैं।

सचमुच सदाचारी जब गिरता है तो अधम बन जाता है और अधम जब उठता है तो परम वन्दनीय बन जाता है। विद्वान् रावण राक्षस बन गया था और डाकू रत्नाकर वाल्मीकि। कैकेयी अपनी श्रेष्ठता और शुचिता को खोकर अधम बन रही हैं।

धरम धुरंधर धीर धरि नयन उघारे रायँ।
सिरु धुनि लीन्हि उसास असि मारेसि मोहि कुठायँ॥

—धर्म की धुरी धारण करनेवाले राजा दशरथ ने धीरज धरकर नेत्र खोले और सिर धुनकर तथा लम्बी साँस लेकर इस प्रकार कहा कि इसने मुझे बड़ा कुठौर मारा।

इस संसार में आचरण का संकट केवल श्रेष्ठ पुरुषों पर ही आता है। साधारण पुरुष संकट से बचने के लिए आचरण करते हैं और श्रेष्ठ पुरुष आचरण की महिमा प्रतिष्ठित करने के लिए संकट से निपटते हैं। कैकेयी जब अपने वर को

प्राप्त करने के लिए पौराणिक आख्यानों का सहारा लेकर दशरथ की वचनबद्धता को चुनौती देती हैं, तो महाराज दशरथ का पुनीत आचरण निर्णय के द्वन्द्व का शिकार बन जाता है। उनके सामने दो रास्ते होते हैं। पहला कैकेयी को डाँट-फटकारकर वर देने से मना कर देना और दूसरा वर देकर चरित्र की चमक को चरितार्थ करना। पहले रास्ते पर चलना आसान था, लेकिन उसमें यश नहीं था। दूसरे रास्ते पर चलना कठिन था, क्योंकि उसमें यशस्वी होने का परम लुभावन अवसर था। लेकिन उसके लिए कीमत बहुत बड़ी चुकानी थी। इस राह पर चलने के लिए प्राणों की कीमत चुकाने से कम कुछ सोचा नहीं जा सकता था।

चरित्र की पहचान संकट के समय ही होती है। सुख के समय में हर व्यक्ति सदाचारी और श्रेष्ठ होता है। दिन के उजाले में बाजार और भीड़ में हर मनुष्य वीर और सद्चरित्र दिखने का नाटक कर सकता है, लेकिन घने अन्धकार में मनुष्य की निर्भयता और एकान्त में उसकी सच्चरित्रता की परीक्षा होती है। आज यही परीक्षा की घड़ी दशरथ के सामने है।

दशरथ के लिए परीक्षा से भाग जाना सहज सम्भव था। वह कैकेयी के वर को 'राष्ट्रीय हित' के विपरीत कहकर 'जनहित' में राम को सिंहासन पर बैठा सकते थे। लेकिन उन्होंने यह अति सहज मार्ग नहीं चुना। कारण एक ही है कि वे धर्म धुरन्धर हैं। धर्म की धुरी धारण करनेवाले हैं। कुछ लोग कहते हैं कि दशरथ ने कैकेयी को वर अपने वासनात्मक प्रेम के कारण दिया। 'प्राण जाइ पर बचन न जाई' की भावना कुल की मर्यादा से नहीं, कैकेयी के प्रति उनके प्रेम की कमजोरी से उत्पन्न हुई थी।

निश्चित रूप से महाराज दशरथ कैकेयी को हृदय की गहराइयों के साथ उद्दामता से प्यार करते थे। यहाँ टक्कर राम और कैकेयी में नहीं थी। यहाँ नीति और मर्यादा की प्रतीक वचनबद्धता दाँव पर लगी थी। सत् पुरुषों के लिए वचन से बढ़कर और कोई धर्म नहीं है। इसलिए तुलसीदासजी राजा दशरथ को धर्म धुरन्धर, धर्म की धुरी धारण करनेवाला, कहते हैं।

धर्म को धारण करनेवाले की नैतिकता को जब चुनौती दी जाती है तब जीवन में हाहाकार मच उठता है। धर्म का आचरण करनेवाले सदा ऐसी विषम परिस्थिति से गुजरते हैं। ऐसा न हो तो हर मनुष्य धर्म धुरन्धर बनने का ढोंग रचकर वन्दनीय बनने और सदाचारी दिखने का नाटक करने लगेगा। सम्भवतः इसीलिए क्षुद्रता की कोई परीक्षा नहीं होती है, लेकिन श्रेष्ठता का इम्तहान बड़ा कठिन होता है। शराब, सिगरेट पीना किसी को सिखाना नहीं पड़ता, पर दूध पीने के लिए प्रेरित

करने को बड़े प्रवचन देने पड़ते हैं।

कैकेयी के वरदान दशरथ की धर्म धुरन्धरता की परीक्षा के निमित्त बन गये। दशरथ यदि कैकेयी के प्रति प्रेमपूर्ण होते तो प्रसन्नतापूर्वक दोनों वरदान दे देते। किन्तु वे राम के प्रति भी प्रेमपूर्ण थे। यह मनुष्य के जीवन की धन्यता है कि उसके पास विकल्प हैं और यह उसका सौभाग्य है कि वह श्रेष्ठ विकल्पों का चयन कर सकता है। विकल्प का सही चुनाव ही उसे मानवता का कालजयी पथ-प्रदर्शक बनाता है।

सदाचारी व्यक्ति दुःख उठाकर भी सही निर्णय लेता है। इसीलिए दशरथ कुछ काल तक द्वन्द्व की स्थिति में बने रहे। जब कैकेयी ने उनके चरित्र की गरिमा को आहत किया तो वे निर्णय लेने को विवश हो उठे। उन्होंने धीरे-धीरे अपनी आँखें खोलीं और सिर धुनते हुए लम्बी साँस लेने लगे। जीवन का यह एक सरल गणित है कि मन जब छटपटाता है तो शरीर को उसका मूल्य चुकाना पड़ता है। दशरथ के पीड़ित मन की कथा को उनका शरीर बोल रहा है। लम्बी साँस लेकर माथा ठोककर दशरथ अपने को धीरज देना चाहते हैं। उनके मन का सम्पूर्ण अवसाद वाणी के एक वाक्य में अभिव्यक्त हो उठता है। वे कहते हैं कि 'कैकेयी ने मुझे बुरी जगह पर मारा।'

शत्रु यदि कुठौर पर मारे तो उतना दुःखदायी नहीं होता है, क्योंकि युद्ध के नियम के अनुसार घातक चोट पहुँचाने के लिए शत्रु को तो कुठौर पर ही मारना चाहिए। लेकिन जब अपना परम प्रिय और आन्तरिक हितैषी कुठौर पर मारे तो घाव बड़ा घातक हो जाता है। उसका दंश सह पाना कठिन होता है।

सूफी सन्त मंसूर जब ब्रह्म भाव में आकर 'अनल हक' (मैं ब्रह्म हूँ) कहने लगे तो उनके गुरु जुन्नैद ने उन्हें ऐसा कहने से मना किया। लेकिन मंसूर ने कहा— 'मैं चुप नहीं रह सकता, यह मेरे अन्तर्मन की आवाज है।' परिणामतः कट्टर मुसलमानों ने उन्हें मृत्युदण्ड दिया। सभी लोग 'दुष्ट' मंसूर को पत्थर से मारकर 'पुण्य' कमा रहे थे। लेकिन मंसूर मार खाकर भी हँस रहे थे। भीड़ में उनके गुरु जुन्नैद भी खड़े थे। जुन्नैद ने धर्मान्ध भीड़ को यह दिखाने के लिए कि वे मंसूर के साथ नहीं हैं, एक फूल से मंसूर को मारा। फूल की चोट खाकर मंसूर रो पड़े।

उन्हें रोते देखकर जुन्नैद घबराये। उन्होंने पूछा, 'सब पत्थर से मार रहे थे तो तुम हँस रहे थे, मैंने फूल से मारा तो तुम क्यों रोये?'

मंसूर ने मृदु भाव से कहा, 'अज्ञानी मुझे पत्थर से मार रहे थे तो मैं हँस रहा था; क्योंकि मैं जानता हूँ कि अज्ञानियों से शिकायत करने का कोई अर्थ नहीं है।

लेकिन आप तो ज्ञानी और मेरे गुरु हैं, आपके फूल की मार भी मुझे गहरे चोट कर गयी।'

जुन्नैद के पास मंसूर के लिए कोई जवाब नहीं था।

जब अपने लोग दुर्बल बिन्दु पर प्रहार करते हैं तो पीड़ा असह्य हो उठती है। दशरथ समझ नहीं पा रहे हैं कि अपने पुत्र के सिंहासन पर प्रतिष्ठित करने के लिए कैकेयी क्यों उनसे इतना बड़ा बलिदान माँग रही है।

आगें दीखि जरत रिस भारी।
मनहुँ रोष तरवारि उघारी॥

—प्रचण्ड क्रोध से जलती हुई कैकेयी सामने इस प्रकार दिखाई पड़ी, मानो क्रोध रूपी तलवार नंगी (म्यान से बाहर) खड़ी हो।

मन:स्थिति विषय और विषयी दोनों को बदल देती है। सदा प्रिय लगनेवाली कैकेयी आज महाराज दशरथ को क्रोध की नंगी तलवार दिख रही हैं और परम हितैषी दशरथ आज महारानी कैकेयी को घोर शत्रु लग रहे हैं। सचमुच इस संसार में किसी भी वस्तु का कोई स्थायी भाव नहीं है। हम अपनी दृष्टि और मन:स्थिति के अनुरूप चीजों में भाव का प्रक्षेपण करते हैं। राजा दशरथ जब कैकेयी के प्रेम में भीगे होते थे तो कैकेयी उन्हें कुसुम-कोमलांगी लगती थीं, किन्तु आज जब वे आहत हैं तो कैकेयी उन्हें तलवार-सी धारदार लग रही हैं। मनुष्य के मन की यह गति ही संसार को अर्थ देती है। मैं कभी-कभी सोचता हूँ कि मनुष्य के पास मन का मधु प्रभु की कृपा से उपलब्ध नहीं होता तो इस जड़ प्रकृति को रसमय कौन बनाता?

मूठि कुबुद्धि धार निठुराई।
धरी कूबरीं सान बनाई॥

—कुबुद्धि उस तलवार की मूठ है, निष्ठुरता धार है और कुबरी रूपी सान पर धर-कर तेज की हुई है।

क्रोधाग्नि में जल रही कैकेयी को राजा दशरथ और गहराई से देखते हैं। प्रेम और क्रोध दोनों में गहन दृष्टि आवश्यक होती है। प्रेम में गहन दृष्टि मन को आनन्दित करती है और क्रोध में गहन दृष्टि मन को उद्वेलित करती है। जिसे आप प्रेम करते हैं या जिस पर आप क्रोध करते हैं, उसकी उपेक्षा नहीं कर पाते हैं। कैकेयी को सम्पूर्णता में देखने के बाद राजा दशरथ अब उन्हें अंशों में देखते हैं।

राजा देखते हैं कि क्रोध में नंगी तलवार की तरह दिख रही कैकेयी का स्वरूप कितना मारक और विद्रूप है। उसकी मूठ कुबुद्धि है। मूठ जितनी अच्छी

होगी, उसकी पकड़ उतनी ही मजबूत होगी। जिस तलवार की मूठ की पकड़ मजबूत होती है, वह घातक वार करने में समर्थ होती है। इस तलवार की धार निष्ठुरता है। मनुष्य पत्थर दिल हो जाय तो प्रहार निस्संकोच करता है। हृदयवान् व्यक्ति प्रेम में उतावला और प्रहार में संकोची होता है, किन्तु हृदयहीन व्यक्ति प्रेम में संकोची और प्रहार में उतावला होता है। इस तलवार पर सान चढ़ानेवाली कूबरी है। जैसे सान तलवार की कुन्द धार को तेज करती है, उसी तरह टेढ़े व्यक्ति क्रोधाग्नि में घी का काम करते हैं।

इस प्रसंग में कुछ बातें बड़ी महत्त्वपूर्ण हैं। कैकेयी को तलवार कहा गया है। तलवार का नाम सुनते ही प्रहार और आघात का चित्र आँखों के सामने उभरता है। दशरथ कैकेयी को घातिनी के रूप में ही देख रहे हैं। उन्हें लग रहा है कि कैकेयी कुबुद्धि से परिचालित हैं। व्यक्ति जब कुबुद्धि के सहारे चलता है तो बड़ा घातक हो उठता है, वह हृदयहीनता के साथ कठोरता से प्रहार करता है। कुबुद्धि सबसे पहले हृदय को पाषाण बनाती है। मनुष्य के मन में प्रवाहित ममता-करुणा की सरिता को रेगिस्तान बना देती है। ऐसे में यदि दुष्ट लोगों का साथ मिल जाये तो कुबुद्धि और धारदार हो जाती है। इसीलिए जीवन में कुसंगति और सुसंगति का बड़ा महत्त्व माना गया है।

अच्छे लोगों के प्रभाव में आकर दुष्टात्मा भी साधु बन जाते हैं। बुद्ध को पाकर अंगुलिमाल और चैतन्य महाप्रभु को पाकर जगाई-मधाई (जगन्नाथ और माधव) दोनों भाई पवित्र आत्मा बन गये थे। सज्जन के साथ रहने पर जहाँ आत्मा का तेज प्रखर होता है, वहीं दुष्ट के साथ रहने पर आत्मा की भास्वरता धूमिल पड़ जाती है। दुष्ट दुर्योधन के साथ रहकर भीष्म, द्रोण, कृपाचार्य और कर्ण जैसे तेजस्वी पुरुष मलिन आचरण के शिकार हो गये थे।

कैकेयी जैसी तेजस्विनी स्त्री को जब कुबुद्धि मिली तो वह हृदयहीन हो गयीं और दुष्ट हृदय मन्थरा के वशीभूत होकर वह कुल मर्यादा की घातिनी बन गयीं। क्रोध में मनुष्य सबसे पहले मर्यादा को ही नष्ट करता है। कैकेयी यही करने जा रही हैं।

लखी महीप कराल कठोरा।
सत्य कि जीवनु लेइहि मोरा॥

—राजा ने देखा कि यह तलवार बड़ी भयानक और कठोर है और सोचा—क्या यह सत्य ही मेरा जीवन लेगी?

हथियार जब कहीं रखा हो तो उतना डरावना नहीं लगता है। किन्तु जब वह

गले को छू रहा हो तो उसकी भयानकता बढ़ जाती है। कैकेयी रूपी क्रोध की तलवार दशरथ के सीने पर तनी हुई है, इसीलिए उसकी भयानकता और बढ़ गयी है।

जीवन में मृत्यु सबसे बड़ा भय है। इसीलिए जो कुछ भी मृत्युकारी होता है, वह भयानक लगता है। क्रोधित कैकेयी को देखकर दशरथ को मृत्यु का खयाल आता है। जिस परम प्रिय कैकेयी को देखकर दशरथ सदैव प्रेमपूर्ण हो उठते थे, उसी कैकेयी को देखकर आज वे मृत्यु के भय से व्याकुल हैं।

इस संसार में वस्तुएँ अपने गुण से पहचानी जाती हैं। दवा बचाती है, इसीलिए उसे देखकर जीवन की याद आती है। तलवार मारती है, अतः उसे देखकर मृत्यु की याद आती है। कैकेयी आज महाराज दशरथ को मृत्यु की प्रतिमूर्ति दिख रही हैं। उन्हें लगता है कि अब प्राण नहीं बचेंगे।

बोले राउ कठिन करि छाती।
बानी सबिनय तासु सोहाती॥

—राजा अपनी छाती कड़ी करके बहुत ही नम्रता के साथ उसे (कैकेयी को) प्रिय लगनेवाली वाणी बोले।

क्रोध को शान्त करने के लिए मनुष्य के पास दो ही उपाय हैं—या तो अधिक क्रोध किया जाये या परम विनम्र बन जाया जाये। अधिक क्रोध करने से शान्ति की अपेक्षा तभी की जा सकती है जब आप परम समर्थ हों। ऐसी स्थिति में क्रोध करनेवाला आपके क्रोध से भयभीत होकर शान्त हो जायेगा। दूसरा उपाय है विनम्रता का। क्रोध की आग को विनय का जल शीतल और शान्त करता है। दुर्बल व्यक्ति के लिए विनम्रता सबसे बड़ा कवच है।

क्रोध में जल रहे व्यक्ति पर विनम्रता का जल छिड़कते समय एक बात का खयाल रखना पड़ता है। सोच-समझकर वही वाणी बोलनी चाहिए जो क्रोध करने वाले को अच्छी लगती हो। अगर अप्रिय वाणी बोल दी गयी तो विनम्रता अपना अपेक्षित असर नहीं डाल पायेगी। अतः राजा कैकेयी को अच्छी लगनेवाली वाणी में सम्बोधित कर रहे हैं।

राजा की एक और समस्या है। वे समर्थ हैं, किन्तु परिस्थितियों के कारण असमर्थ बन गये हैं। मनुष्य सदा से असमर्थ हो तो झुकना उसकी आदत बन जाती है, किन्तु जब समर्थ व्यक्ति विवश होकर झुकता है तो बड़ी पीड़ा होती है। मन अपनी असहायता पर बार-बार रोता है। असमर्थ विवश होता है तो झुकता है और समर्थ विवश होता है तो टूटता है। अपने को टूट से बचाने के लिए दशरथ छाती कड़ी करके कैकेयी से नम्र निवेदन करते हैं।

महाप्रतापी दशरथ के लिए यह क्षण कितना दारुण रहा होगा, इसकी कल्पना हम कर सकते हैं। प्रेम में, आह्लाद में और काम-क्रीड़ा में हजारों बार दशरथ कैकेयी के सामने विनत हुए होंगे। पर वह विनम्रता उनके हृदय के आनन्द की रसधार होती थी। उसमें नहाकर राजा और रानी दोनों भाव-विभोर होते थे। दोनों के मन-प्राण एकरूप होते थे। किन्तु आज दशरथ जिस तरह से कैकेयी के साथ विनीत होने जा रहे हैं, वह आनन्द की रसधार नहीं, विवशता-असहायता की तप्त धार है। विवश एवं विकल्पहीन राजा इसीलिए अपनी छाती कड़ी कर रहे हैं।

प्रिया बचन कस कहसि कुभाँती।
भीर प्रतीति प्रीति करि हाँती॥

—हे प्रिये! हे भीरु! विश्वास और प्रेम को नष्ट करके ऐसे बुरी तरह के वचन कैसे कह रही हो!

समय की नाड़ी को देखकर विनम्र वचन बोलने की दशरथ की प्रतिभा बेजोड़ है। बाहर क्रोध से उबलती कैकेयी को वह भीतर से शान्त करना चाहते हैं। इसीलिए उसके चारित्रिक गुणों को सामने रख रहे हैं। भला व्यक्ति यदि क्रोध में हो तो उसके गुणों का बखान करना शमनकारी होता है। इसीलिए हमारी संस्कृति में गुणगान का महत्त्व है। गुणगान जब सत्त्व जागरण के लिए होता है तो अमृत है और चाटुकारिता के लिए होता है तो विष है। यह विवेक जब मनुष्य में आ जाये, तभी गुणगान का गौरव है।

दशरथ बड़ी खूबी के साथ कैकेयी को उसके गुणों का स्मरण कराकर उसके सत्त्व को जाग्रत् कर रहे हैं। मनुष्य का सत्त्व जाग्रत् हो जाये तो वह क्षुद्र नहीं रह पाता है। उसके भीतर का विस्मृत विराट् गौरीशंकर बन जाता है।

कैकेयी के सत्त्व को जगाने के लिए राजा दो सम्बोधन का प्रयोग करते हैं—हे प्रिये! हे भीरु! प्रेमपूर्ण विनम्रता में इन दोनों शब्दों की बड़ी महिमा है। जब हम किसी को प्रिय कहते हैं तो स्वाभाविक रूप से उसे अपने हृदय के सिंहासन पर बैठाते हैं। व्यक्ति जब हृदय के भीतर आ जाये तो वह नितान्त अपना बन जाता है। प्रहार करने की वृत्ति विनष्ट हो जाती है।

राजा का दूसरा सम्बोधन 'भीरु' तो और भी प्यारा है। भीरु व्यक्ति दुराचार करने से डरता है। इसीलिए संस्कृत में भले मनुष्य को 'धर्मभीरु' कहा जाता है। धर्म से डरने का अर्थ है—जीवन के श्रेष्ठ आदर्शों का पालन करना। भले लोग इसीलिए दुराचरण नहीं करते हैं।

प्रिय और भीरु कहकर राजा कैकेयी को भीतर से जगा रहे हैं। वे संकेत देना

चाहते हैं कि क्षणिक उत्तेजना में आचरण की ऊँचाइयों से गिरना अशोभन है। इसीलिए कहते हैं कि हे कैकेयी! तुम्हारे लिए विश्वास और प्रेम को नष्ट करना उपयुक्त नहीं है। कैकेयी के चरित्र की श्रेष्ठता को व्यक्त करने के लिए इन दो शब्दों से बढ़कर और कुछ भी नहीं कहा जा सकता है। वास्तव में कैकेयी का पूरा जीवन विश्वास और प्रेम का ही प्रतीक है। अयोध्या के राजभवन में कैकेयी ने सदैव विश्वास और प्रेम की ही सुगन्धि फैलायी थी। इसीलिए वे सम्पूर्ण अयोध्या को प्रिय थीं।

जिस जीवन में विश्वास और प्रेम फलित होते हैं, वह जीवन परम वन्दनीय बन जाता है। वस्तुतः विश्वास और प्रेम ही जीवन के आधार हैं। विश्वास हो तो प्रेम किया जा सकता है और प्रेम हो तो विश्वास स्वतः अंकुरित होता है। प्रेम की भूमि पर अविश्वास कभी पनप ही नहीं सकता और विश्वास का आँगन न हो तो प्रेम की बरसात हो ही नहीं सकती। जीवन को हरित-कुसुमित बनाये रखने के लिए विश्वास और प्रेम आवश्यक हैं।

जो कैकेयी सदैव विश्वास और प्रेमपूर्ण रहती थीं, वही आज विचलित हो गयी हैं। इसीलिए महाराज दशरथ उन्हें विनीत भाव से मधुर स्वर में प्रेरित कर रहे हैं कि वे अपने गरिमामय चरित्र को न खोयें। चरित्र की गरिमा नष्ट होने पर मनुष्य का यश नष्ट हो जाता है। मलिन चरित्रवाला व्यक्ति कभी यशस्वी हो ही नहीं सकता।

इन सभी उच्चादर्शों को ध्यान में रखकर दशरथ कहते हैं कि हे महारानी! बुरे वचन मत बोलो। ऐसे कटु वचन तुम्हारे आचरण की गरिमा से मेल नहीं खाते हैं। वाणी की कटुता आचरण की सबसे बड़ी कमजोरी होती है।

मोरें भरतु रामु दुइ आँखी।
सत्य कहउँ करि संकरु साखी॥

—मेरे तो भरत और राम दो आँखें (अर्थात् एक-से) हैं; यह मैं शंकरजी की साक्षी देकर सत्य कहता हूँ।

विश्वास और प्रेम का बन्धन टूट जाये तो उसको जोड़ने के लिए दो उपाय किये जा सकते हैं। पहला यह है कि हम इस बन्धन को तोड़नेवाले के मन को बदलने का इन्तजार करें और दूसरा यह कि हम स्वयं पहल करके विश्वास और प्रेम को सुदृढ़ करने का प्रयास करें। पहले उपाय को अहंकारी चित्त के लोग चुनते हैं, वे चाहते हैं कि दूसरा उनके सामने झुके। वे तो तनकर खड़े रहने के लिए ही इस धरती पर आये हैं। इस उपाय को अपनाने से अहं को भले ही तुष्टि मिल जाये, पर

विश्वास और प्रेम की फुलवारी सूख जाती है।

जीवन में विश्वास और प्रेम को पुन:प्रतिष्ठित करने का सर्वोत्तम उपाय यही है कि स्वयं पहल की जाये। इसे सरल और विनम्र व्यक्ति आसानी से कर लेता है। विधाता की इस विचित्र लीला में अहंकारी स्वार्थ के लिए झुकता है और सुविचारी परमार्थ के लिए।

दशरथ को पता है कि कैकेयी चोट खाई नागिन की तरह फुफकार रही हैं। राम के राज्याभिषेक के लिए उन्हें विश्वास में नहीं लिया गया। अपनी परम प्रिय को दशरथ सबसे अन्त में समाचार देने के लिए आये हैं। इसीलिए दशरथ सफाई देते हुए कह रहे हैं कि मेरे लिए राम और भरत एक समान हैं। कभी सुख और आनन्द के क्षण में दशरथ यह शब्द बोलते तो कैकेयी मधुर मुसकान के साथ उनके वक्ष से सट जातीं, लेकिन यह वाक्य दशरथ विश्वास और प्रेम में दरार पड़ जाने के बाद कह रहे हैं, अत: इसका अपेक्षित असर न पड़ना स्वाभाविक है। दशरथ ने अवश्य ही कैकेयी की आँखों में पढ़ लिया होगा कि उनके शब्दों का कुछ भी मूल्य नहीं है। इसीलिए वे विश्वास और प्रेम की परिपुष्टि के लिए थोड़ा और झुकते हैं।

राजा दशरथ कहते हैं कि मैं शंकरजी को साक्षी देकर सत्य कहता हूँ। यह कथन एक सच्चे पति और सत्पुरुष की सबसे बड़ी पराजय है। दशरथ ने शायद ही कभी कैकेयी के निकट शपथ खाकर उन्हें विश्वास दिलाया हो। कैकेयी के भृकुटि विलास पर वे साम्राज्य न्योछावर करने के लिए तत्पर रहते थे। किन्तु आज उनका सच्चा पति होना काम नहीं आया।

सत्पुरुष के नाते भी दशरथ संकट में हैं। परम प्रतापी सम्राट् के रूप में उनका किसी बात के लिए हाँ कह देना ही पर्याप्त था; पर आज स्थिति एकदम विपरीत है। वे कह रहे हैं कि मैं सच बोल रहा हूँ। किन्तु इससे कैकेयी के मन में तनिक भी प्रतीति नहीं हो रही है। इसीलिए दशरथ को कहना पड़ता है कि मैं शिव की शपथ लेकर कहता हूँ कि सच कह रहा हूँ।

जब किसी का सहारा लेकर शपथ ली जाती है तो इसका साफ अर्थ होता है कि सहज रूप में शपथ लेनेवाला विश्वास योग्य नहीं है। शपथ चरित्र की दुर्बलता और यशस्वी जीवन की पराजय है। परम प्रतापी महाराज दशरथ आज इसी दुर्बलता के शिकार हैं।

अवसि दूतु मैं पठइब प्राता।
ऐहहिं बेगि सुनत दोउ भ्राता॥

—मैं अवश्य सवेरे ही दूत भेजूँगा। दोनों भाई (भरत-शत्रुघ्न) सुनते ही तुरन्त आ जायेंगे।

वाल्मीकि रामायण को यदि हम रामकथा का मूलाधार मानें तो स्पष्ट रूप से कह सकते हैं कि महाराज दशरथ ने कैकेयी के साथ अन्याय किया। जब कैकेयी के साथ उन्होंने उनके रूप पर मुग्ध होकर विवाह किया था तो वे वचनबद्ध हुए थे कि उनका पुत्र ही राजा बनेगा।

उस समय राजा काम-प्रेरित थे। अतः ऐसे वचन देने में उन्हें कुछ संकोच भी नहीं हुआ। उन्हें कोई सन्तान भी नहीं थी, अतः रास्ता और भी साफ था; लेकिन अब राजा अपने वचन से पलट गये थे। आज राजा दशरथ काम-प्रेरित नहीं, राम-प्रेरित थे। अयोध्या के साम्राज्य के श्रेष्ठ पुत्र, समस्त प्रजा के प्रिय और सर्वगुण-सम्पन्न राम के प्रति अन्याय कर पाना राजा के लिए सम्भव नहीं था।

गुरु विश्वामित्र के आश्रम की रक्षा, अहल्या के उद्धार और जनकपुरी में सीता स्वयंवर के समय राम ने जो चमत्कार दिखाये, उसकी यश-गाथा दशरथ को पिता होने के गौरव से आह्लादित कर रही थी। राम उनके प्राणप्रिय बन गये थे। किन्तु वे अच्छी तरह जानते थे कि कैकेयी अपने पुत्र के लिए संकट खड़ा कर सकती है। अतः सबकुछ चुपचाप करके तब वे कैकेयी के पास पहुँचे।*

यह बड़ी हैरानी की बात है कि यदि भरत को बुलाना इतना ही आसान था तो पहले क्यों नहीं बुला लिया? दो दिन बाद राज्याभिषेक होता तो कौन सा पहाड़ टूट जाता? सचमुच, राजा अपनी अति चतुरता के कारण मारे गये। अब वे आपदा प्रबन्धन एवं क्षति नियन्त्रण में लगे हैं।

दशरथ और कैकेयी दोनों ने अपराध किये। दशरथ ने राम के राज्याभिषेक के लिए कैकेयी और भरत को विश्वास में न लेने का अपराध किया। कैकेयी ने प्रतिशोधवश राम को अयोध्या से निष्कासित करने का अपराध किया। लेकिन दशरथ का अपराध क्षम्य बन गया और कैकेयी का अक्षम्य। दशरथ ने अयोध्या की सुख-शान्ति के लिए और सुयोग्य एवं ज्येष्ठ पुत्र राम के अधिकार की सुरक्षा के लिए कैकेयी को अँधेरे में रखा। यह नीतिमय होने के कारण उचित माना गया। किन्तु कैकेयी ने अयोध्या के परम प्रिय राम को अपने व्यक्तिगत प्रतिशोध के लिए दण्डित किया, इसे हिन्दू चित्त ने स्वीकार नहीं किया। यह अनीतिमय आचरण था, इसलिए

---

* इस प्रसंग की विस्तृत व्याख्या के लिए लेखक की दशरथ के चरित्र पर प्रभात प्रकाशन द्वारा प्रकाशित पुस्तक 'रघुकुल रीति सदा…' पढ़िए।

अनुचित माना गया। कैकेयी सदा के लिए हिन्दू मन के सिंहासन से उतर गयीं।

दशरथ और कैकेयी की इस कथा से यही समझ में आता है कि उच्चादर्शों की रक्षा के लिए अनीति क्षम्य है, लेकिन स्वार्थपूर्ति के लिए की गयी अनीति अक्षम्य है। महाभारत की कथा भी कुछ ऐसी ही है। भगवान् श्रीकृष्ण पाण्डवों से सभी अनीति करवाते हैं, फिर भी महाभारत के रचयिता व्यासजी कहते हैं कि धर्म की विजय हुई। आइए, जरा महाभारत की झाँकी देखते चलें। महासेनानी पितामह भीष्म को मारने के लिए श्रीकृष्ण ने शिखण्डी को रथ पर आगे बैठाया और भीष्म ने कहा कि वे हिजड़े से युद्ध नहीं करेंगे, तो पीछे से अर्जुन ने कृष्ण के कहने पर प्रहार किया। द्रोणाचार्य को युद्ध से विरत करने के लिए श्रीकृष्ण ने धर्मराज युधिष्ठिर से झूठ बुलवाया। निहत्थे कर्ण पर अर्जुन से हथियार चलवाया। दु:शासन को भीम द्वारा उसकी जाँघ से नीचे गदा प्रहार से मरवाया। यह सब देखने में अधर्म था, पर उसे धर्म माना गया, क्योंकि उस अनीति से दुष्टों का संहार हो रहा था और नीति की रक्षा हो रही थी।

राम के राज्याभिषेक हेतु निर्णय प्रक्रिया से कैकेयी को बाहर रखकर दशरथ ने जो राजनीति खेली थी, वह कैकेयी के हाथों विफल रही। इसीलिए राजा अब भूल सुधार का प्रयत्न कर रहे हैं। कह रहे हैं कि मैं तुरन्त भरत को बुला लूँगा और उसे राजा भी बना दूँगा।

सुदिन सोधि सबु साजु सजाई।
देउँ भरत कहुँ राजु बजाई॥

—अच्छा दिन शोधवाकर, सब तैयारी करके, डंका बजाकर मैं भरत को राज्य दे दूँगा।

कैकेयी को शान्त करने के लिए महाराज एक समझौते का सूत्र प्रस्तुत कर रहे हैं। अपनी तरफ से वह कह रहे हैं कि मुझे भरत को राजा बनाने में कोई संकोच नहीं है। यथाशीघ्र मैं इसे शुभ मुहूर्त में पूर्ण कर दूँगा। साथ-ही-साथ राजा अपनी सफाई भी दे रहे हैं।

लोभु न रामहि राजु कर बहुत भरत पर प्रीति।
मैं बड़ छोट बिचारि जियँ करत रहेउँ नृपनीति॥

—राम को राज्य का लोभ नहीं है और भरत पर उनका बड़ा ही प्रेम है। मैं ही अपने मन में बड़े-छोटे का विचार करके राजनीति-पालन कर रहा था।

महाराज दशरथ की यह सफाई उपयुक्त तो है, लेकिन समयानुकूल नहीं है। अगर राम को राजा बनाने का विचार आते ही उन्होंने कैकेयी से पूछ लिया होता तो

इस सफाई की आवश्यकता ही नहीं पड़ती।

यह तो नितान्त सच है कि राम को राज्य का लोभ नहीं है। यह भी अत्यन्त स्पष्ट है कि भरत को राम हृदय से प्यार करते हैं। यह भी समझ में आता है कि राजा दशरथ ने बड़े-छोटे का विचार करके ही राज्याभिषेक का निर्णय लिया था। इस समस्त प्रकरण में एक ही त्रुटि रह गयी थी कि उन्होंने कैकेयी को विश्वास में नहीं लिया। राजा दशरथ को अपनी इस त्रुटि की क्षतिपूर्ति बड़ी महँगी पड़ी।

राम सपथ सत कहउँ सुभाऊ।
राममातु कछु कहेउ न काऊ॥

—राम की सौ बार शपथ खाकर मैं स्वभाव से ही कहता हूँ कि राम की माता कौसल्या ने मुझसे कभी कुछ नहीं कहा।

महाराज दशरथ हर कीमत पर कैकेयी के विश्वास को जीतना चाहते हैं। इसीलिए एक और सफाई देते हैं। कहते हैं कि मेरे निर्णय में राम की माता कौसल्या का कोई हाथ नहीं है। इस घटनाक्रम में सौतिया डाह के लिए कहीं कोई स्थान नहीं है।

सबसे पहले दशरथ ने कैकेयी के मन को इस बात के लिए साफ करना चाहा कि वे भरत और राम में कोई फर्क नहीं करते हैं। दोनों ही उनके परम प्रिय पुत्र हैं। दोनों का मूल्य उनकी दृष्टि में बराबर है। इस तथ्य के प्रति कैकेयी के विश्वास को पाने के लिए वे भगवान् शिव की शपथ खाते हैं।

अब महाराज दशरथ कौसल्या को अपनी निर्णय प्रक्रिया से अलग करते हैं। इसके प्रति कैकेयी को विश्वास दिलाने के लिए वे राम की सौ बार शपथ खाते हैं। राम की एक बार शपथ खाना ही दशरथ के लिए पर्याप्त था, पर नैतिक रूप से कमजोर दशरथ सौ बार शपथ खाते हैं। आह! गलती करके मनुष्य कितना कमजोर हो जाता है।

जब दशरथ यह कहते हैं कि मैं राम की शपथ खाकर स्वभाव से ऐसा कह रहा हूँ तो उनकी दयनीय स्थिति पर मन पिघल जाता है। उन्हें लगता है कि राम की शपथ खाने पर भी कहीं कैकेयी यह न समझ लें कि अपना उल्लू सीधा करने के लिए दशरथ कोई चाल चल रहे हैं अथवा एक झूठी कसम खा रहे हैं। इस आशंका को निर्मूल करने के लिए दशरथ शपथ के साथ स्वभाव को भी जोड़ते हैं। वे कैकेयी को बताना चाहते हैं कि छल उनका स्वभाव नहीं है। उनका स्वभाव तो मात्र सत्य ही है।

मनुष्य के स्वभाव को गहराई से समझनेवाले कहते हैं कि छल कभी मनुष्य

का स्वभाव हो ही नहीं सकता। छल तो स्वभाव का क्षरण है। स्वभाव की सिद्धि तो सत्य में निहित है। इसलिए सत्य को नारायण कहा गया। सत्य और नारायण दोनों ही सृष्टि को धारण करते हैं। जब भी मनुष्य अपने स्व में होगा, वह सत्य और नारायण के निकट होगा। छल और प्रपंच से दूर होगा।

मैं सबु कीन्ह तोहि बिनु पूँछें।
तेहि तें परेउ मनोरथु छूछें॥

—अवश्य ही मैंने तुमसे बिना पूछे ही यह सब किया। इसी से मेरा मनोरथ खाली गया।

राजा दशरथ के सभी स्पष्टीकरणों में सबसे सटीक स्पष्टीकरण यही है। वास्तव में सारे जंजाल की जड़ यही है कि राजा ने कैकेयी को विश्वास में नहीं लिया। उनका यह कथन भी सत्य है कि इसी कारण मेरा मनोरथ पूरा नहीं हुआ।

इस स्थल पर रामायण की कथा अपने चरम बिन्दु को प्राप्त करती है। महाराज दशरथ कैकेयी के चरणों में विनीत होकर अपने अपराध को स्वीकार करते हैं। भरत को राजा बनाने की स्वीकृति भी दे देते हैं। इस अवसर पर यदि कैकेयी अपनी महनीयता और उदारता दिखातीं तो रामकथा में वह चन्दन की सुगन्ध बनकर महकतीं। उन्हें चाहिए था कि वह दशरथ को उनके अपराध के लिए क्षमा कर देतीं। राम से उन्हें कभी कोई शिकायत थी ही नहीं। राम जैसे सुशील राजा की छाया में कौसल्या का वर्चस्व उन्हें कभी अपमानित नहीं कर पाता। यदि ऐसा होता तो रामायण की कथा कैकेयी के लिए आजीवन का दंश नहीं बनती, युग-युगान्तर के लिए दण्ड नहीं बनती। कैकेयी यहीं चूक गयीं। यह चूक उनके धवल चरित्र पर कलंक की अमिट कालिख मढ़ गयी।

कुछ लोग कहते हैं कि यदि कैकेयी ने अपनी चूक के कारण राम को वनवास नहीं दिया होता तो रावण का नाश नहीं होता। यह एक लचर और बचकाना तर्क है। रामायण के अध्येता जानते हैं कि कैकेयी ने दो वर माँगे थे। वह चाहती थीं कि भरत राजा बनें और राम वन जायें। पहले वर को उनके यशस्वी और तपस्वी पुत्र भरत ने निरस्त कर दिया और दूसरा वर राम ने स्वीकार कर लिया। भरत का अस्वीकार और राम का स्वीकार मोहान्ध कैकेयी की चतुरता को मूढ़ता में बदल देते हैं। यह चतुरता कैकेयी की सनातन कलंक कथा बन जाती है। इस पूरे प्रकरण में अपयश केवल कैकेयी पाती हैं, शेष सभी यशस्वी बनते हैं।

हम गहराई से विचार करें तो समझेंगे कि रावण के सर्वनाश के लिए राम को वनवासी बनाने का कलंक कैकेयी के माथे पर डालने की कोई आवश्यकता नहीं

थी। राम ने जब ताड़का और सुबाहु को मारा था तब वे वनवासी नहीं थे। उन्हें विश्वामित्र आमन्त्रित करके ले गये थे। रावण को मारने के लिए भी राम को वनवासी होने की कोई आवश्यकता नहीं थी। भरद्वाज, अत्रि, वाल्मीकि और अगस्त्य जैसे ऋषियों में से कोई भी राम की सहायता के लिए अयोध्या आकर पुकार कर सकता था। राम रक्षा के लिए आते और पूरी सामर्थ्य के साथ आते। जैसे राजकुमार राम ने ताड़का एवं सुबाहु का वध किया था उसी तरह राजा राम रावण का वध करते। यह तो वनवास का अपमान और दुःसह दुःख झेले बिना ही सम्भव हो जाता।

रामकथा के गायक श्रेष्ठ सन्तों ने कैकेयी के कलंक को यह कहकर धोने का प्रयत्न किया कि उन्होंने अपने को कलंकित करके भी राम को श्रेष्ठ कर्म सम्पादन के लिए वन भेजा; पर हिन्दू मन ने इसे स्वीकार नहीं किया। कलंक लेने वाले कैकेयी के 'त्याग' को वन्दनीय नहीं माना गया। हाँ, यदि कैकेयी ने दशरथ को क्षमा कर दिया होता तो निश्चित रूप से वन्दनीय बन जातीं। लेकिन हतभाग्य कैकेयी के जीवन में यह सौभाग्य बदा ही नहीं था। इसीलिए वह अवसर पाकर भी चूक गयीं।

रिस परिहरु अब मंगल साजू।
कछु दिन गएँ भरत जुबराजू॥

—अब क्रोध छोड़ दे और मंगल का साज सजा। कुछ ही दिनों बाद भरत युवराज हो जायेंगे।

इस आश्वासन में प्रथम वरदान की स्वीकृति साफ दिखाई देती है। कैकेयी का मनोरथ इसमें पूर्ण हो रहा था। राम को वनवास देने की बात तो प्रतिशोध से उत्पन्न दण्ड थी। इसे देने के लिए दशरथ की तनिक भी तैयारी नहीं थी।

एकहि बात मोहि दुखु लागा।
बर दूसर असमंजस मागा॥

—एक ही बात का मुझे दुःख लगा कि तुमने दूसरा वरदान बड़ी अड़चन का माँगा।

महाराज दशरथ अभी तक हारे नहीं हैं। पहला वरदान देने की स्वीकृति देने के बाद वे कहते हैं कि अब क्रोध छोड़कर मंगल साज सजाने के लिए तैयार हो जाओ। तुम शीघ्र ही भरत को युवराज के रूप में देख सकोगी। तुम्हारी इच्छा पूर्ण हो जायेगी।

यह प्रस्ताव बड़ा मनोवैज्ञानिक है। जब मनुष्य को अपनी मनचाही चीज मिल जाती है, तब वह प्रसन्न हो जाता है। प्रसन्न व्यक्ति किसी को सताना नहीं चाहता है, वह तो प्रमुदित मन अपनी प्रसन्नता को लुटाना चाहता है। इसी उदारता

की अपेक्षा दशरथ अपनी प्रिय कैकेयी से कर रहे हैं। वह कहते हैं कि दूसरा वरदान अड़चन भरा है। मुझे समझ में नहीं आता है कि तुम इसे क्यों माँग रही हो।

अजहूँ हृदउ जरत तेहि आँचा।
रिस परिहास कि साँचेहुँ साँचा॥

—उसकी आँच से अब भी मेरा हृदय जल रहा है। यह दिल्लगी में, क्रोध में अथवा सचमुच ही सच्चा है?

भरत को राजा बनानेवाले वरदान की दशरथ ने कोई व्याख्या नहीं की। उसे तुरन्त दे दिया, क्योंकि उन्हें पता था कि इस वरदान को पाकर ही कैकेयी दूसरे वरदान को छोड़ने के लिए तैयार हो सकेंगी। इसीलिए वह दूसरे वरदान की व्याख्या करते हैं। वे कैकेयी के सामने तीन विकल्प रखते हैं। विकल्प होने से चुनाव सहज सम्भव हो जाता है। यही जीवन का सहज नियम है।

राजा ने चुनाव के तीन सूत्र प्रस्तुत किये। पहला यह कहा था कि तुम राम को वनवास देने का वर मजाक में माँग रही हो। यदि यह मजाक है, दिल्लगी है तो अब बहुत हो चुका, तुम प्रसन्न होकर मन की बात बता दो। फिर वह कहते हैं कि क्या तुमने यह वर क्रोध में आकर माँगा है? अगर क्रोध के कारण यह वर माँगा है तो उस क्रोध को समाप्त करो, क्योंकि भरत को राजा बनाने का तुम्हारा मनोरथ मैंने पूरा कर दिया है। अन्त में कहते हैं कि क्या सचमुच तुमने राम के लिए वनवास माँगा है?

कैकेयी के मन को शान्त करने के लिए दशरथ ने अच्छी युक्ति का प्रयोग किया। वे चाहते हैं कि प्रथम वर पा जाने के बाद कैकेयी इन तीनों विकल्पों के बारे में सोचें। दशरथ चाहते हैं कि कैकेयी पहले दो विकल्पों में से ही किसी को चुनें; या तो वह कह दें कि मैं मजाक कर रही थी या कह दें कि मैं क्रोध में थी। इन दोनों से प्राप्त उत्तर सुखद होंगे। लेकिन उन्हें यह भी आशंका है कि यदि कैकेयी ने तीसरा विकल्प चुन लिया तो सबकुछ तहस-नहस हो जायेगा। इसीलिए राम के गुण गाकर और कैकेयी के मन को छूकर वह राम को बचाना चाहते हैं।

कहु तजि रोषु राम अपराधू।
सबु कोउ कहइ रामु सुठि साधू॥

—क्रोध को त्यागकर राम का अपराध तो बता। सब कोई तो कहते हैं कि राम तो बड़े ही साधु हैं।

मानव जीवन का बड़ा अद्‌भुत नियम है। क्रोध में हम व्यक्ति के अवगुण गिनते हैं और प्रेम में गुणगान करते हैं। क्रोध आधार है कटुता का, प्रेम आधार है

मृदुता का। जब मनुष्य सहज प्रेममय स्थिति में होता है तो उसके विचार बड़े सात्त्विक और सकारात्मक हो जाते हैं। इसीलिए दशरथ कह रहे हैं कि क्रोध को त्यागकर राम का अपराध बताओ।

सहज स्वभाव में रहने पर दोष-दर्शन दुष्कर्म और दुष्ट-चिन्तन हो ही नहीं सकता। रूस के प्रसिद्ध विचारक आस्पेंस्की अपने शिष्यों से कहा करते थे कि सहज-सचेत अवस्था में कोई अपराध, कोई दुष्कर्म करके आओ। अच्छे शिष्य उनसे कहते थे कि होश में दुष्कर्म होता ही नहीं है।

मनुष्य जब सहज स्वभाव में स्थिर होता है तो वह परमात्मा में स्थिर होता है। क्योंकि स्वभावतः मनुष्य परमात्मा है, मनोविकार स्वभाव को मलिन करते हैं, जिससे परमात्मा की उपस्थिति धूमिल हो जाती है, जैसे बादल सूर्य को ढक लेते हैं। एक-न-एक दिन बादल नष्ट होंगे, पर सूर्य कभी नष्ट नहीं होगा।

इन मनोविकारों में क्रोध सबसे भयानक है। काम, लोभ, मोह और मद उसके ईंधन हैं। उन चारों के बल पर क्रोध जीवन के शुभ को नष्ट करता है। इसीलिए कहते हैं कि क्रोध को नष्ट कर दो, फिर काम, लोभ, मोह और मद निष्प्रभ हो जायेंगे। इनकी ज्वलन शक्ति स्वतः समाप्त हो जायेगी।

दशरथ सोच रहे हैं कि कैकेयी जब क्रोध को त्याग देंगी तो राम को अपराधी नहीं मानेंगी, क्योंकि राम में अपराध जैसी कोई चीज है ही नहीं। यह तो कैकेयी का क्रोध है जो राम में अपराध खोज रहा है। अपने तर्क को पुष्ट करने के लिए दशरथ कहते हैं कि समस्त अयोध्यावासी राम को बड़ा साधु मानते हैं। जिसे सभी चाहते हों वह दुष्ट कैसे हो सकता है? जन-साक्ष्य का सहारा लेकर दशरथ कैकेयी के भीतर के शुभ को जाग्रत् कर रहे हैं।

तुहूँ सराहसि करसि सनेहू।
अब सुनि मोहि भयउ संदेहू॥

—तुम स्वयं भी राम की सराहना करती और उन पर स्नेह किया करती थीं। अब यह सुनकर मुझे सन्देह हो गया है कि तुम्हारी प्रशंसा और स्नेह कहीं झूठे तो नहीं थे।

कैकेयी के मन में सदा से राम के प्रति जो प्रेम रहा है, उसका स्मरण दशरथ करा रहे हैं। कहते हैं कि तुम तो सदैव राम की बड़ाई किया करती थीं, उन पर अपना स्नेह लुटाया करती थीं, अब तुम्हें क्या हो गया है? तुम्हारा दूसरा वरदान सुनकर मुझे लगता है कि राम के प्रति तुम्हारा वह प्रेम झूठा था।

शालीन व्यक्ति अपने आचरण की शुद्धता के प्रति बहुत सजग रहता है।

मनुष्य को देवत्व की ओर ले जाने के लिए मानवता ने जितनी यात्राएँ की हैं, उसमें आचरण ही उसकी सबसे बड़ी पूँजी रही है। इसीलिए महाराज मनु ने कहा कि समस्त संसार को आचरण से ही सीख दी जा सकती है, और कोई सार्थक उपाय उपलब्ध ही नहीं है। दशरथ इसी उपाय का सहारा ले रहे हैं। वे अच्छी तरह जानते हैं कि कैकेयी कभी यह नहीं स्वीकार करेंगी कि राम के प्रति उनका स्नेह झूठा था। हाँ, वह यह अवश्य कह सकेंगी कि क्रोध में उन्होंने राम को दण्डित करने का आग्रह किया था। इसी आस में दशरथ और विस्तार से राम के आचरण की शुद्धता का बखान करते हैं।

जासु सुभाउ अरिहि अनुकूला।
सो किमि करिहि मातु प्रतिकूला॥

—जिसका स्वभाव शत्रु को भी अनुकूल है, वह माता के प्रतिकूल आचरण क्योंकर करेगा?

महाराज दशरथ अपने परम प्रिय पुत्र राम की साधुता का सर्वोत्तम प्रभाव प्रस्तुत करते हुए कहते हैं कि शत्रु के प्रति भी राम अनुकूल रहते हैं। शत्रु भले ही राम का बुरा सोचें, पर राम उनका बुरा कभी नहीं सोचते हैं। तो फिर ऐसे साधु राम अपनी माँ के विरुद्ध कैसे कुछ सोच सकते हैं? राम के मन में हे कैकेयी! तुम्हारे प्रति अपार प्रेम है।

दशरथ के लिए यह संकट की घड़ी है। वह कैकेयी और राम दोनों को खोना नहीं चाहते हैं। लेकिन निर्णय का विशेषाधिकार उनके हाथ में नहीं है। यह तो कैकेयी के हाथ में है। अत: वह कैकेयी और राम दोनों की बड़ाई कर रहे हैं। इसके पीछे भाव यही है कि शालीन व्यक्ति के लिए यह उपयुक्त नहीं है कि वह किसी शालीन व्यक्ति को दण्डित करे। शालीनता का गौरव क्षमा में है, दण्ड में नहीं।

प्रिया हास रिस परिहरहि मागु बिचारि बिबेकु।
जेहिं देखौं अब नयन भरि भरत राज अभिषेकु॥

—हे प्रिये! हँसी और क्रोध छोड़ दे और विवेक विचारकर माँग, जिससे अब मैं नेत्र भरकर भरत का राज्याभिषेक देख सकूँ।

एक विवश और विकल्पहीन सम्राट् एवं पिता अपने मान-सम्मान और जीवन-प्राण को बचाने के लिए अन्तिम अपील कर रहा है। उसमें दशरथ की प्रेमपूर्ण असहायता साफ-साफ दिख रही है। इतना दु:ख देनेवाली कैकेयी को वह बार-बार 'प्रिया' कह रहे हैं। श्रेष्ठ सम्बोधन व्यक्ति को सँभालते हैं, उसे पतित होने से बचाते हैं। पति-पत्नी के सम्बन्ध में लगभग हर भाषा में 'प्रिय' और 'प्रिया' जैसे

शब्द हैं। अंग्रेजी में प्राय: 'डीयर' और 'डार्लिंग' शब्द का प्रयोग पति-पत्नी एक दूसरे के लिए करते हैं। कभी-कभी तो लड़ते-झगड़ते समय भी इन शब्दों का इस्तेमाल करते हैं। वास्तव में ये सम्बोधन सम्बन्धों की ताजगी और ऊष्मा को व्यक्त करने के लिए होते हैं। क्रोधपूर्ण कैकेयी ने सम्बन्ध की इस ताजगी और ऊष्मा को खो दिया था, राजा दशरथ उसी को लौटाना चाहते हैं।

कैकेयी से निवेदन करते हुए दशरथ कहते हैं कि हँसी और क्रोध को छोड़कर विवेकपूर्वक वर माँगो। आह! श्रेष्ठजन कितने उदार होते हैं। दशरथ अच्छी तरह जानते हैं कि कैकेयी क्रोध में हैं, पर वे बार-बार हँसी को भी साथ में जोड़ देते हैं। कोई बात जब हँसी में कही जाती है तो उसमें गम्भीरता कम मनोविनोद की भावना अधिक होती है। उसमें किसी को हानि पहुँचाने की कामना नहीं होती है। लेकिन क्रोध में कही गयी बात हानि पहुँचाने के लिए ही होती है। क्रोध केवल आघात करना ही जानता है।

हँसी और क्रोध की बात कहकर राजा महारानी कैकेयी को विकल्प का एक सूत्र देना चाहते हैं, जिससे वे राम को वनवास न दें। अपने मान-सम्मान की रक्षा करते हुए वह कह सकें कि मैं तो मजाक कर रही थी।

मानव-मन का सबसे बड़ा शिक्षक विवेक होता है। विवेक जाग्रत् हो तो अनुचित और अशुभ निर्णय मनुष्य ले ही नहीं सकता। इसीलिए मानव व्यवहार में विवेक का बहुत मूल्य है। यह विवेक ही मनुष्य को पशुवृत्ति से उठाकर देवत्व के सिंहासन पर बैठाता है। विवेक ही मनुष्य को धर्म-पथ पर चलने का बल प्रदान करता है।

कैकेयी से विवेकपूर्वक विचार करके वर माँगने का निवेदन करने के साथ-ही-साथ दशरथ अपना निवेदन भी प्रस्तुत करते हैं। वे सोच रहे हैं कि शायद ऐसा करने से कैकेयी शान्त हो जायें। हर प्रयत्न करके दशरथ राम की रक्षा चाहते हैं। इसीलिए वे पहले वरदान पर कैकेयी से कोई झगड़ा नहीं करते हैं। कह रहे हैं कि मैं आनन्दपूर्वक भरत के राज्याभिषेक को देखना चाहता हूँ, अत: तू दूसरा वरदान विवेकपूर्वक माँग।

मनुष्य के लिए यह सम्भव ही नहीं है कि वह जीवन में सदा अपनी ही बात मनवाये। इसीलिए दशरथ कैकेयी से एक समझौता करना चाहते हैं। भरत के राज्याभिषेक की स्वीकृति देकर वह राम को जंगल में भटकने से बचाना चाहते हैं। कैकेयी के मनोरथ को सिद्ध करने के बाद वह अपना मनोरथ सिद्ध करने के लिए निवेदन कर रहे हैं।

जिऐ मीन बरु बारि बिहीना।
मनि बिनु फनिकु जिऐ दुख दीना॥
कहउँ सुभाउ न छलु मन माहीं।
जीवनु मोर राम बिनु नाहीं॥

—मछली चाहे बिना पानी के जीती रहे और साँप भी चाहे बिना मणि के दीन-दुःखी होकर जीता रहे। परन्तु मैं स्वभाव से ही कहता हूँ, मन में (जरा भी) छल रखकर नहीं कि मेरा जीवन राम के बिना नहीं है।

किसी प्रिय की सुरक्षा के लिए इससे बढ़कर और कोई वक्तव्य नहीं दिया जा सकता। सभी बलिदानों में प्राणों का बलिदान ही सर्वोपरि है। किसी को बचाने के लिए अपने को मिटाने के लिए तत्पर होना मानव जीवन का सबसे बड़ा गौरव है।

अपनी स्थिति को स्पष्ट करते हुए दशरथ उदाहरण देते हुए कहते हैं कि मछली भले पानी बिना जी ले, साँप भले ही मणि बिना जीवन निर्वाह कर ले, पर मैं राम के बिना एक क्षण भी नहीं जी सकता। अपना यह वक्तव्य देते समय दशरथ को कैकेयी की मनःस्थिति का पूरा खयाल है। उन्हें पता है कि क्रोध में मनुष्य प्रायः निषेधात्मक ही सोचता है। इसीलिए कैकेयी कह सकती हैं कि अपना नाटक बन्द कीजिए। मुझ पर भावात्मक दबाव बढ़ाने के लिए आप यह चाल चल रहे हैं।

मुझे एक कहानी याद आती है। एक शराबी की पत्नी बार-बार बोलती थी कि यदि तुम शराब नहीं छोड़ोगे तो मैं जान दे दूँगी। शराबी को अपनी पत्नी की धमकी सुनने की आदत पड़ गयी थी। वह रोज पीकर आता, उसकी धमकी सुनता, शराब न पीने का वादा करता और चुपचाप सो जाता। एक दिन उसकी पत्नी ने दृढ़ता से कहा, 'तुम बार-बार वादा करके भी पीना नहीं छोड़ रहे हो। मैं सचमुच जान दे दूँगी।'

पति ने झल्लाकर कहा, 'तुम्हारी धमकी की तरह ही मेरा वादा भी झूठा है। जैसे तुम रोज कहती हो कि मर जाओगी, लेकिन मरती नहीं हो, उसी तरह मैं रोज कहता हूँ कि पीना छोड़ दूँगा, पर छोड़ता नहीं हूँ। तुम मरकर दिखाओ, मैं पीना छोड़ दूँगा।'

धमकियाँ प्रायः दूसरों को कष्ट पहुँचाने के लिए दी जाती हैं, अपने को सताने के लिए नहीं। इस तथ्य को समझकर ही दशरथ कह रहे हैं कि मैं स्वभाव से कह रहा हूँ। मैं कोई धमकी नहीं दे रहा हूँ। यदि राम अयोध्या से गए तो समझो, मेरे प्राण भी गये।

जब मनुष्य अपने स्वभाव में रहकर आचरण करता है तब बड़े-से-बड़ा दुःख उसके लिए सुखमय बन जाता है। सेवा करनेवाले बिना किसी पुरस्कार या प्रलोभन के सेवा करते हैं, अपना व्यक्तिगत सुख त्यागकर दूसरों को सुख पहुँचाने के लिए दुःख उठाते हैं, लेकिन परेशान नहीं होते। यह सब आनन्द भाव से करते हैं। स्वभाव-प्रेरित बड़े-से-बड़ा त्याग सुखकर होता है।

अपने संकल्प को स्वभाव के साथ जोड़कर दशरथ दृढ़तापूर्वक कैकेयी को यह विश्वास दिलाना चाहते हैं कि वे कैकेयी पर कोई भावात्मक दबाव नहीं डाल रहे हैं, अपितु वस्तुस्थिति का यथार्थ चित्रण कर रहे हैं।

समुझि देखु जियँ प्रिया प्रबीना।
जीवनु राम दरस आधीना॥

—हे चतुर प्रिये! जी में समझ देख, मेरा जीवन श्रीराम के दर्शन के अधीन है।

दशरथ अपनी शालीनता अन्त तक नहीं छोड़ते हैं। वह कैकेयी को प्रवीन प्रिय कहते हैं। प्रिय कहकर वह चोट पहुँचानेवाली कैकेयी से भी अपनी निकटता प्रकट करते हैं। प्रिय यदि मूढ़ हो तो गलती कर सकता है, किन्तु यदि वह चतुर हो तो गलती की सम्भावना नितान्त कम हो जाती है। चतुर व्यक्ति गलतियाँ करने से कतराता है, हो जाये तो पछताता है। मूढ़ व्यक्ति गलतियों-पर-गलतियाँ करता जाता है, मार-डाँट मिलने पर रोता-चिल्लाता है, पर कभी पछताता नहीं है। इसीलिए दशरथ कैकेयी को 'प्रिया प्रबीना' कह रहे हैं।

क्रोधोन्मत्त कैकेयी के विवेक को स्पर्श करते हुए राजा दशरथ कह रहे हैं कि अच्छी तरह से सोच-समझकर देख लो, मेरा जीवन राम के बिना सम्भव नहीं। दशरथ के इस वचन से एक संकेत एकदम साफ है कि हे कैकेयी! यदि राम को मुझ से अलग करने में तुम कारण बनीं तो राम का विरह मुझे तुमसे अलग कर देगा। तुम्हारे कारण मैं राम को खोऊँगा और तुम मुझे खो दोगी।

सुनि मृदु बचन कुमति अति जरई।
मनहु अनल आहुति घृत परई॥

—राजा के कोमल वचन सुनकर दुर्बुद्धि कैकेयी अत्यन्त जल रही है, मानो अग्नि में घी की आहुतियाँ पड़ रही हैं।

मनुष्य के भीतर जब कुबुद्धि आ जाती है तब मीठे वचन उसे शान्त नहीं करते हैं। प्रायः क्रोध में मीठे वचन बड़े शमनकारी होते हैं, लेकिन जब बुद्धि दूषित हो गयी हो तो वाणी की मिठास क्रोध को भभकाती है।

दुर्बुद्धि से ग्रस्त होने के कारण कैकेयी मीठे वचनों से शान्त नहीं हुईं। जैसे

आग में घी डालने से आग बुझने की बजाय और धधकती है वैसे ही कैकेयी भी धधक उठीं।

कहइ करहु किन कोटि उपाया।
इहाँ न लागिहि राउरि माया॥

—(कैकेयी कहती हैं—) आप करोड़ों उपाय क्यों न करें, यहाँ आपकी माया (चालबाजी) नहीं चलेगी।

दशरथ ने लाख समझाया, पर कैकेयी जरा भी टस-से-मस नहीं हुईं। क्रोध और प्रतिशोध से परिपूर्ण कैकेयी का हृदय मरुस्थल बन गया था। उसमें विश्वास और प्रेम के बीज को बो पाना दशरथ के लिए सम्भव नहीं हुआ। कैकेयी दशरथ के व्यवहार से बुरी तरह से आहत थीं। उन्हें लग रहा था कि राम और कौसल्या के कल्याण के लिए दशरथ कोई नयी चाल चल रहे हैं। एक बार यदि विश्वास टूट जाये तो हर व्यवहार संशयी हो जाता है। एक बार प्रेम में कटुता आ जाये तो सुधार का हर प्रयत्न 'नाटक' लगता है। विश्वास और प्रेम को तोड़ना आसान है, लेकिन जोड़ना अत्यन्त कठिन।

राजभवन के घटनाक्रम ने कैकेयी को अति प्रेम के छोर से हटाकर अति घृणा के छोर तक पहुँचा दिया था। दशरथ के मनोरथ को विफल करना ही उनका एकमात्र लक्ष्य था। इसीलिए प्रतिशोध की आग में जलती कैकेयी चट्टान की तरह अपनी माँग पर अटल बनी रहीं।

देहु कि लेहु अजसु करि नाहीं।
मोहि न बहुत प्रपंच सोहाहीं॥

—या तो मैंने जो माँगा है उसे दीजिए, नहीं तो 'नाही' करके अपयश लीजिए। मुझे बहुत प्रपंच नहीं सुहाते हैं।

कैकेयी दशरथ के पूरे व्यवहार को 'माया' और 'प्रपंच' कह रही हैं। विश्वास जब चालबाजी (माया) और प्रेम जब प्रपंच (बखेड़ा) बन जाये तो समझौते की सारी सम्भावनाएँ क्षीण हो जाती हैं। विश्वास और प्रेम मनुष्य को साथ जीने में सबसे अधिक सहयोगी बनते हैं। माया और प्रपंच मनुष्य को अलग और अकेला करने के लिए सबसे सशक्त साधन हैं।

सदा प्रेमपूर्ण रहनेवाली कैकेयी अब एकदम अलग और अकेली हो गयी हैं। वह दशरथ को ललकारते हुए कह रही हैं कि अगर वर नहीं देना है तो नाहीं कह दो और सारे संसार में अपयश लो। यह एक भावनात्मक चुनौती है। दशरथ जैसे वचनबद्ध और सत्यसन्ध व्यक्ति के लिए यह चुनौती प्राणघातक है। साधारण

व्यक्ति होते दशरथ तो राम जैसे प्रिय पात्र को बचाने का अपयश स्वीकार कर लेते। आजकल के जीवन में इस तरह का व्यवहार सर्वत्र दिखाई दे रहा है। करोड़ों रुपये का घूस लोग बेधड़क ले लेते हैं और भेद खुलने पर बदनामी और जेल सहज में झेल लेते हैं। धन लूटने की होड़ में यश कमाने की कामना क्षीण हो गयी है। इसीलिए व्यक्ति आचरण में बौना होता जा रहा है। बड़े-से-बड़े पदों पर बैठे लोग एवरेस्ट की ऊँचाई नहीं पा रहे हैं। अब व्यक्ति से पद सुशोभित नहीं होता, पद से व्यक्ति की कीमत बढ़ रही है। इसीलिए बौना व्यक्ति पद की पूरी कीमत लूटने के लिए जी-तोड़ प्रयत्न पदासीन रहते हुए करता है। पहले सत्ता और संयम साथ चलते थे, अब सत्ता और सुखोपभोग साथ चलते हैं।

दशरथ ने राम की प्रतिष्ठा के लिए राजनीति अवश्य की थी, लेकिन वे आचरण से बौने नहीं हुए थे। इसीलिए कैकेयी से वह यह कहने की स्थिति में नहीं थे कि हाँ, मैं वन भेजने का वरदान तुम्हें नहीं दूँगा। सत्यसन्ध होने के कारण वह जो दे चुके थे उसे लौटाना अब उनके लिए सम्भव नहीं था। इसीलिए कैकेयी उन्हें ललकार रही थीं।

रामु साधु तुम्ह साधु सयाने।
राममातु भलि सब पहिचाने॥

—राम साधु हैं, आप सयाने साधु हैं और राम की माता भी भली हैं; मैंने सबको पहचान लिया है।

कैकेयी के निशाने पर तीन लोग ही थे—राम, दशरथ और कौसल्या। अत: वे तीनों को एक साथ लपेटती हैं। कैकेयी जोर देकर कहती हैं कि मैंने आप तीनों को समझ लिया है।

कैकेयी का चरित्र रामकथा में सबसे पीड़ादायी है। वाल्मीकि से लेकर तुलसी तक किसी ने भी अपनी रामायण में यह खुलासा नहीं किया है कि भरत को राम के राज्याभिषेक के समय क्यों नहीं बुलाया गया? क्यों कैकेयी को यह समाचार मन्थरा से मिला? क्यों यह समाचार आम जनता को पहले मिल गया और महाराज दशरथ की परम प्रिया रानी को सबसे बाद में मिला? क्यों वसिष्ठ या राम ने यह सुझाव दशरथ को नहीं दिया कि भरत को बुला लिया जाये? राज्याभिषेक दो-चार दिन बाद होता तो क्या पहाड़ टूट पड़ता? आखिर दशरथ की मृत्यु पर तो भरत झटपट आये ही।

घटनाक्रम में बड़ी विभिन्नता है। आइए, इस पर दृष्टि दौड़ाते चलें। तुलसी रामायण के अनुसार राजा दशरथ ने सोचा कि अब राम को युवराज बना देना

चाहिए। वे गुरु वसिष्ठ के पास गये। उन्होंने भी स्वीकृति दे दी। फिर राजा ने मन्त्रियों से स्वीकृति ली। अब राज्याभिषेक की तैयारी होने लगी। समूची अयोध्या में समाचार फैल गया।

सुनत राम अभिषेक सुहावा।
बाज गहागह अवध बधावा॥

—राम के राज्याभिषेक की सुहावनी खबर सुनते ही अवध भर में बड़ी धूम से बधावे बजने लगे।

सारी अयोध्या आनन्द में डूब गयी। हर हृदय में उल्लास छा गया। अयोध्या के सर्वप्रिय युवराज सिंहासन पर बैठेंगे, यह जानकर सबका मन उमंग से भर उठा। आनन्द का यह समाचार अयोध्या के कोने-कोने में फैल गया।

एहि अवसर मंगलु परम सुनि रहँसेउ रनिवासु।
सोभत लखि बिधु बढ़त जनु बारिधि बीचि बिलासु॥

—उसी समय यह परम मंगल समाचार सुनकर सारा रनिवास हर्षित हो उठा। जैसे चन्द्रमा को बढ़ते देखकर समुद्र में लहरों का विलास सुशोभित होता है।

रनिवास के भीतर कौन कितना प्रसन्न है, इसका भी वर्णन किया गया है।

चौकें चारु सुमित्राँ पूरी।
मनिमय बिबिध भाँति अति रूरी॥
आनँद मगन राम महतारी।
दिए दान बहु बिप्र हँकारी॥

—सुमित्रा ने मणियों के बहुत प्रकार के अत्यन्त सुन्दर चौक पूरे। आनन्द में मग्न हुई श्रीराम की माता कौसल्या ने ब्राह्मणों को बुलाकर बहुत दान दिये।

रनिवास के भीतर के आनन्द-उल्लास का चित्रण करते समय कैकेयी का कहीं उल्लेख नहीं किया गया। सारी अयोध्या समाचार पाकर नाच रही है, किन्तु कैकेयी को यह समाचार मन्थरा से मिल रहा है। कैकेयी को क्यों विश्वास में नहीं लिया गया? निश्चित रूप से दशरथ ने राम के राज्याभिषेक में होनेवाले किसी सम्भावित उत्पात से बचने के लिए ही कैकेयी को विश्वास में नहीं लिया था। यद्यपि उन्हें अपने जीवन को खोकर उसकी बड़ी भारी कीमत चुकानी पड़ी, पर जो कीमत कैकेयी ने चुकायी वह अति दारुण थी। वह सदा के लिए कलंकित हो गयीं। दशरथ का जीवनदान कैकेयी की कलंक कथा के सामने बड़ा छोटा बन जाता है।

वाल्मीकि रामायण के अयोध्याकाण्ड के प्रथम से लेकर सातवें सर्ग तक की कथा कहती है कि राजा ने राम को युवराज बनाने का निर्णय स्वयं लिया। फिर

इसके लिए गुरु वसिष्ठ और मन्त्रियों को सहमत किया। आस-पास के सभी राजाओं को विचार-विमर्श के लिए बुलवाया। किन्तु राजा ने केकयराज और जनक को नहीं बुलवाया।

वाल्मीकि ने लिखा—

न तु केकय राजानं जनकं वा नराधिपः।
त्वरया चानयाम पश्चत्तौ श्रोष्यतः प्रियम्॥

—जल्दीबाजी के कारण राजा दशरथ ने केकय नरेश को तथा मिथिलापति जनक को नहीं बुलाया। उन्होंने सोचा कि वे दोनों सम्बन्धी इस प्रिय समाचार को पीछे सुन लेंगे।[१]

गीता प्रेस गोरखपुर ने इस श्लोक के लिए टिप्पणी करते समय लिखा कि ये दो आ जाते तो राज्याभिषेक हो जाता और रावण-वध के कार्य को राम नहीं कर पाते। इसीलिए देवताओं ने राजा की बुद्धि फेर दी।

वाल्मीकि और गीता प्रेस दोनों के कारण में कोई दम नहीं है। इतना ही नहीं, राम ने भी दशरथ से आग्रह नहीं किया कि भरत को बुला लें; जबकि राज्याभिषेक की तैयारी सप्ताह भर से चल रही थी।

इतना ही नहीं, राम राज्याभिषेक की बात सुनकर अपनी माँ का आशीर्वाद लेने जाते हैं। सुमित्रा और लक्ष्मण वहाँ पहले ही पहुँच गये हैं। राम अपनी माँ को प्रणाम करते हैं और लक्ष्मण से प्रेमपूर्वक बात करते हैं। लेकिन राम यह शुभ समाचार सुनाने और आशीर्वाद लेने कैकेयी के पास नहीं जाते। यह बड़ी अबूझ स्थिति है। इस पर सभी मौन हैं।[२]

इन सब तथ्यों को देखकर कैकेयी को बहुत बड़ा दोषी मानने में समझदार व्यक्ति को संकोच होता है। कैकेयी जब यह कहती हैं कि मैं अच्छी तरह समझ गयी कि तुम, राम और कौसल्या कितने साधु हो, तो यह तर्कहीन कथन नहीं है। इसमें दम है। राजा दशरथ यदि सचमुच अच्छे थे तो भरत को बुलाने के लिए दूत भेजते, राम यदि सचमुच अच्छे थे तो भरत को बुलाने का राजा दशरथ से आग्रह करते। कौसल्या यदि सचमुच अच्छी थीं तो अपने आनन्द-उत्सव में सुमित्रा की तरह कैकेयी को भी शामिल कर लेतीं। लेकिन यह सब कुछ नहीं हुआ। यही राम कथा का सबसे पीड़ादायी पक्ष है।

---

१. वाल्मीकि रामायण, अयोध्याकाण्ड, प्रथम सर्ग, श्लोक ४८
२. वाल्मीकि रामायण, अयोध्याकाण्ड, चतुर्थ सर्ग

इस पूरे प्रकरण को देखकर मेरा यह विश्वास दृढ़ बनता है कि यदि अयोध्या के राजभवन में भरत नहीं होते तो रामायण रामकथा की दिव्य और वन्दनीय धरोहर नहीं बनती। सम्बन्धों की प्रतिष्ठा के लिए महिमावान् भरत ने जिस तरह से सिंहासन को ठुकराया वह विश्व इतिहास में मानव के उदात्त आचरण की दुर्लभ मिसाल है। भरत ने न केवल अपने कलंक को ही धोया अपितु राम के बलिदान को भी यशस्वी बनाया। मेरे विचार से रामकथा अपनी सनातनता और दिव्यता के लिए जितनी भरत की ऋणी है उतनी राम की भी नहीं। रामचरितमानस के अयोध्याकाण्ड में भरत को अपार गौरव देकर तुलसीदासजी ने भरत के इस ऋण को चुकाया है।*

पूरे प्रसंग के विश्लेषण से यही पता चलता है कि दशरथ के मन में खोट थी। इसमें राम और कौसल्या का कितना हाथ था, कहना कठिन है। रामचरितमानस में राम बड़े प्रेमभाव से भरत के आगमन की कामना करते हैं। लेकिन जाने क्यों, भरत को राज्याभिषेक का सन्देश भिजवाने की पहल नहीं करते हैं। इन सबके कारण कैकेयी क्रुद्ध हो उठी हैं। दशरथ ने स्वयं को लेकर, राम और कौसल्या को लेकर जो सफाई दी थी उसे कैकेयी ने एकदम से खारिज कर दिया। उसे उन्होंने दशरथ का एक और हथकण्डा माना। इसीलिए आहत कैकेयी कहती हैं—

जस कौसिलाँ मोर भल ताका।
तस फलु उन्हहि देउँ करि साका॥

—कौसल्या ने जैसा मेरा भला चाहा है, मैं भी साका करके (याद रखने योग्य) उन्हें वैसा ही फल दूँगी।

अयोध्या के राजपरिवार में कैकेयी ने अपने तीन शत्रुओं के नामों को चिह्नित किया। इन तीनों को किसी भी तरह से वह क्षमा करने के लिए तैयार नहीं थीं। दुर्भाग्य की बात यह थी कि वह उत्पात की जड़ दशरथ को नहीं, कौसल्या को मान रही थीं; क्योंकि मन्थरा ने उन्हें ऐसी ही सीख दी थी। इस सीख के पीछे एक तर्कसंगत कारण है। कैकेयी अयोध्या के राजपरिवार में दशरथ और राम को सर्वाधिक प्यार करती थीं। वे मन्थरा के कहने पर भी दशरथ और राम के विरुद्ध नहीं जा सकीं। लेकिन जैसे ही मन्थरा ने यह उद्घाटन किया कि राम के राजा बनते ही कौसल्या उनकी छाती पर मूँग दलेगी, कैकेयी 'सौतिया डाह' से काँप उठीं।

---

* भरत के परम पावन चरित्र के रसास्वादन के लिए प्रभात प्रकाशन द्वारा प्रकाशित लेखक की पुस्तक 'भरत गुन गाथा' पढ़िए।

वर्तमान सन्दर्भ में कैकेयी के मन में कौसल्या के प्रति ज्यादा मलाल है। अतः वे किसी भी कीमत पर कौसल्या को छोड़ने के लिए तैयार नहीं हैं।

होत प्रातु मुनिबेष धरि जौं न रामु बन जाहिं।
मोर मरनु राउर अजस नृप समुझिअ मन माहिं॥

—सवेरा होते ही मुनि का वेश धारण कर यदि राम वन को नहीं जाते, तो हे राजन्! मन में (निश्चय) समझ लीजिए कि मेरा मरना होगा और आपका अपयश।

अन्ततः कैकेयी ने अपने निर्णय की घोषणा कर दी। दशरथ इसी वरदान को देने से कतरा रहे थे। भरत को राजा बनाने की स्वीकृति उन्होंने पहले ही दे दी थी। लेकिन कैकेयी को भरत के राजा बनने से ही सन्तोष नहीं था। कैकेयी का लक्ष्य केवल भरत को सिंहासन पर प्रतिष्ठित करना ही नहीं था, वह अब दशरथ, राम और कौसल्या को भी दण्डित करना चाहती थीं। राम को वनवास देनेवाले वरदान से यह काम आसानी से पूरा हो रहा था। राम यदि राजपुत्र की तरह बन जाते तो राजभवन का ठाट-बाट जंगल में भी प्रस्थापित किया जा सकता था। तब तो राम का वनवास वन-विहार होता। इसीलिए कैकेयी ने कहा कि राम मुनि की तरह जायें। युवा राजपुत्र को, जो जीवन के आनन्द-भोग के लिए तत्पर है, मुनि का संयम बरतने को कहना एक कठिन दण्ड है। राम इस दण्ड को भोगने के लिए तैयार हो गये, यह उनकी महानता है, लेकिन कैकेयी ने यह दण्ड राम के लिए माँगा, यह उनके प्रतिशोध-प्रेरित आचरण की क्षुद्रता है।

कैकेयी जिस निर्दयता के साथ राम को दण्ड दे रही हैं उससे उनके मन की कटुता की साफ झलक मिल रही है। राम के बहाने वह राम, कौसल्या और दशरथ तीनों को दण्ड दे रही हैं। कौन नव-विवाहित राजपुत्र राजभवन के सुख-वैभव को छोड़कर मुनि वेश में जंगल में चौदह वर्ष भटकना चाहेगा? कौन माँ अपने सर्व ऐश्वर्य-सम्पन्न पुत्र को वन में भटकने के लिए भेजना चाहेगी? कौन पिता राज-सिंहासन पर बैठने के लिए तत्पर पुत्र को दीन-हीन स्थिति में वन में रहने को भेजना चाहेगा?

कैकेयी चाहती थीं कि चौदह वर्ष तक राम वनवासी बनकर और दशरथ एवं कौसल्या अयोध्यावासी रहकर इस बात के लिए रोते रहें कि कैकेयी के साथ छल करने से उन्हें भरपूर दण्ड मिला है। तीनों को लम्बे समय तक दुःख में रखकर कैकेयी परम सुख प्राप्त करना चाहती थीं।

राम, दशरथ और कौसल्या तीनों के लिए यह दण्ड बहुत बड़ा था। यह सम्भव था कि कैकेयी के हठ को देखकर दशरथ पलट जाते। वह कैकेयी को धता

बताकर राम को राजगद्दी दे देते, भरत और कैकेयी दोनों को वनवासी बना देते, जेल में डाल देते। पूरी अयोध्या उनके निर्णय से प्रसन्न होती।

ऐसी सम्भावनाओं को भाँपकर ही कैकेयी ने अन्तिम बाण छोड़ा। उन्होंने कहा कि यदि मुझे वर नहीं दिया गया तो मैं प्राण त्याग दूँगी और राजा को अपयश मिलेगा। अपनी प्रिया कैकेयी और अपने वचन को प्रेम करनेवाले दशरथ के लिए यह धमकी बहुत मायने रखती थी।

कैकेयी का यह वरदान बड़ा जोखिम भरा था। इसीलिए वह राजा से कहती हैं कि खूब सोच-विचारकर देख लीजिए। यदि आपने मुझे वरदान नहीं दिया तो मैं प्राण त्याग दूँगी और आपको अपयश लगेगा। स्थिति बड़ी भयानक थी। यदि राजा वरदान देने से पीछे हट जाते तो कैकेयी मरतीं और यश मिटता। किन्तु यदि राजा वरदान दे देते हैं तो राजा मरते और यश बढ़ता। सौदा बड़ा महँगा और कीमती था। एक जीवन जाने से यश जाता और एक जीवन जाने से यश आता। साधारण मनुष्य की तरह दशरथ व्यवहार करते तो अपना जीवन बचाते और यश खो देते, पर उन्होंने ऐसा नहीं किया। अपने जीवन को खोकर यश को बचाने का प्रयत्न किया।

अस कहि कुटिल भई उठि ठाढ़ी।
मानहुँ रोष तरंगिनि बाढ़ी॥

—ऐसा कहकर कुटिल कैकेयी उठ खड़ी हुई, मानो क्रोध की नदी उमड़ी हो।

उठ खड़े होने का अर्थ यह है कि अपनी तरफ से कैकेयी ने बात समाप्त कर दी। अब कहने-सुनने और समझने के लिए कुछ बचा ही नहीं है। उठ खड़ी होते समय कैकेयी क्रोध से भरी हुई थीं। लगता था जैसे क्रोध की नदी उमड़ रही हो।

पाप पहार प्रगट भइ सोई।
भरी क्रोध जल जाइ न जोई॥

—वह नदी पाप रूपी पहाड़ से प्रकट हुई है और क्रोध रूपी जल से भरी हुई है। ऐसी भयानक है कि देखी नहीं जाती।

सन्त और शास्त्र कहते हैं कि क्रोध पाप का मूल है। यहाँ उलटा कहा जा रहा है। तुलसीदासजी कहते हैं कि पाप मूल है क्रोध का। कैकेयी के पाप से क्रोध की नदी बह रही है। पाप और क्रोध कार्य-कारण रूप हैं। क्रोध से पाप उत्पन्न होता है और पाप से ही क्रोध जनमता है। कैकेयी का स्वरूप पापमय बन गया है, इसीलिए क्रोध की भयानक नदी बह रही है। यह नदी बहुतों को डुबाती हुई चलेगी।

जब पुण्य के पहाड़ से प्रेम की नदी बहती है तो वह जीवन-मैदान को

सींचकर उर्वर और हरित बनाती है। लेकिन जब पापमय पहाड़ से निकलती है तो क्रोध-जल से वातावरण को जला डालती है।

दोउ बर कूल कठिन हठ धारा।
भवँर कूबरी बचन प्रचारा॥
ढाहत भूपरूप तरु मूला।
चली बिपति बारिधि अनुकूला॥

—दोनों वरदान नदी के दो किनारे हैं, कैकेयी का कठिन हठ ही उसकी तीव्र धारा है और कुबरी के वचनों की प्रेरणा ही भँवर है। वह नदी राजा दशरथ रूपी पेड़ को जड़ सहित ढहाती हुई विपत्ति रूपी समुद्र की ओर चली है।

यह चौपाई यह भविष्यवाणी करती है कि अब अयोध्या में सुख-शान्ति का होना कठिन है। दोनों वरदानों के मजबूत किनारों के बीच बहनेवाली कैकेयी के क्रोध रूपी हठ की धारा बड़ी प्रबल है। मन्थरा की मन्त्रणा ने भँवर का काम किया है। परिणामत: राजा दशरथ का पूरा अस्तित्व ही जड़ समेत उखड़ गया है और वे विपत्ति के भारी समुद्र में समाने वाले हैं।

पारिवारिक जीवन का मूल मन्त्र है एक-दूसरे के लिए त्याग। जब हर व्यक्ति अपने सुख की चिन्ता करने लगता है तो संकट की घड़ी आती है। स्व-सुख में हठ प्रबल होता है और सर्वसुख में प्रेम। कैकेयी ने अपने हठ से प्रेम को खण्डित कर दिया था। इसीलिए अयोध्या में हाहाकार मचा हुआ है।

लखी नरेस बात फुरि साँची।
तिय मिस मीचु सीस पर नाची॥

—राजा ने समझ लिया कि बात सचमुच सच्ची है। स्त्री के बहाने मेरी मृत्यु ही सिर पर नाच रही है।

कैकेयी के प्रबल हठ को देखकर राजा ने समझ लिया कि अब बचाव के लिए कुछ भी नहीं किया जा सकता है। निश्चित रूप से कैकेयी के बहाने ही मेरी मृत्यु लिखी है। राजा भयभीत हो उठते हैं। अभी तक उन्हें विश्वास था कि भरत को राज्य दे देने से कैकेयी समझौता कर लेंगी, लेकिन अब उन्हें लगा कि कैकेयी दावानल बनकर खड़ी हो गयी है। इसमें सबका दाह हुए बिना छुट्टी नहीं मिल सकती।

ऐसी गम्भीर स्थिति में विनय व्यर्थ हो जाने पर राजा कैकेयी के सामने हाथ जोड़कर गिड़गिड़ाने लगते हैं।

गहि पद बिनय कीन्ह बैठारी।
जनि दिनकर कुल होसि कुठारी॥

—राजा ने चरण पकड़कर कैकेयी को बिठाकर विनती की कि तू सूर्यकुल रूपी वृक्ष के लिए कुल्हाड़ी मत बन।

राजा का पाँव पकड़कर विनय करना अपना मान-सम्मान दाँव पर लगाना है। श्रेष्ठ लोग सम्मान और शील की रक्षा के लिए गिड़गिड़ाते हैं और साधारण लोग प्राण की रक्षा के लिए। कैकेयी ने दशरथ के शील-सम्मान को दाँव पर लगा दिया था। चारों तरफ घोषणा हो चुकी है कि राम सिंहासन पर बैठेंगे। अब किस मुख से दशरथ कहेंगे कि राम वनवासी होंगे। दशरथ का प्रताप कितना लांछित और धूल-धूसरित होगा। इसलिए झझककर उठी हुई कैकेयी को राजा शान्त करने के लिए बैठाते हैं और अन्तिम प्रार्थना करते हैं कि सूर्यकुल की मर्यादा नष्ट करने के लिए तू कुल्हाड़ी मत बन।

जब मनुष्य आचरण में पतित होता है तब उसे कुल की मर्यादा की याद दिलायी जाती है। मानव जीवन के उत्थान में कुल-परम्परा का बड़ा महत्त्व है। जिस आचरण से कुल की मर्यादा बढ़े उसी को करना उचित माना गया है। महाराज दशरथ का कुल सूर्यवंश से जुड़ा है। इस वंश में एक-से-एक मर्यादा और शील के चरित्र पैदा हुए हैं। ऐसे कुल में रहकर पतित आचरण करना किसी तरह भी योग्य नहीं है। महाराज दशरथ कैकेयी को हीन आचरण से बचाने के लिए एक और प्रस्ताव करते हैं।

मागु माथ अबहीं देउँ तोही।
राम बिरहँ जनि मारसि मोही॥

—तू मेरा मस्तक माँग ले, मैं तुझे अभी दे दूँ। पर राम के विरह में मुझे मत मार।

सन्ताप में फँसे दशरथ पहले स्वयं के बलिदान की बात करते हैं। कहते हैं कि मेरा सिर तू काट ले, लेकिन राम के विरह में मुझे मत मार। धर्म-संकट में फँसे पिता की यह करुण पुकार है। परम प्रिय पुत्र की सुरक्षा के लिए वह बलिदान होना चाहते हैं। राम को खोकर मरना उन्हें वरेण्य नहीं है। वह स्वयं को खोकर राम को बचाना चाहते हैं। परन्तु हाय रे नियति! दशरथ ने राम को भी खोया और स्वयं को भी।

अपने अन्तिम प्रयत्न के रूप में दशरथ कैकेयी से कहते हैं कि राम वनवास से केवल मैं ही सन्तप्त नहीं हूँगा, तू भी बहुत कुछ खोयेगी।

राखु राम कहुँ जेहि तेहि भाँती।
नाहिं त जरिहि जनम भरि छाती॥

—जिस किसी प्रकार से हो, तू राम को रख ले। नहीं तो जनम भर तेरी

छाती जलेगी।

क्रोध और प्रतिशोध की मूर्ति बनी कैकेयी से दशरथ अन्तिम निवेदन करते हुए कह रहे हैं कि हर सम्भव तरीके से पुण्यात्मा राम को वनवास का दुःख देने से बचाना है। यदि तू नहीं बचायेगी तो जीवन भर पछतायेगी। तेरी छाती में जन्म-जन्मान्तर तक पश्चात्ताप की आग सुलगती रहेगी। दशरथ के इस कथन में बड़ा बल है। दुष्ट को दण्ड देना न्याय है, लेकिन साधु को दण्ड देना पाप बुद्धि का दुष्कर्म है। राम जैसे साधु पर प्रहार करके कोई कभी सुखी नहीं रह सकता, यही सत्य कैकेयी को दशरथ समझाना चाहते हैं।

इतना सबकुछ सुनने के बाद भी कैकेयी मौन ही रहीं। उन्होंने भाव परिवर्तन का तनिक भी संकेत नहीं दिया। राजा ने अपने को नितान्त हताश और निराश पाया।

देखी ब्याधि असाध नृपु परेउ धरनि धुनि माथ।
कहत परम आरत बचन राम-राम रघुनाथ॥

—राजा ने देखा कि रोग असाध्य है, तब वे अत्यन्त आर्त वाणी से 'हा राम! हा राम! हा रघुनाथ!' कहते हुए सिर पीटकर जमीन पर गिर पड़े।

यह एक भावनात्मक क्षण था जब महारानी कैकेयी अपने क्रोध को छोड़कर परम सन्तप्त और व्याकुल पति को सँभालतीं और समस्त पाप कथा को पुण्य कथा में बदल देतीं। पर यह उनसे सम्भव नहीं हुआ। यहाँ भी वे चूक गयीं। विधि का यह विचित्र विधान है कि जैसे जीवन में गिरने के अवसर आते हैं, वैसे ही उठने के भी। यह मनुष्य पर निर्भर है कि वह ऐसे अवसरों का कैसे उपयोग करता है।

स्वामी रामकृष्ण परमहंस के सम्पर्क में आनेवाले अनेक युवकों में दो उन्हें बड़े प्रिय थे। एक नरेन्द्र और दूसरे भवनाथ। रामकृष्ण कहा करते थे कि नरेन्द्र में पुरुष भाव हैं और भवनाथ में प्रकृति। पर दोनों का दर्जा बहुत ऊँचा है। किन्तु इतिहास जानता है कि नरेन्द्र विवेकानन्द बनकर अमर हो गये और भवनाथ विवाह करके संसार में खो गये। उन्हें कोई जानता ही नहीं है। गुरु एक था, प्रभाव अलग पड़े। नरेन्द्र ने रामकृष्ण के संसर्ग के अवसर का लाभ उठाया, पर भवनाथ चूक गये।

सिद्ध योग के प्रसिद्ध गुरु स्वामी मुक्तानन्द ने अपने गुरु स्वामी नित्यानन्द के संसर्ग में आये एक व्यक्ति का उल्लेख किया है। रोदक्या नामक लड़का गणेश पुरी के आश्रम में रहता था। बाबा नित्यानन्द उसे बहुत प्यार करते थे। आश्रम में आये चढ़ावे का वही वितरण करता था। खूब खा-पीकर मोटा-तगड़ा भी हो गया था। वह रोज आश्रम के पास की नदी में मछली मारा करता था। बाबा किसी

काम के लिए पुकारते तो वह गायब मिलता। लोग बाबा से कहते कि वह तो मछली मारने गया है।

कई वर्षों तक रोदक्या बाबा नित्यानन्द के अत्यन्त निकट रहा, पर बाबा की कृपा का प्रसाद न पा सका। बाबा की महासमाधि के बाद वह फूल बेचकर अपना जीवन चलाता रहा।

कैसी अजीब बात है कि जिस गुरु को पाकर स्वामी मुक्तानन्द धन्य हो गये, महान् योगी बन गये, उसी गुरु के पास रहकर रोदक्या अत्यन्त दीन-हीन ही रहा। अवसर खो देनेवालों का जीवन इसी तरह व्यर्थ हो जाता है।

कैकेयी ने एक बार फिर अवसर खोया। वह धरती पर व्याकुल होकर गिरे शोक-सन्तप्त पति को गले से नहीं लगा सकीं। उलटे उन्होंने और कठोर शब्द-बाण उनपर चलाये।

पुनि कह कटु कठोर कैकेई।
मनहुँ घाय महुँ माहुर देई॥

—कैकेयी फिर कड़वे और कठोर वचन बोलीं, मानो घाव में जहर भर रही हों।

क्रोध करना उतना बुरा नहीं जितना कि क्रोध में समस्त मर्यादाओं का त्याग कर देना। एक शीलवान् और प्रेमपूर्ण पत्नी के लिए पति का आदर-सम्मान सर्वोत्तम गुण माना गया है। कठिन-से-कठिन क्षण में भी इस सम्मान की रक्षा करने के लिए कहा गया है। कैकेयी इस आदर्श की रक्षा नहीं कर पायीं। वह निराश-हताश दशरथ को और भला-बुरा कहने लगीं।

जौं अंतहुँ अस करतबु रहेऊ।
मागु मागु तुम्ह केहिं बल कहेऊ॥

—जो अन्त में ऐसा ही करना था तो आपने माँगो, माँगो किस बल पर कहा था।

दशरथ के हृदय को सहलाने के बजाय कैकेयी कोंचने लगीं। उन्होंने ताना मारा—यदि यही नाटक करना था तो वरदान माँगने के लिए ही क्यों कहा? और अब यदि वर देने के लिए वचन दे दिया है तो उसे देने की तैयारी दिखाओ। रो-धोकर झंझट क्यों बढ़ा रहे हो।

दुइ कि होइ एक समय भुआला।
हँसब ठठाइ फुलाउब गाला॥
दानि कहाउब अरु कृपनाई।
होइ कि खेम कुसल रौताई॥

—हे राजा! ठहाका मारकर हँसना और गाल फुलाना क्या दोनों एक साथ हो सकते

हैं ? दानी भी कहाना और कंजूसी भी करना। क्या रजपूती में क्षेम-कुशल भी रह सकती है ? (लड़ाई में बहादुरी भी दिखायें और कहीं चोट न लगे।)

क्रूर मनुष्य कितना कटु और कठोर बोल सकता है, इसका साक्षात् उदाहरण कैकेयी के ये वचन हैं। वह दशरथ को दार्शनिक ढंग से समझा रही हैं कि दो विपरीत कर्म एक साथ नहीं हो सकते। हँसते समय गाल नहीं फुलाया जा सकता। कंजूसी करके दान नहीं दिया जा सकता और बिना घायल हुए युद्ध में वीरता नहीं प्रदर्शित की जा सकती। कैकेयी चाहती हैं कि दशरथ मन की द्विविधा को त्यागें और एक स्पष्ट निर्णय लें। इस निर्णय के लिए दशरथ को तैयार करने के लिए वे बड़ी कठोर और तिरस्कारपूर्ण वाणी का प्रयोग कर रही हैं।

छाड़हु बचनु कि धीरजु धरहू।
जनि अबला जिमि करुना करहू॥

—या तो वचन ही छोड़ दीजिए, या धैर्य धारण कीजिए। यों असहाय स्त्री की भाँति रोइए-पीटिए नहीं।

अपने स्वार्थ के लिए कैकेयी बार-बार दशरथ के सत्त्व को ललकार रही हैं। श्रेष्ठ पुरुषों के लिए शील की चुनौती सबसे असह्य होती है। इसीलिए बार-बार कैकेयी दशरथ के शील को छेड़ते हुए कह रही हैं कि धैर्यपूर्वक साहस दिखाते हुए वचन पूर्ण कीजिए या वचन को छोड़ दीजिए। स्त्रियों की तरह विलाप मत कीजिए।

परम्परा से यह माना जाता रहा है कि दुःख पड़ते ही बिलख पड़ना स्त्री का गुण है और संकट का वीरतापूर्वक सामना करना पुरुष का गुण है। इसी की याद कैकेयी बड़े तिरस्कारपूर्वक दशरथ को करा रही हैं। इतनी कठोर और कटु भाषा का प्रयोग दशरथ के जीवन में शायद ही कभी किसी ने किया हो। परम प्रतापी दशरथ के लिए यह सबसे दारुण घड़ी थी। कैकेयी जैसी पत्नी से इतना गर्हित तिरस्कार उन्होंने कभी सोचा ही नहीं था।

आह! कैकेयी इतना तिरस्कार करके ही नहीं रुकीं। उन्होंने एक और कठोर प्रहार किया।

तनु तिय तनय धामु धनु धरनी।
सत्यसंध कहुँ तृन सम बरनी॥

सत्यव्रती के लिए तो शरीर, स्त्री, पुत्र, घर, धन और पृथ्वी सब तिनके के बराबर कहे गये हैं।

यदि शुभ समय में कैकेयी इस सूक्ति का सहारा लेतीं तो दशरथ धन्य हो उठते, द्विविधा में पड़ा उनका मन परम आनन्दित हो उठता। वह अपनी प्रिया को

हृदय से लगाकर भाव-विभोर हो उठते। किन्तु आह! इस परम प्रेरक सूक्ति का उपयोग स्वार्थ-सिद्धि के लिए कर रही हैं कैकेयी। जब श्रेष्ठ आदर्शों का उपयोग स्वार्थ के लिए किया जाता है, तब जीवन में विराट् का जन्म नहीं होता। ठग प्राय: सन्त वचन बोलते हैं, पर वे वन्दनीय नहीं बन पाते। ढोंगी बड़ी मालाएँ पहनता है, माथे पर रंग-बिरंगा तिलक लगाता है, पर वह कभी श्रद्धास्पद नहीं बन पाता है।

श्रेष्ठ आदर्श जीवन को उन्नत बनाने के लिए होते हैं, पतित जीवन के कलुष को छिपाने के लिए नहीं। जब चोर यह कहता है कि मुझसे रामजी चोरी करवा रहे हैं, क्योंकि बिना उनकी इच्छा के पत्ता ही नहीं हिलता, तो वह दार्शनिक सत्य का उद्घोष करके भी शंकराचार्य की गरिमा नहीं पाता है। जगत् जानता है कि अपना पाप छिपाने के लिए चोर लम्बी-चौड़ी हाँक रहा है।

कैकेयी अपने स्वार्थ की सिद्धि के लिए दशरथ को शास्त्र-वचन की याद दिला रही हैं। यह एक जघन्य कृत्य है।

सत्यव्रती व्यक्ति की महिमा का बखान करके कैकेयी अपने स्वार्थ को सिद्ध करने में लगी हुई हैं। स्वार्थी व्यक्ति बिना किसी हित-अनहित की चिन्ता किये अपने स्वार्थ को पूरा करना चाहता है। ऐसे व्यक्ति बड़े खतरनाक होते हैं। कितनी भयानक बात है कि अपने स्वार्थ के लिए कैकेयी निस्संकोच दशरथ से कहती हैं कि यदि वचन को निभाने के लिए शरीर भी छोड़ना पड़े तो छोड़ दीजिए। कैसी विचित्र बात है। हमारी संस्कृति कहती है कि पति से ही पत्नी सौभाग्यवती बनती है। पर यहाँ कैकेयी स्वार्थ के लिए सौभाग्य को दाँव पर लगा रही हैं। प्रतिशोध में व्यक्ति कितना पतित हो जाता है।

मुझे लगता है कि कैकेयी ने संस्कृति की सारी सीख को भुला दिया है। निश्चित रूप से कैकेयी को आशीर्वाद देनेवाले लोगों ने हजारों बार कहा होगा—सौभाग्यवती भव! इसका साफ अर्थ है कि तुम्हारा पति जीवित रहे। हमारी संस्कृति में श्रेष्ठ जीवन-मूल्यों को सहज ढंग से जन-मन में बैठाने का प्रयत्न किया गया है। इसीलिए आशीर्वाद में भी कुछ मूल्य छिपे हुए हैं। हमारे ऋषि चाहते थे कि आशीर्वादों को लेते-देते समय हम उन मूल्यों को याद करें। पर कठिनाई यह है कि मनुष्य प्राय: मूल्यों के मूल्य को भूलकर केवल रस्म अदायगी करता है।

सामाजिक संरचना को देखते हुए स्त्री-पुरुष के आशीर्वादों में अन्तर रखा गया है। विवाहित स्त्री को आशीर्वाद देते हुए कहा जाता है कि सौभाग्यवती भव और विवाहित पुरुष के लिए कहा जाता है—चिरंजीवी भव! समाज की व्यवस्था पुरुष-प्रधान होने के कारण स्वाभाविक रूप से ऋषियों ने स्त्री के सौभाग्य को पुरुष

की आयु से जोड़ा। तात्पर्य यह था कि यदि स्त्री को अपने सौभाग्य को कायम रखना है तो अपने पति की आयु को बढ़ाने का प्रयत्न करना चाहिए।

आशीर्वाद में यह नहीं कहा गया कि स्त्री के चिरंजीवी होने से पुरुष का सौभाग्य बढ़ेगा। इसीलिए विवाहों के निमन्त्रण में प्राय: वर के लिए लिखा जाता है चिरंजीवी और वधू के लिए लिखा जाता है—सौभाग्याकांक्षिणी! आशीर्वाद की इस संरचना के पीछे भाव यही था कि पुरुष-प्रधान समाज में पति का दीर्घ जीवन ही पत्नी के सौभाग्य की गारण्टी हो सकता है। किन्तु इस भाव को भूलकर कैकेयी अपने सौभाग्य को खोने की तैयारी कर रही हैं। सबसे पीड़ादायी बात यह है कि वे स्वयं ही अपने पति को बलि चढ़ने के लिए प्रेरित कर रही हैं।

कैकेयी कहती हैं कि सत्यसन्ध व्यक्ति के लिए संसार के सारे आकर्षण अपने सत्यव्रत को निभाते समय व्यर्थ हो जाते हैं। उन्होंने इस सन्दर्भ में छह चीजों को गिनायां है—तीन जीवन्त और तीन जड़। जीवन्त चीजों में शरीर, स्त्री और सन्तान को रखा गया है। दशरथ के सामने ये ही तीन कारक थे, जो उन्हें सत्यव्रत निभाने से रोक सकते थे।

पहला कारक है—शरीर। शरीर के प्रति मनुष्य का आकर्षण और लगाव बहुत अधिक होता है। इसी को कम करने के लिए बार-बार शास्त्रों ने उद्घोष किया कि हम शरीर नहीं हैं। किन्तु विचित्र बात यह है कि लोग इस उद्घोष के बाद भी शरीर से जुड़े ही रहे। कारण साफ है। संसार के सुखों का उपयोग करने के लिए शरीर ही एकमात्र सशक्त साधन है। इसं संसार का सुख और स्वाद मात्र आत्मा से नहीं लिया जा सकता। इसके लिए शरीर परम आवश्यक है।

मुझे एक कथा याद आती है। एक साधु मर रहे थे। उन्होंने अपने प्रिय शिष्य को बुलाया और कहा, 'मैं आज शाम को देह त्याग दूँगा। कुछ दुष्कर्मों के कारण मैं कुछ दिनों के लिए कीड़ा बनूँगा। पर कीड़े के शरीर में रहना मुझे पसन्द नहीं है। अत: तुम मुझे भार देना, जिससे मैं कीड़े के शरीर से मुक्त हो जाऊँ।'

शिष्य ने चकित भाव से पूछा, 'महाराज, मैं कैसे जानूँगा कि आपने किस कीड़े के रूप में जन्म लिया है?'

गुरु ने कहा, 'चिंता न करो। जब एक कीड़ा बार-बार तुम्हारी तरफ आये तो समझना कि मैं ही आ रहा हूँ।'

शाम को गुरु का देहान्त हो गया। क्रिया-कर्म के बाद शिष्य प्रतीक्षा करने लगा कि कब गुरुजी कीड़े के रूप में मिलेंगे। दो-चार दिन बाद उसने देखा कि एक कीड़ा बार-बार उसके पास आ रहा है। शिष्य ने गुरु को पहचान लिया। वह

पत्थर लेकर कीड़े को मारने के लिए दौड़ा, पर कीड़ा भाग खड़ा हुआ। शिष्य को बड़ा आश्चर्य हुआ। सोचने लगा कि यदि भागना ही था तो गुरु ने मारने के लिए क्यों कहा?

रहस्य जानने के लिए वह ध्यान में बैठ गया। अचानक उसे लगा कि कीड़ा उससे कह रहा है—मेरे शिष्य! मुझे मत मार। जब मैं मनुष्य था तो मुझे लगता था कि मनुष्य का जीवन ही श्रेष्ठ है, लेकिन अब मुझे लग रहा है कि कीड़े का जीवन भी बुरा नहीं है। इस जीवन में ब्राह्म मुहूर्त में उठने और पूजा-पाठ करने की झंझट नहीं है। कपड़े-लत्ते भी नहीं पहनने पड़ते। स्नान-ध्यान की भी कोई जरूरत नहीं होती। भोजन के लिए घर-घर भटकने या पकाने की भी कोई परेशानी नहीं है। मुझे लग रहा है कि कीड़ा योनि मनुष्य योनि से उत्तम है।

शरीर का बन्धन बड़ा प्रबल है। कीड़ा भी उसे नहीं त्यागना चाहता।

शरीर के बाद स्त्री से मनुष्य की आसक्ति होती है। स्त्री के प्रेम में पड़कर मनुष्य सबकुछ भूल जाता है। सन्त तुलसीदास भी अपनी पत्नी रत्नावली के प्रेम में फँसकर सामाजिक शिष्टाचार को त्यागकर ससुराल पहुँच गये। सांसारिक जीवन में स्त्री-प्रेम प्रभु-प्रेम से भी प्रबल होता है।

पत्नी के बाद मनुष्य सर्वाधिक प्रेम अपनी सन्तान को करता है। सन्तान की सुरक्षा के लिए वह अपना जीवन बलिदान करने के लिए तैयार रहता है।

इन तीन जीवन्त विषयों के साथ-ही-साथ तीन जड़ विषयों के प्रति भी उसका गहरा लगाव होता है। घर, धन और धरती उसे बहुत प्यारे होते हैं। घर से मनुष्य को पारिवारिक प्रेम और सामाजिक सुरक्षा मिलती है, धन से सुख के साधन मिलते हैं और धरती से उसे समर्थ एवं शक्तिशाली होने का बोध मिलता है। कहा जाता है कि जितनी जमीन हो उतना ही मनुष्य भौतिक दृष्टि से सम्पन्न होता है।

जब किसी ऊँचे आदर्श की पूर्ति के लिए मनुष्य इन छह आकर्षणों को छोड़ता है तो वन्दनीय माना जाता है। किन्तु यदि असमर्थता के कारण छोड़ता है तो कमजोर माना जाता है। बीमार व्यक्ति आत्महत्या कर ले तो उसे बलिदान नहीं कह सकते। स्वैराचार के लिए स्त्री का त्याग करना शुभ नहीं कहा जाता। उत्तरदायित्व हीन बनकर पुत्र का ध्यान न रखना श्लाघ्य नहीं है। घर, धन और धरती को मरने पर छोड़ना त्याग नहीं है।

कैकेयी दशरथ को उच्च आदर्शों के लिए बलिदान होने की बात कह रही हैं। किन्तु इस बलिदान में उनका स्वार्थ छिपा हुआ है। इसीलिए कैकेयी के कथन में प्रेरणा नहीं, क्रूरता दिखाई दे रही है।

मरम बचन सुनि राउ कह कहु कछु दोषु न तोर।
लागेउ तोहि पिसाच जिमि कालु कहावत मोर॥

—कैकेयी के मर्मभेदी वचन सुनकर राजा ने कहा कि तू जो चाहे कह, तेरा कुछ भी दोष नहीं है। मेरा काल मुझे मानो पिशाच होकर लग गया है, वही तुझसे यह सब कहलवा रहा है।

राजा ने अभी तक आशा नहीं छोड़ी है। कैकेयी के शुभ-शील में अभी तक उनका विश्वास बना हुआ है। वे कहते हैं कि मेरा काल पिशाच बनकर तुमसे यह सबकुछ अनर्थ करवा रहा है।

इस कथन का एक अर्थ यह भी हो सकता है कि बड़े लोग सीधे किसी को बुरा नहीं कहते। वे संकेत से समझाते हैं। दशरथ भी कैकेयी पर सीधे दुष्टता का आरोप लगाने के बजाय अपने भाग्य को ही बुरा-भला कहते हैं।

एक ओर कैकेयी जहाँ राजा दशरथ की आशाओं और आकांक्षाओं को चकनाचूर कर रही हैं, दूसरी ओर वहाँ राजा अपने बच्चों को लेकर परम आश्वस्त हैं। उन्हें पता है कि यद्यपि क्रोध और प्रतिशोध में पगी कैकेयी दूर तक नहीं देख पा रही हैं, किन्तु विश्वास और प्रेम में पगे उनके बच्चे निश्चित रूप से दूरदर्शी होंगे।

चहत न भरत भूपतहि भोरें।
बिधि बस कुमति बसी जिय तोरें॥

—भरत तो भूलकर भी राजपद नहीं चाहते। होनहारवश तेरे ही जी में कुमति आ बसी।

जितना विश्वास दशरथ भरत के प्रति दिखा रहे हैं उतना ही विश्वास यदि कैकेयी राम के प्रति दिखा पायी होतीं तो सारा बखेड़ा ही समाप्त हो जाता। विधाता ने सचमुच कैकेयी की बुद्धि पर परदा डाल दिया है।

सो सबु मोर पाप परिनामू।
भयउ कुठाहर जेहिं बिधि बामू॥

—यह बस मेरे पापों का परिणाम है, जिससे कुसमय में विधाता विपरीत हो गया है।

मनुष्य अपने ऊपर आनेवाले सुख-दुःख के आधार पर ही पुण्य-पाप और सुसमय-कुसमय की व्याख्या करता है। यदि उसके पास सुख-दुःख को पहचानने की शक्ति नहीं होती तो वह पशुओं की तरह समभाव से निश्ंचित होकर जीवन जी लेता।

दूसरी बात यह है कि यदि सुख-दुःख को बढ़ाने-घटाने की क्षमता मनुष्य

में स्वयं होती तो वह पाप-पुण्य और विधाता को घास नहीं डालता। कालपाश में बँधा असमर्थ मनुष्य जब स्वयं पर मार पड़ती है तो बलि का बकरा खोजता है। पुण्य-पाप और विधाता का जीवन में यही मोल है। यदि सचमुच वह पाप-पुण्य और परमात्मा में विश्वास करता तो कभी पाप करता ही नहीं।

मनुष्य के भीतर अहं नाम का एक ऐसा तत्त्व है जो उसे परम समर्थ समझने की सीख देता रहता है। जीवन का सारा उत्पात यहीं से आरम्भ होता है। इसीलिए धर्म की वास्तविक यात्रा में अहं को काटने की बात की जाती है।

वेदव्यास के यशस्वी पुत्र शुकदेव महान् ज्ञानी थे। उन्हें अपने महान् होने का अभिमान भी था। जब वे अपने पिता के कहने पर राजा जनक से ब्रह्म विद्या सीखने गये तो राजा ने कहा कि ज्ञान सीखने से पहले आपको गुरुदक्षिणा देनी होगी। शुकदेव तैयार हो गये।

राजा जनक ने कहा—किसी ऐसी वस्तु को खोजकर लाइए जो एकदम बेकार हो। शुकदेव चारों तरफ घूमते रहे। उन्हें एकदम से बेकार कोई चीज नहीं दिखी। वास्तव में परमात्मा के परम प्रतिभावान् होने का यही लक्षण है कि वह बेकार की चीज कभी बनाता ही नहीं है। फिर भी गुरु की आज्ञा के कारण शुकदेवजी खोज रहे थे।

लम्बी खोज यात्रा के कारण वे थककर एक दिन एक स्थान पर बैठे थे। अचानक उन्हें पास में टट्टी दिखाई दी। उन्होंने सोचा, इस बदबूदार टट्टी से बेकार और कुछ भी नहीं है। वे प्रसन्न हुए कि बेकार वस्तु मिल गयी। उन्होंने जैसे ही उसे झुककर उठाना चाहा, टट्टी से एक आवाज आयी—खबरदार, मुझे बेकार समझकर मत उठाना। मुझे बेकार तुम्हारे जैसे मनुष्य ने बनाया है। कुछ घण्टे पहले मैं पूड़ी-सब्जी और मिठाई थी। मुझे टट्टी बनानेवाले तुम स्वयं टट्टी हो।

शुकदेव को धक्का लगा। महाज्ञानी जैसा मूल्यवान् व्यक्ति टट्टी जैसा बेकार। उनका सारा अहंकार पिघल गया। उन्हें यह अनुभव हुआ कि परमात्मा की सृष्टि में कुछ भी बेकार नहीं है। सबका कुछ-न-कुछ मोल है।

जब मनुष्य में सबको मूल्यवान् समझने का विवेक आ जाये तो वह पाप न कर पायेगा। विधाता को किसी दुःख के लिए दोष न दे पायेगा। किन्तु कैकेयी के दुर्व्यवहार से विकल राजा दशरथ सारा दोष अपने पाप कर्मों को दे रहे हैं। सोच रहे हैं कि पाप के कारण ही बुरा समय आया है और विधाता विपरीत हो गया है।

सुबस बसिहि फिरि अवध सुहाई।
सब गुन धाम राम प्रभुताई॥

करिहहिं भाइ सकल सेवकाई।
होइहि तिहुँ पुर राम बड़ाई॥

—(तेरी उजाड़ी हुई) यह सुन्दर अयोध्या फिर भली-भाँति बसेगी और समस्त गुणों के धाम श्रीराम की प्रभुता भी होगी। सब भाई उनकी सेवा भी करेंगे और तीनों लोकों में श्रीराम की बड़ाई भी होगी।

हमारे धर्म ने मनुष्य को यह एक अनमोल विश्वास दिया है कि दुःख के बाद सुख आयेगा। पतन के बाद उत्थान होगा। इसके विपरीत भी सम्भव है कि सुख के बाद दुःख आ जाये। उत्थान के बाद पतन आ जाये। यह चक्रीय है। घूमते हुए पहिये का जैसे हर अंश कभी-न-कभी ऊपर-नीचे आता रहता है उसी तरह यह जीवन भी है। इस विश्वास से ही मनुष्य दुःख के बड़े-से-बड़े दंश को भी सह लेता है। कठिन-से-कठिन अवसाद और विषाद से अपने को उबार लेता है।

इसी विश्वास के बल पर दशरथ को पूरा भरोसा है कि परिस्थितियाँ बदलेंगी। उजड़ी अयोध्या फिर बसेगी। राम फिर सिंहासन पर आसीन होंगे। सभी भाई फिर उनकी सेवा में संलग्न होंगे और राम का यश चन्दन की सुगन्ध की तरह सर्वव्यापी होगा।

अयोध्या की प्रजा, राम और सभी भाइयों के प्रति विधायी रूप से आश्वस्त दशरथ अपने और कैकेयी के प्रति निषेधात्मक रूप से आश्वस्त हैं। उनका विश्वास है कि अयोध्या, राम और सभी भाई इस संकट से उबरकर प्रसन्नता को प्राप्त कर लेंगे; पर कैकेयी के लिए और स्वयं उनके लिए यह संकट भारी पड़ेगा।

तोर कलंकु मोर पछिताऊ।
मुएहुँ न मिटिहि न जाइहि काऊ॥

—केवल तेरा कलंक और मेरा पछतावा मरने पर भी नहीं मिटेगा, यह किसी तरह नहीं जायेगा।

प्रकृति का यह सहज नियम है कि जब बड़े लोग गलतियाँ करते हैं तो उसका कलंक और पछतावा लम्बे काल तक बना रहता है। इसीलिए श्रेष्ठ पुरुषों के लिए कलंक सबसे बड़ा दण्ड है। कैकेयी को इसीलिए दशरथ बार-बार इस तथ्य की ओर आगाह कर रहे है। लेकिन वे अपनी हठधर्मिता के कारण सुनती ही नहीं हैं। इसीलिए दशरथ समझा रहे है कि यह कलंक और पछतावा मरने पर भी नहीं मिटेगा और बाद में भी कभी नहीं नष्ट होगा।

कलंक और पछतावा की बात कहकर दशरथ कैकेयी को भविष्य में दोनों के जीवन में आनेवाले लांछन की बात बता रहे हैं। राम जैसे पुत्र को वनवासी बनाने

का कलंक कैकेयी पर लगेगा और राम को अकारण वनवासी बनाने का पछतावा दशरथ को जन्म भर रहेगा। यदि वरदान पूर्ण हो गये तो दशरथ और कैकेयी दोनों इतिहास के पन्नों में कलंकित चरित्र के रूप में याद किये जायेंगे।

अब तोहि नीक लाग करु सोई।
लोचन ओट बैठु मुहु गोई॥

—अब तुझे जो अच्छा लगे वही कर। मुख छिपाकर मेरी आँखों की ओट जा बैठ। (अर्थात् मेरे सामने से हट जा, मुझे मुख न दिखा।)

बुरे मार्ग पर जा रहे व्यक्ति को समझाना हमारा धर्म है, पर यदि वह न माने तो उसे उसके हाल पर ही छोड़ देने में भलाई है। अपने निर्णय और सीख को किसी पर थोपना उचित नहीं होता है। अन्त में दशरथ ने कैकेयी को उनके हाल पर छोड़ दिया। साफ-साफ कह दिया कि जो इच्छा हो करो।

कैकेयी को स्वतन्त्र छोड़ने के बाद उन्होंने अपने को भी स्वतन्त्र कर लिया। राजा दशरथ का कैकेयी से यह कहना कि तू मेरी आँखों के सामने से हट जा, मुझे अब कभी मुख नहीं दिखाना, अयोध्या के राजभवन के इतिहास की अनोखी और अत्यन्त पीड़ादायी घटना है।

दशरथ हमेशा कैकेयी को अपनी आँखों के सामने रखते थे। आज आँखों से हटाये दे रहे हैं। दशरथ की दृष्टि में कैकेयी का अपराध बड़ा जघन्य है। कोई प्रिय पात्र ऐसे भीषण अपराध के बारे में कल्पना भी नहीं करेगा, जो कैकेयी व्यावहारिक रूप में करने जा रही हैं। इसीलिए दशरथ ने कैकेयी से अपने सारे सम्बन्धों की तिलांजलि दे दी।

जब लगि जिऔं कहउँ कर जोरी।
तब लगि जनि कछु कहसि बहोरी॥
फिरि पछितैहसि अंत अभागी।
मारसि गाइ नहारू लागी॥

—मैं हाथ जोड़कर कहता हूँ कि जब तक मैं जीता रहूँ तब तक फिर कुछ न कहना (अर्थात् मुझसे न बोलना)। अरी अभागिनी! फिर तू अन्त में पछतायेगी जो तू नहारू (ताँत) के लिए गाय को मार रही है।

कैकेयी से अपने आपको पूरी तरह से अलग करते हुए दशरथ यह अन्तिम निवेदन करते हैं। इसमें उनके मन की पीड़ा बसी हुई है। इसमें विषाद से उत्पन्न शाप भी है।

दशरथ के इस भावपूर्ण कथन में दो बातें एकदम स्पष्ट हैं। पहली बात यह

कि अब उनका कैकेयी से कोई नाता नहीं है। दूसरी बात यह कि कैकेयी हठ और क्रोध में घाटे का सौदा कर रही हैं। राम को वनवास देकर जीवन भर के लिए पछतावा और तिरस्कार ले रही हैं। इसके लिए दशरथ एक बड़ा उपयुक्त उदाहरण देते हैं। पुराने जमाने में जानवर की चमड़ी से धागा बनाया जाता था, जो मजबूत सिलाई के काम आता था। इससे लोक वाद्यों की तार भी बनायी जाती थी। यह किसी भी जानवर की चमड़ी से बन सकता था। इसके लिए गाय को मारने की मूर्खता करना अनुचित है। कैकेयी ऐसा ही अनुचित कर्म कर रही हैं। छोटे लाभ के लिए बड़ा अपराध कर रही हैं।

रामकथा के इस मोड़ पर बहुत कुछ दाँव पर लगा है। दशरथ का सत्यव्रत, वचनबद्ध होने का चरित्र और राम के प्रति उनका प्रेम सभी एक साथ उनके मन को मथ रहे हैं। कैकेयी का सौत के प्रति डाह, वर पाने के लिए हठ और राम को अयोध्या से निष्कासित करने का गर्हित संकल्प तनिक भी कमजोर होने की स्थिति में नहीं है।

यह विकट स्थिति है। जो अयोध्या राम के राज्याभिषेक का शंखनाद सुनने के लिए लालायित है उसे ही राम के वनवास के कठोर और कटु आर्तनाद को सुनना पड़ेगा। यह सब सोचकर महाराज विकल हो उठे हैं।

परेउ राउ कहि कोटि बिधि काहे करसि निदानु।
कपट सयानि न कहति कछु जागति मनहुँ मसानु॥

—राजा करोड़ों प्रकार से (बहुत तरह से) समझाकर (और यह कहकर) कि तू क्यों सर्वनाश कर रही है, पृथ्वी पर गिर पड़े। पर कपट करने में चतुर कैकेयी कुछ बोलतीं नहीं। मानो (मौन होकर) मसान जगा रही हों (श्मशान में बैठकर प्रेत मन्त्र सिद्ध कर रही हों)।

जब अपने प्रिय उत्पात करते हैं तो समझदार व्यक्ति उन्हें समझाते हैं। राजा ने हर तरह से कैकेयी को समझाने का प्रयत्न किया। उन्हें सावधान किया कि उनके हठ से सर्वनाश हो जायेगा, लेकिन कैकेयी ने तनिक भी नहीं सुना। राजा हताश होकर पृथ्वी पर गिर पड़े। किन्तु कैकेयी ने अपना मुख नहीं खोला। वह चुपचाप मौन बनी रहीं।

हठधर्मी व्यक्ति जब मौन हो जाता है तो तर्क के सारे द्वार बन्द हो जाते हैं। ऐसे व्यक्ति को किसी तरह से कुछ भी समझाया नहीं जा सकता। कैकेयी को महाराज दशरथ ने बार-बार वरदानों के सुफल और कुफल दोनों के बारे में समझाया। उन्होंने विनम्र भाव से कहा कि वर माँगने से अयोध्या का सर्वनाश होगा और वर

वापस ले लेने से अयोध्या में मंगलगान होगा।

कैकेयी के लिए दोनों विकल्प खुले थे, लेकिन उन्होंने सकारात्मक विकल्प नहीं चुना। इसी कारण राजा हताश हो गये और भूमि पर गिर पड़े।

राम राम रट बिकल भुआलू।
जनु बिनु पंख बिहंग बेहालू॥

—राजा राम-राम रट रहे हैं और ऐसे व्याकुल हैं जैसे कोई पक्षी पंख के बिना बेहाल हो।

जब परिस्थितियाँ समर्थ मनुष्य को असमर्थ कर दें तो बड़ी पीड़ा होती है। अयोध्या के परम प्रतापी राजा दशरथ आज बड़े असहाय दिख रहे हैं। जिसके निर्णय से अयोध्या का भाग्य निश्चित होता है, वे ही आज कैकेयी के निर्णय से अपने दुर्भाग्य के लिए रो रहे हैं।

हम कितना भी कहें, मनुष्य अपने भाग्य का स्वयं स्वामी नहीं है। अनेक लोग उसके भाग्य-निर्माण में साधक और बाधक होते हैं। क्या पता था दशरथ को कि मन्थरा जैसी दासी उनके भाग्य में बाधक बनेगी। क्या पता था दशरथ को कि उनकी प्राणेश्वरी महारानी कैकेयी, जो सदा उनके सौभाग्य की चिन्ता करती थीं, उनके दुर्भाग्य का साधन बनेंगी। क्या पता था दशरथ को कि जिस राम को वह हृदय से प्रेम करते हैं, उसे ही वनवासी बनाकर दारुण दुःख देने के लिए वे निमित्त बनेंगे।

कब कौन और कहाँ साधक-बाधक बन जाये, कह पाना कठिन है। परमात्मा की लीला में ज्ञात कुछ भी नहीं है। मनुष्य का जीवन अज्ञात के ज्ञात बनने की प्रतीक्षा मात्र है। यह प्रतीक्षा हम रोकर करें या हँसकर, यही हमारे वश में है।

दशरथ राम-राम कह रोते हुए आनेवाले समय की प्रतीक्षा कर रहे हैं। वे नहीं चाहते कि सुबह हो; क्योंकि सुबह होते ही अयोध्या के उदीयमान सूर्य श्रीराम निष्कासित हो जायेंगे।

उदउ करहु जनि रबि रघुकुल गुर।
अवध बिलोकि सूल होइहि उर॥

—हे रघुकुल के गुरु सूर्य भगवान्! आप अपना उदय न करें। अयोध्या को देखकर आपको बहुत पीड़ा होगी।

कितने व्यथा-व्याकुल हैं दशरथ। वे भगवान् सूर्य से प्रार्थना कर रहे हैं कि मेरे कुल के आदि गुरु! आप आज धरती को प्रकाशित न करें। आज आपका आगमन अयोध्या को उजाड़ देगा। सूर्यवंश की अयोध्या को उजड़ी हुई देखकर आप पीड़ा-विकल हो उठेंगे।

दु:ख से व्याकुल व्यक्ति अनहोनी प्रार्थनाएँ करता है। दशरथ अच्छी तरह से जानते हैं कि सूर्योदय एक प्राकृतिक नियम है, फिर भी उसके रुकने के लिए प्रार्थना कर रहे हैं।

कितनी विचित्र बात है। दशरथ चाहते हैं कि सूर्योदय न हो और कैकेयी चाहती हैं कि वह यथाशीघ्र हो जाये। अँधेरा बना रहे, यह दशरथ का प्राप्य है और उजाला तुरन्त आ जाये, यह कैकेयी का प्राप्य है। इसी विरोधाभास में जगत् गतिमान है।

भूप प्रीति कैकइ कठिनाई।
उभय अवधि बिधि रची बनाई॥

—राजा की प्रीति और कैकेयी की निष्ठुरता दोनों को ब्रह्मा ने सीमा तक रचकर बनाया है। (अर्थात् राजा प्रेम की सीमा हैं और कैकेयी निष्ठुरता की।)

हम मानें या न मानें, सृष्टि की गति का यही सूत्र है। विधि और निषेध के बीच ही जीवन झूलता है। जन्म और मृत्यु के तट से ही जीवन की गंगा बहती है। प्रेम और निर्दयता के बीच ही जीवन शुभ और अशुभ में पल्लवित और पुष्पित होता है। कैकेयी की निर्दयता को देखकर ही दशरथ के प्रेम की गरिमा को समझा जा सकता है। दशरथ के प्रेम की कसौटी कैकेयी की निर्दयता है। पाप न हो तो पुण्य को कीमत कहाँ से मिलेगी। माटी न हो तो सोने का मोल कोई क्यों आँकेगा? जीवन हास और रुदन का, प्रीति और निष्ठुरता का एक अनवरत खेल है।

दशरथ प्रेम की सीमा हैं और कैकेयी निष्ठुरता की। दोनों टूटने के लिए तैयार हैं, किन्तु झुकने के लिए नहीं। अपने-अपने संकल्प के साथ दोनों प्रभात की प्रतीक्षा कर रहे हैं।

अन्तत: सुबह होती है। दशरथ के दुर्भाग्य और कैकेयी के सौभाग्य का साथ-ही-साथ उदय होता है। अपनी दिनचर्या के अनुरूप राजा प्रात:काल उठ नहीं पाते हैं। परिणामत: सुमन्त्र राजा का समाचार जानने के लिए कैकेयी के भवन आते हैं। राजा को शोक-सन्तप्त देख सुमन्त्र भयभीत हो जाते हैं।

सचिउ सभीत सकइ नहिं पूछी।
बोली असुभ भरी सुभ छूछी॥

—मन्त्री मारे डर के कुछ पूछ नहीं सकते। तब अशुभ से भरी हुई और शुभ से हीन कैकेयी बोलीं।

राजकीय शिष्टाचार के कारण मन्त्री सुमन्त्र कुछ पूछने में असमर्थ थे। बेहाल

राजा कुछ भी कह पाने में असमर्थ थे। उनकी हालत देख करके सुमन्त्र ने स्थिति की भयानकता का अन्दाज लगा लिया था। पर वह पूर्ण खुलासे की प्रतीक्षा कर रहे थे। ऐसे में कैकेयी बोलती हैं। कैकेयी अशुभ से भरी हुई हैं। उनके हृदय का शुभ एकदम से समाप्त हो गया है। मनुष्य जब अशुभ से भर उठता है तो उससे कल्याण की कामना नहीं की जा सकती।

मानव जीवन में शुभ और अशुभ का खेल सदैव चलता रहता है। हमारे ऋषि-मुनियों ने यही प्रयत्न किया कि शुभ को बढ़ाया जाये और अशुभ को घटाया जाये। इसीलिए संस्कारों की रचना की गयी। इसीलिए मनुष्य धर्म की व्याख्या की गयी। इसीलिए कर्तव्य को अधिकार से ऊपर माना गया।

ऋषियों की यही इच्छा थी कि मनुष्य शुभ से भरकर श्रेष्ठ आचरण की ओर अग्रसित हो, जिससे संसार का जीवन मंगलमय हो सके। क्योंकि जीवन में अशुभ का आगमन पतन के पट खोलता है। इसी कारण अशुभ से भरी कैकेयी शुभ का परित्याग कर जीवन को अमंगल से भर रही हैं।

परी न राजहि नीद निसि हेतु जान जगदीसु।
रामु रामु रटि भोरु किय कहइ न मरमु महीसु॥

—राजा को रात भर नींद नहीं आयी, इसका कारण जगदीश ही जानें। इन्होंने 'राम-राम' कहकर सवेरा कर दिया, परन्तु इसका भेद राजा कुछ भी नहीं बतलाते।

राजनीति का प्रथम नियम है कि सबसे सब बातें नहीं कही जातीं। सही मनुष्य से ही सही बात की जाती है। कैकेयी इस नियम का पालन करते हुए कहती हैं कि उन्हें बिलकुल पता नहीं है कि राजा क्यों राम-राम कह रहे हैं। इसे तो केवल प्रभु ही जानते हैं। हाँ, मुझे केवल इतना पता है कि राजा रात भर सोये नहीं हैं। इस जागरण का कारण भी वे नहीं बता रहे हैं।

क्रोध और प्रतिशोध के समय में भी कैकेयी राजनयिक मर्यादा को कायम रखती हैं। अपनी चतुरता के कारण वह परिस्थिति को बड़ी चतुरता से संचालित कर रही हैं। राजा आधे बेहोश पड़े हैं, कैकेयी चाहतीं तो सीधे सुमन्त्र से कह सकती थीं कि मैंने कुछ वरदान माँगे हैं, उन्हीं के कारण राजा की ऐसी स्थिति हुई है। लेकिन उन्होंने वरदानों का उल्लेख भी नहीं किया। केवल इतना ही कहा कि राजा असहज स्थिति में हैं और राम-राम रट रहे हैं।

'राम-राम रटने' की बात सुनकर सुमन्त्र ने अवश्य ही समझ लिया होगा कि संकट के मूल कारण राम ही हैं। इसीलिए वह महाराज की आज्ञा की प्रतीक्षा कर रहे थे।

आनहु रामहि बेगि बोलाई।
समाचार तब पूँछेहु आई॥

—तुम जल्दी राम को बुला लाओ। तब आकर समाचार पूछना।

अपनी इस आज्ञा से कैकेयी भी यह संकेत दे देती हैं कि फसाद की जड़ राम ही हैं। उन्होंने सुमन्त्र को साफ संकेत दिया कि राम के आने पर ही आगे के समाचार को पूछना उचित रहेगा।

कैकेयी की वाणी में भविष्य की राजनीति छिपी हुई है। वह कहती हैं कि राम को 'जल्दी बुलाकर' लाओ। किसी को जल्दी में बुलाना संकट और आनन्द में ही सम्भव होता है। जिस तरह से दशरथ कैकेयी के कोप-भवन में पड़े हैं, उससे आनन्द की कल्पना ही नहीं की जा सकती। किन्तु वहाँ के वातावरण को देखकर यह जरूर लगता है कि संकट की डुगडुगी चारों ओर बज रही है।

स्थिति की पहचान के लिए वातावरण बहुत सहायक होते हैं। इसीलिए मन्दिरों में शान्तकारी और नृत्यघरों में उत्तेजक चित्र लगे होते हैं। कैकेयी के कोप-भवन की स्थिति सम्पूर्ण वातावरण की भयानकता का बिन बोले ही बखान कर रही थी।

चलेउ सुमंत्रु राय रुख जानी।
लखी कुचालि कीन्हि कछु रानी॥

—राजा का रुख जानकर सुमन्त्र चले। समझ गये कि रानी ने कुछ कुचाल की है।

सुमन्त्र भी मन्त्री होने का शिष्टाचार निभाते हैं। वह महाराज की उपस्थिति में कैकेयी की आज्ञा मानने के लिए बाध्य नहीं हैं। अतः वह कैकेयी के अनुरोध को जानने के बाद राजा के संकेत की प्रतीक्षा करते हैं। जब राजा का रुख पता चल जाता है, तब सुमन्त्र राम को बुलाने जाते हैं। उन्हें यह भय हो जाता है कि रानी ने कुछ गड़बड़ अवश्य की है।

सुमन्त्र के आचरण से आज की राजनीति की हम तुलना करें तो चकित रह जायेंगे। आज के नौकरशाह और मन्त्रीगण संविधानेतर सत्ता केन्द्रों की कैसी चाटुकारी करते हैं, यह सबको विदित है। सत्तासीन व्यक्ति के परिवार के इशारे पर सारे नियम-कानून को ताक पर रखकर निर्णय लिये जाते हैं। उनका लक्ष्य केवल चाटुकारिता करना होता है, नियम-कानून का पालन करना नहीं।

पुराने जमाने में जीवन का आधार धर्म माना गया था। आज अर्थ आधार हो गया है। धर्म जीवन को संस्कार-प्रेरित करता था और अब अर्थ उसे लोभ-प्रेरित कर रहा है। सत्ता के चौकीदार अर्थकामी होने के कारण लोभी हो गये हैं। सुमन्त्र का

आचरण सत्तासीन व्यक्तियों के लिए शुभ संकेत है।

सुमन्त्र राम को लेने के लिए चले जाते हैं। कैकेयी के हाव-भाव देखकर उन्हें पूरी तौर पर विश्वास हो जाता है कि भविष्य के संकेत शुभ नहीं हैं। इसीलिए वे भारी मन से राजभवन से निकलते हैं।

पूरी रामकथा में विधाता ने कैकेयी की नियति को बड़ी क्रूरता से अंकित किया है। आनन्द-उल्लास में डूबी कैकेयी को सबसे पहले मन्थरा भविष्य के भय से थर-थर कँपाती है, फिर दशरथ उन्हें वरदान देने में आनाकानी करके उत्तेजित करते हैं। अब उनका राम से सामना होने वाला है।

नियति का चक्र व्यक्ति को कितना विवश कर देता है। जिस मन्थरा को रानी की सेवा करनी चाहिए थी, वही अपनी कुबुद्धि से उनको परेशानी में डाल रही है। जिस दशरथ को उन्हें प्यार देना चाहिए था, वही धिक्कार दे रहे हैं। जो महारानी कैकेयी प्रेम की प्रतिमूर्ति थीं, वही क्रोध की आग में जल रही हैं।

□

कैकेयी : कुटिल कथा

अतीत की मनुष्य चाहे कितनी ही व्याख्या कर ले, वर्तमान को चाहे कितना ही अपने अधिकार में रखने का प्रयत्न करे, किन्तु अनागत भविष्य पर उसका कोई अधिकार नहीं है। भविष्य को दिशा-निर्देश देने का मनुष्य प्रयत्न तो कर सकता है; किन्तु वह प्रयत्न उसके मनोनुकूल होकर फलित होगा, यह कहना कठिन है। भविष्य अपना यात्रा-पथ कब कहाँ बदल दे, कोई नहीं जानता।

पूरी अयोध्या राम के जिस भविष्य को लेकर आनन्द-उमंग से उन्मत्त हो रही है, वह भविष्य फलित होगा या नहीं, यह सन्देह गहरा होने लगा है। सुमन्त्र श्रीराम को बुलाने उनके भवन में पहुँच चुके हैं।

राम सुमंत्रहि आवत देखा।
आदरु कीन्ह पिता सम लेखा॥

—राम ने सुमन्त्र को आते हुए देखा तो पिता के समान समझकर उनका आदर किया।

अपने राजभवन में राम बड़े आदरपूर्वक सुमन्त्र का सम्मान करते हैं। राम का यह आचरण बड़ा अनुकरणीय है। पद की गरिमा विनम्रता में है, अहम्मन्यता में नहीं। जो पद पाकर अभिमान से भर उठता है, वह निन्दनीय बनता है और जो पदासीन होकर विनम्र भाव से परिपूर्ण हो जाता है, वह वन्दनीय बनता है।

एक प्यारी कथा है। महाराजा रणजीतसिंह कहीं जा रहे थे। अचानक एक पत्थर आकर उनके ललाट पर लगा। चोट से खून बहने लगा। अंगरक्षक सिपाही घबरा गये। उन्होंने राजा को चोट पहुँचानेवाले को झटपट खोज निकाला। वह एक बुढ़िया थी।

राजा रणजीतसिंह ने विनम्रता से पूछा, 'माँ, तुमने मुझे पत्थर क्यों मारा?'

बुढ़िया गिड़गिड़ाते हुए बोली, 'महाराज, मैंने आपको पत्थर नहीं मारा, मैंने

तो पेड़ से फल तोड़ने के लिए पत्थर चलाया था, वह अचानक आपको जा लगा। मुझे क्षमा करें।'

राजा ने आश्वस्त होकर अपने सिपाहियों को आदेश दिया, 'बूढ़ी माँ को कुछ धन देकर ससम्मान विदा कर दो।'

सिपाहियों ने बुढ़िया को तो विदा कर दिया, पर सभी चकित थे। राजा ने बुढ़िया को दण्ड न देकर पुरस्कार क्यों दिया? मन्त्री ने जब राजा से पूछा तो महाराजा रणजीतसिंह बोले, 'पत्थर मेरे ऊपर नहीं चलाया गया था। वह तो फल पाने के लिए पेड़ पर चलाया गया था। जब पेड़ चोट खाकर फल देता है, तब मैं चोट खाकर दण्ड कैसे देता। इसीलिए मैंने बूढ़ी माँ को पुरस्कृत किया।'

विनम्र राम के स्वागत को देखकर सुमन्त्र आनन्दित हुए, पर उनके पास इस आनन्द का रसपान करने का समय नहीं था।

निरखि बदनु कहि भूप रजाई।
रघुकुलदीपहि चलेउ लेवाई॥

—श्रीराम के मुख को देखकर और राजा की आज्ञा सुनाकर वे रघुकुल के दीपक श्रीराम को अपने साथ लिवा चले।

सुमन्त्र ने राजा की आज्ञा सुनायी और राम से साथ चलने के लिए कहा। जो कुछ भी कोप-भवन में सुमन्त्र ने देखा था, उसे राम से कहने का उन्हें अधिकार नहीं था। इसे बताने का अधिकार केवल राजा के पास था, अतः सुमन्त्र राम को लेकर चल पड़े। यह सब इतनी जल्दी में हो रहा था कि राम तैयार भी नहीं हो सके। वे जिस हालत में थे उसी में सुमन्त्र के साथ हो लिये।

रामु कुभाँति सचिव सँग जाहीं।
देखि लोग जहँ तहँ बिलखाहीं॥

—राम मन्त्री के साथ बुरी तरह जा रहे हैं, यह देखकर लोग जहाँ-तहाँ विषाद कर रहे हैं।

सुमन्त्र के साथ श्रीराम को शीघ्रता और अस्त-व्यस्त ढंग से जाते देख सभी लोग घबरा गये। व्यक्ति की अंग-भाषा बड़ी मुखर होती है। स[illegible] में मनुष्य अपने हाव-भाव से पहचान लिया जाता है। सुमन्त्र को आ[illegible] लिया और राम को जाते देख सभी लोगों ने स्थिति का अ[illegible]

यहाँ राम को 'रघुकुल दीप' कहा गया है। यह प्र[illegible] जीवन से राम रघुकुल के यश को प्रकाशित कर रहे थे। [illegible] यश और आभामय बनाने वाले थे, किन्तु अब इस [illegible]

१३१

राम की यह यात्रा प्रकाश से अन्धकार की ओर यात्रा है, रघुकुल के यश से अपयश की ओर यात्रा है।

नियति जिस लक्ष्य को पहले तय कर लेती है उसी के अनुरूप वह यात्रा-पथ भी निर्धारित करती है। सिंहासन पर्व का उत्सव मनाने के लिए तैयार राम किस तरह वनवास-दंश को भोगने की तैयारी करेंगे, यही हमें देखना है। नियति की लीला में हम सभी महाभारत के संजय की तरह हैं। लीला को देख सकते हैं, लेकिन उसके परिपथ को बदल नहीं सकते हैं।

जाइ दीख रघुबंसमनि नरपति निपट कुसाजु।
सहमि परेउ लखि सिंघिनिहि मनहुँ बृद्ध गजराजु॥

—रघुवंशमणि श्रीराम ने जाकर देखा कि राजा अत्यन्त ही बुरी हालत में पड़े हैं, मानो सिंहनी को देखकर कोई बूढ़ा गजराज सहमकर गिर पड़ा हो।

महाराज दशरथ को इतना असहाय और अवश राम ने कभी नहीं देखा था। कोपवती कैकेयी के सामने राजा हतश्री दिखाई दे रहे हैं। ऐसा लग रहा है जैसे प्रबल सिंहनी ने बूढ़े गजराज को दबोच लिया हो। राम परिस्थिति का आकलन करने लगे।

सूखहिं अधर जरइ सबु अंगू।
मनहुँ दीन मनिहीन भुअंगू॥

—राजा के ओठ सूख रहे हैं और सारा शरीर जल रहा है, मानो मणि के बिना साँप दुःखी हो रहा हो।

हर प्राणी का अपना एक स्वभाव और सत्त्व होता है। उसको खो देने पर वह दीन-दुःखी हो जाता है। जैसे साँप का सत्त्व उसकी मणि है उसी तरह राजा का सत्त्व उसका प्रताप है। कैकेयी के सामने दशरथ अपना प्रताप खोकर मणिहीन साँप की तरह दीन-हीन हो चुके थे।

सरुष समीप दीखि कैकेई।
मानहुँ मीचु घरीं गनि लेई॥

—पास ही क्रोध से भरी कैकेयी को देखा, मानो (साक्षात्) मृत्यु ही बैठी (राजा के जीवन की अन्तिम) घड़ियाँ गिन रही हो।

कभी-कभी वातावरण भाषण से अधिक मुखर होता है। राम इसे ही समझने का प्रयत्न कर रहे हैं। परिस्थितियाँ उन्हें किसी भी सम्भाषण से अधिक वाचाल दिखाई दे रही हैं। क्रोध से भरी कैकेयी का स्वरूप बड़ा भयानक है। ऐसा लग रहा है कि वह भूमि पर पड़े अवश और असहाय राजा की मृत्यु की घड़ियाँ गिन रही हों।

कितना सच है, प्रेम, जहाँ जीवन में अमृत घोलता है, क्रोध वहाँ मृत्यु का

विष भरता है। मन:स्थिति पात्र के सम्प्रेषण भाव को एकदम बदल देती है। प्रेम और विश्वास जीवन के वरदान हैं और क्रोध एवं प्रतिशोध जीवन के अभिशाप। मनुष्य अपने भाव से जगत् को प्रभावित करता है।

सन्त एकनाथ के जीवन की एक कथा है। वह भागवत की कथा सुनाकर लोगों का उद्धार किया करते थे। एक गाँव में वह कई दिनों से कथा सुना रहे थे, लेकिन उस गाँव का सबसे धनी व्यक्ति कुलकर्णी कथा सुनने कभी नहीं आता था। जब एकनाथ ने पूछा तो गाँववालों ने बताया, 'उसे कथा-वार्त्ता में कोई रुचि नहीं है। वह पैसा गिनने में लगा रहता है।'

एक दिन करुणा-विगलित एकनाथ कुलकर्णी के घर गये। आश्चर्य और आदर से कुलकर्णी ने उनका स्वागत किया। एकनाथजी ने पूछा, 'तुम भागवत कथा में क्यों नहीं आते?'

'समय नहीं मिलता, महाराज।' कुलकर्णी ने कहा।

'तुम्हें पता है कि जब मर जाओगे तो सबकुछ छूट जायेगा?' एकनाथजी ने शान्त स्वर में पूछा।

'हाँ, पता है महाराज; पर मरने से पहले यह माया छूटती नहीं है। मैं असमर्थ हूँ।' आदरपूर्वक कुलकर्णी ने कहा।

करुणा के सागर एकनाथ ने उसकी समस्या को समझा और कहा, 'नहाते-खाते तो हो न?'

'हाँ प्रभु, नित्य नहाता-खाता हूँ।'

'तो एक काम करो। नहाते समय नित्य भागवत के पाँच श्लोकों का श्रद्धा से पाठ किया करो। तुम्हारा उद्धार हो जायेगा।'

कुलकर्णी ने श्रद्धा से सिर झुकाया और पाँचों श्लोक एकनाथजी से ले लिये।

वह नित्य स्नान के समय श्रद्धापूर्वक उनका पाठ करने लगा। कहते हैं कि जब उसकी मृत्यु हुई तो चमत्कार हो गया। मृत्यु के बाद जब उसके शव को अन्तिम क्रिया के लिए नहलाया जा रहा था तो पानी का स्पर्श पाते ही उसके शरीर से भागवत के पाँचों श्लोक वातावरण में गूँजने लगे। सभी लोग चकित थे।

वास्तव में भाव से ही व्यक्ति का रूपान्तरण होता है। जिस कैकेयी को प्रसन्न-प्रमुदित देखकर राजा दशरथ ताजे फूल की तरह खिल उठते थे, उसी कैकेयी को देखकर आज मुरझा गये हैं। जो कैकेयी राजा के चिरंजीवी और यशस्वी होने की कामना करती थीं, वही उनकी मृत्यु की घड़ियाँ गिन रही हैं।

करुनामय मृदु राम सुभाऊ।
प्रथम दीख दुखु सुना न काऊ॥

—राम का स्वभाव कोमल और करुणामय है। उन्होंने पहली बार जीवन में यह दुःख देखा; इससे पहले कभी उन्होंने दुःख सुना भी नहीं था।

इस चौपाई के कई अर्थ हैं। आइए, इन पर दृष्टिपात करते चलें। राम के स्वभाव को कोमल और करुणामय कहा गया है। जिनका स्वभाव ऐसा होता है उनको दूसरों का दुःख-दर्द बहुत रुलाता है। अतः वे दुःख-दर्द को दूर करने के लिए आकुल-व्याकुल हो उठते हैं। इसीलिए करुणावान् व्यक्ति को दुःख-दर्द देखने से बचाया जाता है। सम्भवतः यही कारण है कि राम पहली बार दुःख देख रहे हैं। क्योंकि इस दुःख से उन्हें किसी तरह से भी बचाया नहीं जा सकता था। एक तरह से कहें तो इस दुःख के मूल कारण वे ही थे। शायद पहली बार राम अपने जीवन में किसी के दुःख का कारण बन रहे हैं। करुणावान् और कोमल व्यक्ति जब किसी के दुःख का कारण बनता है तब समझना चाहिए कि दुःख बड़ा गहरा और गर्हित है।

कोमल और करुणामय श्रीराम पहली बार दुःख देख रहे हैं। इसका कारण यह भी हो सकता है कि अयोध्या में दुःख के अवसर दुर्लभ हों, या ऐसा भी हो सकता है कि अयोध्या की राज-व्यवस्था राम को दुःख देखने से बचाती रही हो। क्योंकि अपने करुणामय और मृदु स्वभाव के कारण राम अत्यन्त संवेदनशील हैं।

इसका एक अर्थ यह भी है कि राम अपने पारिवारिक जीवन में पहली बार दुःख देख रहे हैं। अयोध्या का राजभवन जब से चारों भाइयों की क्रीड़ा का केन्द्र बना है, उसमें सदैव आनन्द की धूप ही खिली रही है, संशय-सन्देह के बादल नहीं उमड़े, दुःख और दर्द की बरसात नहीं हुई। आज दशरथ को असहाय स्थिति में देखकर राम हतप्रभ हैं।

राम ने इससे पहले कभी दुःख के बारे में सुना भी नहीं था। जब हम किसी बात के बारे में सुनते हैं तो वहाँ हमारी उपस्थिति का होना अनिवार्य नहीं है। किन्तु देखने के लिए उपस्थिति आवश्यक होती है। जिस व्यक्ति ने कभी दुःख के बारे में सुना नहीं, उसे यदि दुःख देखना पड़े तो यह दारुण स्थिति होती है।

सुनना अविश्वसनीय भी हो सकता है। सुनानेवाले से आप कह सकते हैं कि मैं उस पर विश्वास नहीं करता। इस तरह सुनी बात के प्रभाव से आप अपने को बचा सकते हैं। किन्तु देखना विश्वसनीय होता है। कठोर व्यक्ति भले ही उसके प्रभाव से अपने को बचा ले, पर करुणावान् और मृदु व्यक्ति अपने को नहीं बचा

पाता है। राम इसीलिए विचलित हो उठे।

तदपि धीर धरि समउ बिचारी।
पूँछी मधुर बचन महतारी॥

—तो भी समय का विचार करके, हृदय में धीरज धरकर उन्होंने मीठे वचनों से माता कैकेयी से पूछा।

पुत्र का यह प्रथम कर्तव्य है कि वह अपने माता-पिता के दुःख को जानने और निवारने का प्रयत्न करे। प्रायः जब दुःख बहुत कठिन होता है तो बचानेवाला स्वयं विकल हो उठता है। अपने जीवन की एक घटना मुझे याद आती है। आज से पच्चीस वर्ष पहले जब मेरा छोटा बेटा अभिषेक चार वर्ष का था तो सड़क पार करते समय एक कार ने उसे धक्का दे दिया। सौभाग्य यह था कि कार का धक्का लगते ही वह ऊपर उछला और कार की बोनेट पर जा गिरा। तब तक कार रुक चुकी थी। मेरी पत्नी जोर से चिल्लायीं और आशंकावश उन्होंने आँखें बन्द कर लीं। वह सहायता या बचाव के लिए स्वयं दौड़ नहीं पायीं। उनका विकल होना स्वाभाविक था, पर ज्यादा उचित था सहायता के लिए दौड़ना। पर प्रायः दुःख देखकर हम भी उसमें डूब जाते हैं।

राम ने हृदय में धीरज धारण कर अपने को सँभाला। उन्हें लगा कि यदि वह स्वयं विकल हो उठेंगे तो अवश, असहाय पिता की चिन्ता कौन करेगा? इस दुःखपूर्ण समय का विचार करके, अपने हृदय को मजबूत करके राम ने माँ कैकेयी से दुःख के कारण को जानने का प्रयत्न किया।

कैकेयी से पूछना बड़ा उपयुक्त था। क्योंकि महाराज दशरथ तो अर्धविक्षिप्त स्थिति में भूमि पर लेटे हुए थे। उन्होंने राम के आगमन पर कोई प्रेमपूर्ण प्रतिक्रिया नहीं दिखायी थी। अयोध्या के राजभवन में यह पहली बार हो रहा था कि राम उपस्थित हों और दशरथ एवं कैकेयी प्रेमपूर्ण न बने हों। कैकेयी को अगर हम एक क्षण के लिए छोड़ दें तो भी दशरथ का प्रेमपूर्ण होना तो एकदम अनिवार्य ही था। राम यह भी पहली बार देख रहे थे कि अयोध्या के परम प्रतापी सम्राट् दशरथ क्लान्त-श्लथ होकर भूमि पर लेटे हैं। जिन महाराज को सदैव विश्राम के लिए स्वर्ण-शय्या उपलब्ध थी वही महाराज आज विक्षिप्त-से धरती पर लेटने के लिए विवश हैं।

कितना विचित्र है कि दुःख जब दीन का दलन करता है तो उसकी चीख और छटपटाहट को कोई नहीं सुनता है। दीन-दुखियारा भी उसे अपनी नियति मानकर सह लेता है; लेकिन जब दुःखाघात श्रेष्ठ जनों पर होता है तो उसकी चीख

मानव इतिहास के परिपथ को ही बदल देती है।

दुःख-कातर और गुमसुम दशरथ की विकलता को राम अच्छी तरह से समझ जाते हैं। इसी से माँ कैकेयी से दुःख का कारण जानने के लिए निवेदन करते हैं।

मोहि कहु मातु तात दुख कारन।
करिअ जतन जेहिं होइ निवारन॥

—हे माता! मझे पिता के दुःख का कारण कहो, ताकि जिससे उसका निवारण हो, उसका प्रयत्न किया जाय।

राम के इस कथन में 'मोहि' शब्द बड़ा अर्थवान् है। राम यह नहीं कहते कि पिता के दुःख का कारण बताओ। ऐसा पूछना निरपेक्ष और संवेदनाहीन भी हो सकता था। यह केवल तथ्य की जानकारी भी हो सकती थी, जिसके द्वारा किसी मन्त्री से कहकर या कोई समिति बनाकर राजा के दुःख को मिटाया जाता। लेकिन राम ने ऐसी निस्संगता नहीं दिखायी। वे परम आत्मीयता के साथ बोले कि मुझे बताओ। 'मोहि' शब्द राम के हृदय की संवेदनपूर्ण विकलता व्यक्त करता है। अपने इसी आत्मीय आचरण के कारण राम हिन्दू मन पर सनातन काल तक के लिए छा गये।

राम केवल कारण ही नहीं पूछते हैं, उसके निवारण के लिए अपनी व्यग्रता भी प्रकट करते हैं। किसी का दुःख जानना उतना महत्त्वपूर्ण नहीं है जितना कि दुःख के निवारण का प्रयत्न करना। मनुष्य दुःख सुनने से नहीं, दुःख को दूर करने के प्रयत्न से श्रेष्ठ और वन्दनीय बनता है।

दुःख की ज्वाला में धधकते इस जगत् में जो दुःख के निवारण का प्रयत्न करते हैं, वे आचरण के उपवन में चन्दन के तरु होते हैं—शीतल और सुगन्धकारी। मानवता ऐसे लोगों की ही ऋणी होती है।

सुनहु राम सबु कारन एहू।
राजहि तुम्ह पर बहुत सनेहू॥

—(कैकेयी ने कहा) हे राम! सुनो, सारा कारण यही है कि राजा का तुम पर बहुत स्नेह है।

आह! कैकेयी की छद्म सरलता कितनी क्रूर है। वह राम से कहती हैं कि तुम्हारे प्रति राजा का अति प्रेमपूर्ण होना ही संकट का कारण है। कैकेयी जो कह रही हैं वह बहुत ही उत्पातकारी है। यदि प्रेम संकट का कारण बन जाये तो प्रलय की प्रतीक्षा करने की आवश्यकता नहीं पड़ेगी। प्रेम तो शान्त-सुखद जीवन का

आधार तत्त्व है। उसे विनाश के उपद्रव से कैसे जोड़ा जा सकता है। पर कैकेयी की कुटिलता तो देखिए! वह प्रेम को प्रलय से जोड़ रही हैं।

राम के जीवन में इससे बढ़कर कोई और आघात हो ही नहीं सकता था। परिवार के प्रति जिस प्रेम को राम ने अब तक देखा और जिया था, जिसके बल पर अयोध्या का राजभवन स्वर्गोपम सुख का केन्द्र बना था, वही प्रेम संघर्ष और संकट का कारण बन रहा है, यह एक अचरज की बात थी। राम इसे समझ पाने में निश्चित रूप से अपने को असमर्थ पा रहे होंगे।

कोप-भवन में बैठी कैकेयी और लेटे दशरथ के रूप-रंग को देखकर राम ने अवश्य ही अन्दाजा लगा लिया होगा कि परिस्थिति प्रतिकूल है। मामला कुछ गम्भीर है। उन्होंने शायद यह भी सोचा हो कि उनका अपराध ही इसका कारण हो। लेकिन राम यह स्वप्न में भी नहीं सोच सकते थे कि उनके प्रति राजा का प्रेम ही संकट का कारण होगा। राम ने अब तक यही जाना-समझा और सीखा था कि प्रेम सौहार्द और सौमनस्य का कारण होता है।

देन कहेन्हि मोहि दुइ बरदाना।
मागेउँ जो कछु मोहि सोहाना॥

—इन्होंने मुझे दो वरदान देने को कहा था। मुझे जो कुछ अच्छा लगा, वही मैंने माँगा।

कैकेयी के इस वचन में बड़ी सादगी है। इसमें कोई कटुता या कठोरता नहीं दिखाई देती है। दो वरदान धरोहर में थे और उसे माँग लिया यह तो एक सहज घटना है।

कैकेयी यदि प्रेमपूर्ण होतीं तो ये वचन परम आश्वस्तिकारक होते। लेकिन कैकेयी क्रोध और कुटिलता से परिपूर्ण हैं, अतः उनका यह वचन गहरे आघात की मधुसिक्त तैयारी है। छलपूर्ण व्यक्ति प्रायः ऐसी ही भाषा बोलते हैं, क्योंकि मृदुता ही उनके शिकार को करीब लाती है।

सो सुनि भयउ भूप उर सोचू।
छाड़ि न सकहिं तुम्हार सँकोचू॥

—उसे (वरदानों को) सुनकर राजा के हृदय में सोच हो गया; क्योंकि ये तुम्हारा संकोच नहीं छोड़ सकते।

कदम-दर-कदम कैकेयी राम के करीब आ रही हैं। कहती हैं कि वरदानों के कारण राजा सोच में पड़ गये हैं। उन्हें तुमको लेकर बड़ा संकोच हो रहा है। कैकेयी राम को यह संकेत दे रही हैं कि बाधा तुम्हारे कारण है। तुम्हारे कारण राजा

अपना वचन पालन कर पाने में असमर्थ हो रहे हैं। प्रेम उनके कर्तव्य-बोध को धूमिल और कलुषित कर रहा है। राजा स्पष्ट रूप से कोई निर्णय ले पाने में असमर्थ हो गये हैं।

सुत सनेहु इत बचनु उत संकट परेउ नरेसु।
सकहु त आयसु धरहु सिर मेटहु कठिन कलेसु॥

—इधर तो पुत्र का स्नेह है और उधर वचन, राजा इसी धर्म-संकट में पड़ गये हैं। यदि तुम कर सकते हो तो राजा की आज्ञा शिरोधार्य करो और इनके कठिन क्लेश को मिटाओ।

अब कैकेयी ने बिना किसी लाग-लपेट के राम को वर्तमान घटनाक्रम से जोड़ दिया। कहती हैं कि हे राम! समस्या की जड़ में तुम हो। अगर तुम राजा की आज्ञा मान लो तो सबकुछ ठीक हो जायेगा।

राम के लिए अभी यह जानना शेष है कि वह किस तरह से समस्या की जड़ में हैं। हाँ, राम इतना अवश्य समझ रहे हैं कि उनके कर्तव्य-पालन से सम्भवतः समस्या का निदान हो सकेगा। इसीलिए राम कैकेयी के मुख से और स्पष्टीकरण की मौन भाव से प्रतीक्षा कर रहे हैं।

निधरक बैठि कहइ कटु बानी।
सुनत कठिनता अति अकुलानी॥

—कैकेयी बेधड़क बैठी ऐसी कड़वी वाणी कह रही हैं, जिसे सुनकर स्वयं कठोरता भी अत्यन्त व्याकुल हो उठी।

मनुष्य जब क्रोध में कटु होता है तब वह अपने शील का संहार करता है। वाणी की कटुता चरित्र के पतन का विज्ञापन होती है। राम से बात करते हुए कैकेयी ऐसे ही व्यवहार कर रही हैं। उनकी कटुता इतनी कुत्सित है कि कठोरता भी व्याकुल हो उठी है। राम जैसे कोमल हृदय पर प्रहार करके कैकेयी अपने शील की गरिमा को पाताल में डुबो रही हैं।

जीभ कमान बचन सर नाना।
मनहुँ महिप मृदु लच्छ समाना॥

—जीभ धनुष है, वचन बहुत से तीर हैं और मानो राजा ही कोमल निशाने के समान हैं।

निशाना कठोर हो तो उस पर तीर चलानेवाले को वीर कहा जाता है, लेकिन यदि निशाना कोमल हो तो उस पर आघात करनेवाले को क्रूर कहा जाता है। यदि कैकेयी अपनी कटु वाणी से किसी दुष्ट व्यक्ति पर प्रहार करतीं तो उनकी प्रशंसा

होती। लेकिन वह तो प्रेमपूर्ण और निरीह राजा पर प्रहार कर रही हैं। उनकी क्रूरता और कुटिलता को समझ और सह पाना कठिन हो रहा है।

जनु कठोरपनु धरें सरीरू।
सिखइ धनुषबिद्या बर बीरू॥

—(ऐसा लग रहा है) मानो कठोरपन श्रेष्ठ वीर का शरीर धारण करके धनुष विद्या सीख रहा है।

बड़ा अद्‌भुत है यह कथन। कहा गया है कि कैकेयी कठोर वीर की तरह धनुष विद्या सीख रही हैं। यह नहीं कहा गया कि विद्या में निपुण कैकेयी बाण चला रही हैं। वास्तव में कैकेयी कठोरतापूर्वक कटु बाण चलाना सीख रही हैं। कैकेयी पहली बार अपने प्राणेश्वर पति दशरथ और परम प्रिय पुत्र राम को कटुता के साथ सम्बोधित कर रही हैं। कैकेयी की स्थिति बड़ी त्रासकारी है। वे कठोरता और कटुता का अभ्यास भी कर रही हैं और उन्हें अपने इस कृत्य में निपुणता का प्रदर्शन भी करना है। इस अभ्यास में यदि निपुणता उपलब्ध नहीं हुई तो आशंका है कि कैकेयी बाजी हार जायेंगी।

सबु प्रसंगु रघुपतिहि सुनाई।
बैठि मनहुँ तनु धरि निठुराई॥

—श्रीराम को सब हाल सुनाकर वह ऐसे बैठी हैं, मानो निष्ठुरता ही शरीर धारण किये हुए हो।

सदा की तरह इस बार भी कैकेयी प्रथम श्रेणी में उत्तीर्ण हुईं। अब तक कैकेयी अपने जीवन में प्रेम और आत्मीयता के द्वारा सबको जीतती रही हैं, आज उन्होंने कठोरता और कटुता में सबको जीता है। अयोध्या का इतिहास आज इस बात का साक्षी बन रहा है कि मृदुता हो या कटुता, कैकेयी दोनों के प्रदर्शन में परम निपुण हैं।

कैकेयी ने राम को कठोर और निश्चिन्त भाव से वरदान की कटु कथा सुना दी। बिना निष्ठुर और पाषाण बने कैकेयी के लिए यह सम्भव ही नहीं था। श्रेष्ठ व्यक्ति हृदय की प्रेमधारा सूखने पर ही कटु बनते हैं। इसीलिए कहा गया कि कैकेयी कठोरता की साक्षात् मूर्ति दिखाई दे रही हैं। एक तरह से यह उक्ति कैकेयी के स्वभाव की उदात्तता को भी व्यक्त करती है। कैकेयी यदि सदैव कठोर रहतीं तो उनकी निष्ठुरता को उनके आचरण का सहज अंग मान लिया जाता। लेकिन यहाँ बार-बार कहा जा रहा है कि कैकेयी कठोर हो गयी हैं। इसका अर्थ यह है कि कैकेयी भीतर से अपने स्वभाव से परम मृदु और कोमल हैं। इसी कारण कैकेयी के

व्यवहार से दशरथ और राम सभी चकित हैं।

कैकेयी ने राम को बड़ी भूमिका के साथ सबकुछ बताया। यदि वह अन्तःकरण से दुष्ट होतीं तो झटपट बताकर बात को खत्म कर देतीं। लेकिन कैकेयी को यह कटु वाणी राम के सामने बोलने में समय लगा। इससे राम के प्रति उनके हृदय की मृदुता का भी पता चलता है।

इन सारे तर्कों-वितर्कों के बीच जीवन का कटु सत्य यह है कि कैकेयी ने अपना आघातकारी वचन राम के समक्ष बोल ही दिया। मनुष्य के जीवन में सदैव प्रेयस् और श्रेयस् का संघर्ष चलता है। जो चीज अच्छी लगती है वह आवश्यक नहीं है कि उपयुक्त हो। जो चीज श्रेयकारी होती है वह आवश्यक नहीं है कि प्रिय हो। श्रेष्ठजन अप्रिय किन्तु श्रेयकारी मार्ग का चुनाव करते हैं। कैकेयी यहीं चूक गयीं। उन्होंने बलपूर्वक प्रेयस् को माँग लिया और श्रेयस् को छोड़ दिया।

मन मुसुकाइ भानुकुल भानू।
रामु सहज आनंद निधानू॥

—सूर्यकुल के सूर्य स्वाभाविक ही आनन्द निधान श्रीराम मन में मुसकराये।

यहीं राम ने अयोध्या के राजभवन में चलनेवाले विध्वंसकारी पारिवारिक समर को तुमुल ध्वनि के साथ क्षण मात्र में जीत लिया। अपनी वाणी में जितनी कठोर और कटु थीं कैकेयी, राम उतने ही मृदु और मधुर हो उठे। सहज आनन्द के निधान राम मुसकराये। किसी की चोट पर जब समर्थ व्यक्ति मुसकराता है तो चोट करनेवाले को विजड़ित कर देता है। कैकेयी राम की मुसकान से निश्चित रूप से ठगी-सी रह गयी होंगी।

किन्तु ध्यान रहे, राम की यह मुसकान दिखावे के लिए कोई नाटक नहीं है। जैसे आजकल नेता लोग चुनाव के समय जनता की गालियाँ चुपचाप मुसकराते हुए सुनते और फोटो खिंचवाते हैं, वैसी स्थिति राम की नहीं थी। राम का आचरण सहजता का आचरण है, इसीलिए आज तक जन-मन में गहराई तक बैठा हुआ है।

यहाँ कहा गया है कि राम स्वाभाविक रूप से आनन्द के निधान हैं। जो सहज रूप से आनन्द का खजाना होगा उसे कुछ दुःख कैसे छू सकेगा? स्वर्ण खान के स्वामी को दरिद्रता कैसे छू सकेगी? चरित्र का यह दैवी उत्कर्ष दुर्लभ होता है लेकिन जब किसी को उपलब्ध हो जाता है तो वह इस मर्त्य जगत् में मृत्युंजयी हो जाता है।

राम के लिए रघुकुल भानु का सम्बोधन प्रयुक्त किया गया है। श्रेष्ठता की अभिव्यक्ति के ऐसे विशेषणों का प्रायः उपयोग होता है। राजाओं की स्तुति में ऐसे

हजारों सम्बोधन लगाये जाते हैं। परमात्मा की प्रार्थना में इसी कारण सहस्र नामों की महिमा है। श्रेष्ठ सम्बोधन से मनुष्य के पतन की सम्भावनाएँ कम होती हैं। इसीलिए हमारी संस्कृति में श्रेष्ठ नामों की परम्परा है। हमारे ऋषियों ने यह सोचा कि यदि किसी का नाम शिव होगा तो वह भले ही शिव जैसा कल्याणकारी न बन सके, पर वह अपने नाम की रक्षा के लिए दुर्बल क्षणों में सजग रहेगा, मनमाने ढंग से अत्याचारी नहीं बनेगा। किसी का नाम पार्वती होगा तो वह परिवार-प्रेम के प्रति कुछ-न-कुछ तो अपने नाम के कारण अवश्य ही समर्पित होगी।

उत्तम स्वभाव का व्यक्ति अपने सम्बोधन के अनुरूप आचरण करने का प्रयत्न करता है। राम को 'रघुकुल का भानु' कहकर उन्हें रघुवंश का सूर्य बताया गया है। सूर्य जीवन के समस्त अन्धकार का हरण करता है, कभी अँधेरे के हाथों उसका अपहरण नहीं होता। राम कैकेयी की कठोरता पर विकल नहीं हुए, वे मुसकराये। उन्होंने अपने आचरण के सूर्य से समस्त रघुवंश को आलोकित कर दिया।

बोले बचन बिगत सब दूषन।
मृदु मंजुल जनु बाग बिभूषन॥

—श्रीराम सब दूषणों से रहित ऐसे कोमल और सुन्दर वचन बोले जो मानो वाणी के भूषण ही थे।

आइए, राम के कथन को जानने से पहले इस चौपाई के अर्थ में तनिक गहराई से डुबकी लगायें। इस जगत् में मनुष्य को ही यह विशेषाधिकार प्राप्त है कि वह अर्थवान् वाणी बोलता है। अपने जीवन में वह वाणी का उपयोग सबसे ज्यादा करता है। संवाद और सम्प्रेषण के लिए वाणी से बढ़कर और कुछ भी नहीं है। इसीलिए हमारे ऋषियों ने कहा कि इस वाणी का संयमित और अनुशासित उपयोग करो। वाणी अमृत भी है और विष भी। वाणी प्यार भी है और प्रहार भी।

वाणी के अनुशासन के लिए जो तत्त्व आवश्यक हैं उनकी इस चौपाई में चर्चा हुई है। वाणी को कोमल और सुन्दर होना चाहिए। कोमल होने से वाणी का आकर्षण बढ़ता है और सुन्दर होने से वाणी का प्रभाव बढ़ता है। प्रेम की भाषा आकर्षण को जन्म देती है और घृणा की भाषा विकर्षण की जननी होती है। प्रेम चाहे कितने ही 'अटपटे' शब्दों में किया जाय, आनन्दित करता है। गाली चाहे कितने ही परिष्कृत शब्दों में दी जाय, चोट ही पहुँचाती है।

रामचरितमानस का वह प्रसंग हम सभी जानते हैं जहाँ केवट राम से पैर धुलवाने की माँग करता हुआ कहता है—बिना पैर धोये आपको पार नहीं उतारूँगा। यह शर्त राजपुत्र राम के लिए अपमानकर थी, क्योंकि निष्कासित होकर वे अभी

अयोध्या से आये हैं। लोग सोच सकते थे कि निराश्रित और निर्वासित राम को केवट जैसा तुच्छ व्यक्ति बड़े हलके से ले रहा है, पर प्रभु राम के लिए यह बड़ी मृदु-मधुर घटना थी। एक भक्त अपने प्रभु से सेवा का अवसर माँग रहा है। उसकी वाणी भले ही असंस्कृत है, पर उसकी भावना हिम-धवल है। इसीलिए राम प्रसन्न होकर हँसते हैं।

सुनि केवट के बैन प्रेम लपेटे अटपटे।
बिहसे करुना ऐन चितइ जानकी लखन तन॥

—केवट के प्रेम में लपेटे हुए अटपटे वचन सुनकर करुणाधाम श्रीराम जानकी और लक्ष्मण की ओर देखकर हँसे।*

परमात्मा भक्त के भाव को देखता है, वाणी के संस्कार को नहीं। भाव ही वाणी की प्राण शक्ति होते हैं। इसीलिए सारी प्रार्थनाएँ भाषा की शुद्धता से अधिक भावों की गहनता और पवित्रता पर बल देती हैं।

हमें यह भी जानना चाहिए कि गाली कितनी भी शुद्ध भाषा में दी जाये, वह मन को लुभाती नहीं है। हमारे एक अध्यापक बड़ी परिष्कृत भाषा में गाली देते थे। उनकी गाली के कुछ नमूने देखिए—नराधम, पतित, दुष्ट, निशाचर आदि। शब्द बड़े सुसंस्कृत हैं, पर भाव की कटुता में इससे कोई कमी नहीं आती है।

इसीलिए कहा गया है कि वाणी का भूषण यही है कि वह कोमल और सुन्दर हो। इससे जगत् में सुख-शान्ति का संवर्द्धन होता है। लेकिन कोमल और सुन्दर वाणी में भी एक खतरा है, जिसकी ओर भी हमें ध्यान देना चाहिए। सुन्दर और कोमल वाणी दो कारणों से बोली जाती है। एक सहज स्वभाव के कारण, दूसरी काम निकालने के लिए, उल्लू सीधा करने के लिए की गयी नौटंकी के कारण।

जब सहज स्वभाव से वाणी में कोमलता और सुन्दरता आती है तो जगत् को विश्वसनीयता का सन्देश देती है और जब दिखावे के कारण वाणी कोमल और सुन्दर बनती है तो वह ठगी और छल का दूषित वातावरण समाज में उत्पन्न करती है।

राम की कोमल और सुन्दर वाणी को दिखावे का शब्दजाल न मान लिया जाय, इसीलिए कहा गया कि वह 'बिगत सब दूषन' है, सभी दोषों से मुक्त है।

---

* इस प्रसंग की विस्तृत व्याख्या के लिए प्रभात प्रकाशन द्वारा प्रकाशित लेखक की पुस्तक 'हरि कथा अनन्ता' पढ़िए।

वाणी जब दोष-मुक्त होती है तो वह प्रेम और आत्मीयता की वीणा बनकर लोक-व्यवहार में गुंजित होती है और ब्रह्मनाद बनकर अध्यात्म जगत् को परमात्ममय करती है। वाणी की शुचिता लौकिक और अलौकिक दोनों रूपों में परम फलदायी है। जो इसे कायम रख पाते हैं, वे अमर होते हैं। जो फिसल जाते हैं, वे निंद्य बन जाते हैं।

सुनु जननी सोइ सुतु बड़भागी।
जो पितु मातु बचन अनुरागी॥
तनय मातु पितु तोषनिहारा।
दुर्लभ जननि सकल संसारा॥

—हे माता! सुनो, वही पुत्र बड़भागी है, जो पिता-माता के वचनों का अनुरागी है। माता-पिता को सन्तुष्ट करनेवाला पुत्र हे जननी! सारे संसार में दुर्लभ है।

कैकेयी अपने वरदानों के द्वारा राम को रौंदना चाहती थीं, उनके गौरव को नष्ट करना चाहती थीं। लेकिन राम ने अपने उत्तर से कैकेयी के अभिमान को धूल-धूसरित कर दिया। कैकेयी ने अपने आपको इससे अधिक कभी पराजित नहीं पाया होगा। दशरथ वर देने से मना कर देते तो कैकेयी उतनी हतभाग्य और श्रीहीन अपने को नहीं पाती जितनी कि राम की वाणी ने उन्हें किया है।

आह! यदि यही वाणी प्रसन्न कैकेयी राम के मुख से सुनतीं तो आनन्दातिरेक से नाचने लगतीं। अपने सौभाग्य के लिए ईश्वर को लाख-लाख धन्यवाद देतीं। लेकिन आज कैकेयी अपने परम विनीत और मृदुभाषी पुत्र के सामने पराजित हैं। कैसा खेल है विधि का कि राम की कोमल और सुन्दर वाणी कैकेयी को आज आनन्दित न करके उत्पीड़ित कर रही है। राम ने यदि कैकेयी को अपशब्द कहे होते तो यह कैकेयी के लिए परम आनन्द का क्षण होता। वह सोचती कि उनके आघात का मर्मान्तक प्रभाव राम पर पड़ा है। लेकिन राम ने मुसकराकर पुत्र के कर्तव्य की बात कहकर कैकेयी की आकांक्षाओं पर पानी फेर दिया।

कैकेयी ने राम के ऊपर विष-बाण चलाया था, राम ने उन्हें पुष्पहार समर्पित कर दिया। उन्होंने कहा कि यह तो मेरा सौभाग्य है कि आपकी आज्ञा-पालन करने का मुझे अवसर मिलेगा। इससे पुत्र के माता-पिता के प्रति प्रेम की परीक्षा भी होगी।

यों तो हम सभी राह चलते कहते हैं कि प्रेम ही जगत् के सुख-शान्ति का आधार है, यह सारा संसार एक परिवार है, मानव मानव एक हैं; पर जब परीक्षा की घड़ी आती है तो ये सारे लम्बे-चौड़े अलंकृत सम्भाषण व्यर्थ हो जाते हैं। मनुष्य प्रेम

की जगह घृणा को जीवन का आधार मानकर दंगे करता है। संसार एक परिवार की बात भूलकर एक-दूसरे को ठगता और लूटता है। अपनी स्वार्थपूर्ण मान्यताओं की प्रतिष्ठा के लिए मनुष्य ही मनुष्य का युद्ध में संहार करता है।

लेकिन राम साधारण मनुष्य नहीं थे। उन्होंने आदर्शों को नारे का रूप नहीं दिया। वे घोर पीड़ा के समय में भी सहज रहे। माँ कैकेयी के प्रहार को उन्होंने विनम्रतापूर्वक स्वीकार किया।

राम ने माता-पिता से संघर्ष करना सीखा ही नहीं था। इसीलिए वह समर्पण की भाषा बोल रहे थे। राम अच्छी तरह जानते थे कि जिस माँ और पिता ने उन्हें सदा प्यार दिया है, जो सदा सुख-दुःख में उनके साथ रहे हैं, यदि उस स्नेह-युक्त माता-पिता ने कुछ अनुचित भी माँगा है तो उसका विरोध क्यों किया जाये। दुलार और दण्ड दोनों माता-पिता का अधिकार है। अच्छी सन्तान को आदरपूर्वक उसे स्वीकार करना चाहिए।

दुलार तो हर व्यक्ति स्वीकार कर लेता है, लेकिन दण्ड को स्वीकार करना एक कठिन तप है। दुलार में दोनों पक्ष आनन्दित होते हैं, लेकिन दण्ड में दण्ड पाने वाला कष्ट सहकर दण्ड देनेवाले को आनन्दित करता है।

अच्छी आज्ञाओं का पालन करनेवाले पुत्र संसार में सर्वत्र सुलभ हैं। लेकिन दण्डात्मक आज्ञाओं को स्वीकार कर पाना सबके लिए सम्भव नहीं होता। ऐसे पुत्र दुर्लभ होते हैं। विरले ही इस कठिन पथ पर चल पाते हैं।

राम कहते हैं कि हे माँ! दण्डात्मक आदेश देकर तुम दोनों ने मुझे दुर्लभ पुत्र बनने का अवसर दिया है। कितने उदारचेता हैं राम! विषम परिस्थितियों को दण्ड मानकर विवशता में स्वीकार करना भी आज्ञा-पालन है, लेकिन इसका दंश जीवन भर व्यक्ति को सताता रहता है। किन्तु इसे अवसर मानकर स्वीकार करना आज्ञा-पालन को तपस्या के रूप में रूपान्तरित करना है।

जब दण्ड को अवसर मान लिया जाता है तब दण्ड देनेवाला स्वयं अपनी गरिमा खो देता है और दण्ड भोगनेवाला आचरण से हिमालय को छू लेता है। अयोध्या के राजभवन में आज तक राम सबके प्रिय थे, लेकिन आज सबके पूज्य बन गये। आज से अपने प्रिय राम को अयोध्या अपनी भूमि से निष्कासित करके भी अपने हृदय-सिंहासन पर सनातन काल के लिए प्रतिष्ठित रखेगी। आज से जो राम जंगल में दर-दर घूमकर अकिंचन होकर धक्के खायेंगे, वही राम अनन्त काल तक जन-मन के उपवन के झूले पर सर्वप्रिय होकर हिलोरें खायेंगे। तप कभी व्यर्थ नहीं जाता है। आचरण की शुचिता वर्तमान को भले ही कँटीला बनाये, भविष्य को पुष्प-

कोमल बनाती है। सदाचरण सदैव मंगल का द्वार खोलता है। इसीलिए जीवन भर दुःख उठानेवाले राम के जीवन को मंगल मूल कहा गया है।

दुःख में सुख की खोज करनेवाले राम मानव इतिहास में अत्यन्त दुर्लभ और असाधारण बन गये।

मुनिगन मिलनु बिसेषि बन सबहि भाँति हित मोर।
तेहि महँ पितु आयसु बहुरि संमत जननी तोर॥

—वन में विशेष रूप से मुनियों का मिलाप होगा, जिसमें मेरा सभी प्रकार से कल्याण है। उसमें फिर पिता की आज्ञा और हे जननी! तुम्हारी सम्मति है।

कैकेयी ने राम को दण्ड दुष्परिणाम भोगने के लिए दिया था, परन्तु राम उसे अपने लिए पुरस्कार में बदल रहे हैं। वे धन्य हैं जो अपने जीवन में आत्मीय जनों से मिलनेवाले दण्ड को पुरस्कार मानकर स्वीकार करते हैं।

कैकेयी समझती थीं, राम राज्य खोकर चौदह वर्षों तक जंगल में उपेक्षा और उत्पीड़न का जीवन जीते हुए दुर्भाग्य की चक्की पीसेंगे, लेकिन राम इसे सौभाग्य का मलय समीर मान रहे हैं। राम कहते हैं कि वन में देव तुल्य मुनियों के साथ रहने का अवसर मिलेगा। अयोध्या के राजभवन में मैं राजनीतिक जोड़-तोड़ में व्यस्त रहता, सामान्य व्यक्तियों के बीच रहकर मैं जीवन के तुच्छ आदर्शों की चर्चा करता। पर वन में ऋषियों के साथ दिव्याचरण करूँगा। सत्संगति में रहकर सत्पुरुष बनने का सौभाग्य और प्रचुरता से उपलब्ध होगा, ऋषि संगति से ऋषितुल्य बनने का सौभाग्य प्राप्त होगा, क्योंकि मनुष्य अपनी संगति की उपज होता है।

जब मनुष्य लम्बे काल तक महात्माओं के साथ रहता है तो सब तरह से उसका कल्याण होता है। इसीलिए राम कहते हैं कि 'सबहि भाँति हित मोर'। सत्पुरुषों के साथ रहने को सौभाग्य और कल्याण समझनेवाले को स्वयं सत्पुरुष होना चाहिए या सत्पुरुष बनने की उसके भीतर चाह होनी चाहिए। केवल दिखावे के लिए इतने बड़े दण्ड को कल्याणकर मानना सम्भव ही नहीं।

वनवास को अपने उत्कर्ष का साधन मानने के साथ-ही-साथ राम कहते हैं इससे मुझे पिता की आज्ञा मानने की धन्यता मिलेगी और तुम्हारी सम्मति के अनुरूप जीवन जीने का सौभाग्य प्राप्त होगा।

भरतु प्रानप्रिय पावहिं राजू।
बिधि सब बिधि मोहि सनमुख आजू॥

—और प्राणप्रिय भरत राज्य पायेंगे। (इन सभी बातों को देखकर लगता है कि) आज विधाता सब प्रकार से मेरे सन्मुख हैं। (मेरे अनुकूल हैं।)

माता-पिता के अप्रिय दण्ड को भी स्वीकार कर लेना प्राय: आसान होता है, क्योंकि माता-पिता से सन्तान की कोई प्रतिद्वन्द्विता नहीं होती। किन्तु भाई द्वारा प्राप्त अप्रिय दण्ड को प्रेमपूर्वक स्वीकार करना अत्यन्त कठिन है। इसके लिए महान् चरित्र की आवश्यकता होती है।

राम अपने स्नेह-सौजन्य से कैकेयी के मन के काँटे को बड़ी खूबी के साथ निकाल रहे हैं। वह भरत से होनेवाले किसी सम्भावित संघर्ष से भी अपने को अलग करते हैं। कैकेयी ने राम को चलने के लिए वन की पगडण्डी दी थी, किन्तु राम माता कैकेयी को अयोध्या के राज्य में विहरने के लिए राजमार्ग प्रदान कर रहे हैं, जिससे वह भरत के साथ अकण्टक साम्राज्य-सुख भोग सकें।

बिना चरित्र की श्रेष्ठता के यह कहने का साहस जुटा पाना कठिन है कि हे माँ! तुम्हारे दण्ड से विधाता ने मेरे लिए अपार सौभाग्य का द्वार खोल दिया है। इससे अधिक मुझे और कुछ भी नहीं चाहिए।

जौं न जाउँ बन ऐसेहु काजा।
प्रथम गनिअ मोहि मूढ़ समाजा॥

—यदि ऐसे काम के लिए भी मैं वन न जाऊँ तो मूर्खों के समाज में सबसे पहले मेरी गिनती करनी चाहिए।

कैकेयी के निर्मम वरदान के भीतर से राम अनेक सुखद वरदान खोज निकालते हैं। ऋषियों से विशेष रूप से मिलन, सर्वकल्याण, पिता की आज्ञा-पालन, माता की सम्मति की रक्षा और भरत को सिंहासन प्रदान करने का अवसर। एक दण्ड से पाँच पुरस्कार। निश्चित रूप से यह बड़ा लुभावना सौदा है। हर बुद्धिमान् मनुष्य इसे लपक लेगा। राम ने भी इसे लपक लिया।

इस संसार में सबसे बड़ी पीड़ा है—मूर्ख कहलाना। बुद्धिमान् व्यक्ति अपने किसी भी निर्णय से मूर्ख बनने की पदवी नहीं पाना चाहता है। इसीलिए बहुत सोच-समझकर निर्णय लेता है।

मनुष्य के लिए परमात्मा का सबसे बड़ा उपहार बुद्धि है। बुद्धि को पाकर ही उसने आकाश छूने की आकांक्षा प्राप्त की। बुद्धि के माध्यम से ही उसने कण-कण में व्याप्त परमात्मा की अनुभूति की।

यह बुद्धि का ही कमाल है कि राम दुःख में भी सुख खोज पाने में सक्षम रहे। राम का तर्क देखिए।

सेवहि अरँहु कलपतरु त्यागी।
परिहरि अमृत लेहिं बिषु मागी॥

—(मूर्खों का लक्षण श्रीराम बताते हैं) जो कल्पतरु को त्यागकर रेंड की सेवा करते हैं और अमृत त्यागकर विष माँग लेते हैं।

क्षुद्र के लिए श्रेष्ठ को त्यागना ही मूर्खता है। इसीलिए सन्तों ने कहा कि जन्म-मरणशील संसार के मोह में प्रभु को त्यागना मन्द बुद्धि का लक्षण है। यह मूढ़ता है जिसे मनुष्य बुद्धिमत्ता समझकर जी रहा है। राम कहते हैं कि मैं ऐसा नहीं हूँ। मैं तो बुद्धि का उपयोग करके जो वरेण्य है उसी का उपयोग करूँगा। मूर्ख भी ऐसे श्रेष्ठ अवसर को हाथ से नहीं जाने देगा।

अंब एक दुखु मोहि बिसेषी।
निपट बिकल नरनायकु देखी॥

—हे माता! मुझे एक ही दुःख विशेष रूप से हो रहा है, वह महाराज को अत्यन्त व्याकुल देखकर।

सबसे पहले राम अपने उदात्त आचरण से कैकेयी को समझाते हैं कि जो वरदान दण्ड मानकर उन्होंने माँगा है उसे वह दण्ड नहीं, पुरस्कार मानते हैं। उनसे होनेवाले अनेक फायदों की सूची उन्होंने कैकेयी के सामने रख दी। इनमें से सभी फायदे कैकेयी के लिए प्रिय थे। इससे उनका लक्ष्य सिद्ध होता था। राम का वन जाना किसी भी कारण से रुकता नहीं था। वह अन्तर्मन से प्रसन्न हो रही हैं।

अब राम अपने पिता की ओर दृष्टि उठाते हैं। पिता दशरथ वहीं हैं। सम्भवतः सभी बातें सुन रहे हैं। अपने तेजस्वी और सद्‌गुणी पुत्र की बातें सुनकर निश्चित रूप से वे अपने दुःख को सहने की शक्ति पा रहे होंगे। यह सर्वविदित है कि आज्ञाकारी सन्तान पिता के यश और आयु दोनों को बढ़ाती है। फिर भी राम उन्हें अलग से सम्बोधित कर रहे हैं, जैसा उन्होंने पहले कैकेयी को सम्बोधित किया था।

राम कहते हैं कि पिताजी बेकार में व्याकुल हो रहे हैं। उनकी पराजित मनोदशा देखकर मुझे बड़ी पीड़ा हो रही है।

थोरिहिं बात पितहि दुख भारी।
होति प्रतीति न मोहि महतारी॥

—इस थोड़ी सी बात के लिए ही पिताजी को इतना भारी दुःख हो, हे माता! मुझे इस बात पर विश्वास नहीं होता।

प्रबुद्ध राम बड़ी गहरी बात बोल रहे हैं। वह कहते हैं कि पिताजी भयानक रूप से विचलित हैं, पर मेरे देखने में तो ऐसी कोई दुःखद बात है ही नहीं। वन जाना तो एक छोटी घटना है। इसके लिए आकुल-व्याकुल होना उचित नहीं लगता।

पिताजी साधारण व्यक्ति होते और दुःखी होते तो में मान लेता, पर वह तो श्रेष्ठ और समझदार हैं, फिर ऐसा क्यों कर रहे हैं ? छोटा सा कारण उन्हें इतना झकझोर देगा, इसका मुझे विश्वास नहीं हो रहा है।

राम जो मार्ग अपना रहे हैं वही मार्ग दुखियारे और हारे-थके व्यक्ति को राहत दिलाने के लिए सर्वश्रेष्ठ है। दशरथ राम के कारण दुःखी हैं और राम कह रहे हैं कि वन जाने में मुझे कोई दुःख है ही नहीं। फिर तो सारी समस्या समाप्त हो जानी चाहिए। जिस पुत्र के दुःख के लिए आप रो रहे हो, यदि वही हँसता हुआ आंपके सामने उपस्थित हो तो दुःख काहे का।

राउ धीर गुन उदधि अगाधू।
भा मोहि तें कछु बड़ अपराधू॥

—महाराज तो बड़े धीर और गुणों के अथाह समुद्र हैं। अवश्य ही मुझसे कोई अपराध हो गया है।

अपराध-बोध ही मनुष्य को सबसे ज्यादा दुःखी करता है। राम अच्छी तरह जानते हैं कि दशरथ अपराध-बोध से ग्रस्त हैं। अतः समझाते हुए कहते हैं कि पिता जी तो बड़े धैर्यवान् और गुणों के अथाह समुद्र हैं। फिर इतने दुःखी क्यों हैं। राम कहना चाहते हैं कि जिसमें धीरज हो और अपार गुण हो, वह सहज ही संकट को पार कर लेता है।

वास्तव में इस संसार में संकट को पार करने के ये ही दो मार्ग हैं। आवश्यक नहीं कि आपका संकट क्षण मात्र में दूर हो जाय। इसीलिए धीरज की आवश्यकता होती है। धैर्य मनुष्य के आत्मबल को टिकाता है। पर धैर्यपूर्वक बैठकर निठल्ली प्रतीक्षा से भी काम नहीं बनता है। धैर्य के साथ-साथ गुण भी चाहिए, जो परिस्थिति को अनुकूल बना सके।

राम कहते हैं कि महाराज दशरथ में धैर्य और गुण दोनों प्रचुर मात्रा में हैं, अतः मुझे नहीं लगता कि वे मेरे वन जाने की बात से व्याकुल हैं। लगता है कि मुझसे कोई बड़ा अपराध हो गया है। किसी को अपराध-बोध से मुक्त करने के लिए यही सर्वोत्तम उपाय है कि अपराध अपने पर ले लिया जाय। राम ने यही किया। उन्हें पता है कि दशरथ इस बात से पीड़ित हैं कि वे निर्दोष राम को वन भेज रहे हैं। पर उसे दरकिनार कर स्वयं को राम दोषी सिद्ध कर रहे हैं, जिससे दशरथ अपराध-बोध से मुक्त हो जायें।

जातें मोहि न कहत कछु राऊ।
मोरि सपथ तोहि कहु सतिभाऊ॥

—उसी कारण महाराज मुझसे कुछ नहीं कहते। तुम्हें मेरी सौगन्ध है, माता! तुम सच-सच कहो।

कैसी विचित्र स्थिति है! कैकेयी अपना सच पहले ही निवेदित कर चुकी हैं। राम भी अपना सच कह चुके हैं। अब दशरथ को ही अपना सच कहना है। लेकिन उन्हें इसका होश ही नहीं है। राम जब कैकेयी से दशरथ के सच को कहने के लिए निवेदन करते हैं तो कैकेयी इसे सहजता से स्वीकार नहीं करती हैं।

सहज सरल रघुबर बचन कुमति कुटिल करि जान।
चलइ जोंक जल बक्रगति जद्यपि सलिलु समान॥

—रघुकुल में श्रेष्ठ श्रीराम के स्वभाव से ही सीधे वचनों को दुर्बुद्धि कैकेयी टेढ़ा ही करके जान रही है, जैसे यद्यपि जल समान होता है, परन्तु जोंक उसमें टेढ़ी चाल से चलती है।

राम अपनी विनम्रता और सरलता से अपने पिता दशरथ के अपराध-बोध को कम करने के लिए प्रयत्न कर रहे थे। किन्तु कैकेयी ने इसे राम का व्यंग्य-बाण समझा। कैकेयी को लगा कि राम अपनी विनम्रता और सदाशयता को अतिरिक्त रूप में दिखाकर उनकी क्रूरता और कुटिलता को ही रेखांकित कर रहे हैं। इससे वह चिढ़ उठीं।

कुटिल व्यक्ति सदैव सज्जनों के शुद्ध वचन को टेढ़े भाव से ग्रहण करता है। जैसे टेढ़ी गति से चलनेवाली जोंक सरल और शान्त जल को टेढ़ा करके चलती है। संसार की सबसे बड़ी त्रासदी यही है कि क्षुद्रता कभी श्रेष्ठता को गौरव दे ही नहीं पाती है। जिस दिन क्षुद्र श्रेष्ठ की शरण में चला जाये, वह महिमामण्डित हो जाता है।

सन्त एकनाथ के पास एक मूढ़ बच्चे को एक ब्राह्मणी छोड़ गयी। बोली, 'बाबा, मुझसे यह नहीं सँभलता है। आप ही इसकी देखभाल करें।' गोवबा नाम का वह बालक एकनाथजी के पास ही रहने लगा। उसे महाराष्ट्र का एक पकवान पूरन पोलिस बहुत पसन्द था। गुरु एकनाथजी उसे खूब प्यार से पकवान खिलाया करते थे। बाद में उस बालक का नाम 'पूरन पोल्या' पड़ गया।

यह बालक बहुत मूढ़ था, पर सन्त एकनाथजी को हृदय की गहराइयों से प्यार करता था। एकनाथजी उसके लिए भगवान् थे। जब एकनाथजी के देह छोड़ने का समय आया तो सभी चिन्तित हुए कि उनकी अपूर्ण रचना 'भावार्थ रामायण' को कौन पूर्ण करेगा। एक दिन लोगों ने पूछा, 'महाराजजी, यह कार्य कौन करेगा?'

एकनाथजी ने भक्तों को बुलाकर कहा, 'यह कार्य पूरन पोल्या करेगा।'

सभी चकित हुए, क्योंकि वह तो एकदम मूर्ख था। किन्तु देह त्यागने के पहले सन्त ने पूरन पोल्या को छुआ और वह देखते-ही-देखते मूर्ख से ज्ञानी हो गया। उसने गुरु की मृत्यु के बाद जो पद्य लिखे वे एकदम गुरु जैसे ही थे। यह सोचा ही नहीं जा सकता था कि ये एकनाथजी के वचन नहीं हैं।

क्षुद्रता जब भी श्रेष्ठता का वरण करती है, रूपान्तरित होती है। पर कैकेयी में अहं त्यागकर समर्पित होने की भावना नहीं थी, इसीलिए वह राम की ऊँचाई नहीं प्राप्त कर सकीं और राम को नीचे गिराने में भी सफल नहीं हो सकीं।

रहसी रानि राम रुख पाई।
बोली कपट सनेहु जनाई॥

—रानी कैकयी श्रीराम का रुख पाकर हर्षित हो गयीं और कपटपूर्ण स्नेह दिखाकर बोलीं।

कैकेयी बिना बखेड़े के सत्ता का हस्तान्तरण और राम का निष्कासन चाहती थीं। राम ने इसमें उनकी भारी मदद की। यदि राम अड़ जाते और राज्य न छोड़ने के लिए हठ करते तो बवेला मचता और कैकेयी की परेशानियाँ बढ़ जातीं। किन्तु राम ने तो 'दुर्लभ पुत्र' बनने की कामना दिखाकर अपने आपको चुपचाप अयोध्या के सिंहासन से हटा लिया। अपनी बात बनती देख कैकेयी परम प्रसन्न हुई थीं, पर उस प्रसन्नता को उन्होंने प्रकट नहीं किया।

कपटी व्यक्ति दूसरे की सज्जनता को 'भोलेपन' के रूप में देखता है और उसका अपने स्वार्थ के लिए उपयोग करके अति आनन्दित होता है। कैकेयी अपना स्वार्थ सिद्ध होते देख राम पर रीझ जाती हैं।

सपथ तुम्हार भरत कै आना।
हेतु न दूसर मैं कछु जाना॥

—तुम्हारी शपथ और भरत की सौगन्ध है, मुझे राजा के दुःख का दूसरा कोई भी कारण विदित नहीं है।

राम ने तनावग्रस्त परिस्थिति को शिथिल करने के लिए कहा था कि वन जाना एक छोटी घटना है फिर भी पिताजी क्यों परेशान हैं ? क्या मैंने कोई और अपराध कर डाला है ? कैकेयी को इससे अच्छा मौका मिला। उन्होंने सोचा कि वनवास की बात तो राम ने चुपचाप स्वीकार कर ली है, अब और किसी अपराध के बारे में पूछ रहे हैं। इस अपराध से कैकेयी का कुछ लेना-देना नहीं था। अतः वह प्रमुदित हो बोलीं।

उन्होंने राम और भरत दोनों की शपथ खायी। संशयात्मक परिस्थिति में

विश्वास को स्थापित करने के लिए मनुष्य शपथ लेता है। कैकेयी दो शपथ ले रही हैं—राम की और भरत की। इस तरह वह राम को विश्वास दिलाना चाहती हैं कि दूसरा और कोई कारण उनकी जानकारी में नहीं है।

तुम्ह अपराध जोगु नहिं ताता।
जननी जनक बंधु सुखदाता॥

—हे तात! तुम अपराध के योग्य नहीं हो। तुम तो माता-पिता और भाइयों को सुख देनेवाले हो।

आह! यही वचन यदि कैकेयी ने सहज भाव से कपट त्यागकर कहे होते तो इसे हम मातृ-वात्सल्य का श्रेष्ठ दस्तावेज मान लेते। किन्तु यह कथन उनके कपट-भाव से जन्म ले रहा है। कपटी व्यक्ति की मृदुता सर्वनाश करती है और सहज व्यक्ति की मृदुता आशीर्वचन बनती है। मनोभाव शब्दों की कीमत को कितना बदल देते हैं!

एक शराबी धुत होकर पार्क में लेटा हुआ था। जब रात के बारह बजे तो सिपाही ने डण्डा पटकते हुए कहा, 'अरे महाशय, घर जाओ, रात बहुत हो चुकी है।'

शराबी ने हौले से आँख खोली और बोला, 'जाना कहीं नहीं है। तुम जानते नहीं, पूरा शहर चक्कर काट रहा है। मैं निगाह लगाये हुए हूँ, जैसे ही मेरा घर आयेगा, मैं उसमें घुस जाऊँगा।'

शब्दों का अपना कोई स्थिर मोल नहीं है। बोलनेवाले के अन्दाज और मनःस्थिति से उन्हें अर्थ और मोल मिलता है।

कैकेयी ने राम के शील की जो कसौटी प्रस्तुत की है, उसमें भी उनका कपट साफ दिखाई दे रहा है। वह कहती हैं कि तुम माता-पिता और भाई को सुख देनेवाले हो, इसलिए अपराध के योग्य हो ही नहीं सकते। यहाँ कैकेयी अपने स्वार्थ को सामने रखकर आदर्शों की बात कर रही हैं। जब स्वार्थ आगे होता है तो आदर्शों की चर्चा फीकी पड़ जाती है और जब आदर्श आगे होता है तब स्वार्थ भावना निस्तेज हो जाती है।

राम के शील की महिमा का बखान कैकेयी इसलिए कर रही हैं, क्योंकि राम के आज्ञाकारी होने से उनका स्वार्थ पूरा हो रहा है। भरत को राजा बनाने और राम के वनवासी होने की उनकी मनोकामना पूरी हो रही है। इसीलिए वह कह रही हैं कि राम अपने माता-पिता को सुख देने वाले हैं। राम को भाई को सुख देनेवाला बताकर कैकेयी भरत के अधिकार को सुरक्षित करने में लगी हुई हैं।

कैकेयी को अपने सुख की तो बड़ी चिन्ता है, पर राम के दुःख की तनिक भी परवाह नहीं है। माता-पिता की आज्ञा मानने और भाई को सुख देने में राम कितने दुःखी होंगे, इसकी चिन्ता कैकेयी को तनिक भी नहीं है। व्यक्ति जब अपने सुख के लिए दूसरों को दुःखी देखने की इच्छा करता है या अपने सुख की चाह में दूसरे के दुःख की उपेक्षा करता है तो चारित्रिक दृष्टि से उसका पतन होता है।

प्रेमपूर्वक यदि कैकेयी राम के गुणों का बखान करतीं तो अमर हो जातीं, किन्तु कपटपूर्वक मात्र दिखावे के लिए राम के बारे में मीठे शब्द बोलकर वे अपने को छोटा बना रही हैं।

राम सत्य सबु जो कछु कहहू।
तुम्ह पितु मातु बचन रत अहहू॥

—हे राम! तुम जो कुछ भी कर रहे हो, सब सत्य है। तुम माता-पिता के वचनों (के पालन) में तत्पर हो।

स्वार्थ में अन्धी बनी कैकेयी राम की शान में झूठे कसीदे काढ़ रही हैं। राम की दिखावटी प्रशंसा करके उन्हें अयोध्या से धक्के देकर निकालने की पूरी तैयारी वह निर्दयतापूर्वक कर रही हैं।

ठग प्रायः शास्त्र-वचन बोलता है, लेकिन पतित आचरण करता है। कैकेयी भी श्रेष्ठ वाणी के माध्यम से विष-वमन कर रही हैं। राम को जीवन का सर्वाधिक कठोर दण्ड देनेवाली कैकेयी जब राम की प्रशंसा करती हैं तो यह पतितात्मा द्वारा वेदोच्चार जैसा लगता है।

पितहि बुझाइ कहहु बलि सोई।
चौथेंपन जेहिं अजसु न होई॥

—मैं तुम्हारी बलिहारी जाती हूँ। तुम पिता को समझाकर वही बात कहो जिससे चौथेपन में इनका अपयश न हो।

क्रूरता की यह हद है। अपने स्वार्थ की पूर्ति के लिए सभी सम्बन्धों का गर्हित उपयोग पतन की सभी सीमाओं को पार कर रहा है। कैकेयी चाहती हैं कि विनम्र और आज्ञाकारी राम अपने पिता को कैकेयी के स्वार्थ की पूर्ति के लिए समझायें। अपने स्वार्थ के लिए कैकेयी ने राम जैसे पुत्र का बलिदान तो पहले ही कर दिया था, अब वे दशरथ जैसे पति का भी बलिदान करने पर तुली हुई हैं।

सचमुच! स्वार्थान्ध व्यक्ति नीति और प्रीति दोनों को पाँवों तले रौंद देता है। नीति यह कहती है कि आचरण को लोक-कल्याण और सर्वहित से जोड़ा जाये और प्रीति यह कहती है कि स्वार्थ के लिए किसी के सुख को न तोड़ा जाये। कैकेयी

दोनों के विपरीत आचरण कर रही हैं।

कैकेयी इस तरह से बात कर रही हैं जैसे कि वह राम और दशरथ का बहुत खयाल रखती हैं। राम को आज्ञा-पालन और दशरथ को वचन-पालन करने के लिए जिस तरह वह प्रेरित कर रही हैं उसे यदि कैकेयी के अन्तर्मन को न जानने वाला कोई सुने तो प्रेरक वचन मानेगा। पर वास्तव में ये वचन तो संहारक हैं, राम और दशरथ दोनों की बलि चढ़ानेवाले हैं।

तुम्ह सम सुअन सुकृत जेहिं दीन्हे।
उचित न तासु निरादरु कीन्हे॥

—जिस पुण्य ने इनको तुम जैसे पुत्र दिए हैं, उनका निरादर करना उचित नहीं।

कैकेयी के मन की कुटिलता तो देखिए। राम ने झटपट वन जाने और भरत को राज्य देने के लिए 'हाँ' कर दी थी, इससे वह परम प्रसन्न थीं। पर अभी मन का काँटा पूरी तरह से निकला नहीं था। अभी महाराज दशरथ ने राम की 'हाँ' पर अपनी स्वीकृति की मुहर नहीं लगायी थी। अगर दशरथ 'न' कर दें तो कैकेयी के किये-धरे पर पानी फिर सकता है। बहुत सम्भव है कि दशरथ के समझाने पर राम भी वन जाने से मना कर दें तब तो कैकेयी की हालत एकदम से खस्ता हो जायेगी। यह एक विकट परिस्थिति है, जिससे कैकेयी यथाशीघ्र निस्तार पाना चाहती हैं।

वह राम के प्रति दशरथ के मोहासक्त प्रेम को अच्छी तरह जानती हैं और धर्म के प्रति राम की निष्ठा को भी पूरी तरह से समझती हैं। अत: राम और दशरथ दोनों को एक ही निशाने से बेधना चाहती हैं। कैकेयी बड़ी मृदुता से राम को समझाती हैं कि प्रेम से बढ़कर सुकृत और पुण्य है। इन दोनों को खोकर मनुष्य अपयश का भागी बनता है।

वास्तव में अब केवल राजा ही कैकेयी के मार्ग में कण्टक बने हुए हैं। राम ने कैकेयी के चरणों की धूलि अपने माथे पर पहले ही चढ़ा ली है। अत: वह हर तरह से राजा को घेर रही हैं। कमजोर आदमी को प्राण भय से घेरा जाता है। सत्पुरुष को सुकृत और पुण्य के नष्ट होने के भय से घेरा जाता है।

साधारण व्यक्ति के लिए प्राण से प्यारा कुछ भी नहीं है और सुकृतिवान् पुरुष के लिए धर्म से बढ़कर कुछ भी नहीं है। दशरथ साधारण पुरुष नहीं हैं, यह कैकेयी अच्छी तरह से जानती हैं; पर वे राम के प्रति मोह के कारण साधारण बन सकते हैं, यह भी अच्छी तरह से उन्हें पता है। अत: वह राम के सहारे दशरथ के पुण्यभाव को जगाना चाहती हैं। पुण्यभाव यदि जाग्रत् रहे तो मनुष्य कमजोर होकर तुच्छ निर्णय नहीं लेता है।

कैकेयी का कमाल तो देखिए। वह दशरथ के साथ राम को भी स्वर्ण सूत्र में बाँधती हैं। कहती हैं कि सुकृत के कारण ही दशरथ को तुम्हारे जैसा शीलवान् पुत्र मिला है, अतः ऐसे मूल्यवान् पुण्य को त्यागना ठीक नहीं।

हमारी संस्कृति कहती है कि बच्चे पिता के पुण्य के प्रतीक होते हैं। यदि बच्चे दुष्ट निकल जायें तो पिता के सुकृत में कहीं-न-कहीं कोई कमजोरी होती है। राम का परम पावन होना दशरथ के सुकृत का फल है। अतः दशरथ को ऐसे सुकृत को मोह में आकर नष्ट नहीं करना चाहिए।

लागहि कुमुख बचन सुभ कैसे।
मगहँ गयादिक तीरथ जैसे॥

—कैकेयी के बुरे मुख में शुभ वचन कैसे लगते हैं, जैसे मगध देश में गया आदिक तीर्थ।

कैकेयी अपने कुमुख से श्रेष्ठ वचन बोल रही हैं। सन्त-महात्मा जब श्रेष्ठ वचन बोलें तो अच्छा लगता है। ऐसे में वचनों की शोभा बढ़ती है, लेकिन जब दुष्ट व्यक्ति शास्त्र वचन बोलते हैं तो वे बड़े अशुभ लगते हैं। कैकेयी के कुमुख से निकलनेवाली शुभ वाणी ऐसी है जैसे मगध जैसे हेय आचरणवाले देश में गया जैसे तीर्थ हों। हिमालय जैसे पवित्र स्थान में तीर्थ हो तो यह सहज स्थिति है और मगध जैसे हेय स्थान में तीर्थ हो तो यह विरल है।

रामहि मातु बचन सब भाए।
जिमि सुरसरि गत सलिल सुहाए॥

—श्रीराम को माता कैकेयी के सब वचन ऐसे अच्छे लगे जैसे गंगा में जाकर सब (अच्छे-बुरे) जल शुभ, सुन्दर हो जाते हैं।

श्रेष्ठ मनुष्य हर स्थान से शुभ को ग्रहण कर लेते हैं। वे मधुमक्खी की तरह होते हैं। यद्यपि कैकेयी बुरे भाव से श्रेष्ठ वचन बोल रही थीं, लेकिन राम ने उसे शुभ भाव से ग्रहण किया।

शीलवान् राम गंगा नदी की तरह व्यवहार कर रहे हैं। जैसे गंगा नदी में ताल-तलैया का जल आकर भी पवित्र गंगा बन जाता है उसी तरह कैकेयी की हेय बुद्धि से निकले वचन राम के पास आकर पवित्र हो रहे हैं। राम ने कैकेयी के मन की खोट को नहीं, उनके वचन के शुभ को ही स्वीकार किया।

महात्मा गांधी के जीवन की एक घटना है। एक अंग्रेज उन्हें मोटी-मोटी गालियाँ लिखकर कई पृष्ठों के पत्र भेजता था। गांधीजी 'आलपिन' और कोरे कागजों को निकालकर अपने पास रख लेते थे और पत्रों को फाड़कर फेंक देते थे।

किसी ने जब पूछा तो गांधीजी ने कहा, 'इन पत्रों में जो शुभ है उसे मैं स्वीकार कर लेता हूँ और जो अशुभ है, उसे फेंक देता हूँ।'

इस घाल-मेलवाले संसार में जीवन का यही मार्ग सबसे प्यारा है। समस्त संसार को शुभ बनाकर उसके बीच रहना बड़ा कठिन है, यह परमात्मा की सृजन-लीला में दखल भी होगा। क्योंकि जब प्रभु ने ही अशुभ को अपने लीला व्यापार के लिए बना रखा है तो हम उसे मिटा कैसे पायेंगे? लेकिन इस सृष्टि में शुभ की खोज करना और उसे अपनाकर श्रेष्ठ जीवन जीना सहज सम्भव है।

इस संसार में शुभ और अशुभ मनुष्य के विवेक को जाग्रत् करने के लिए हैं, जिससे वह सही ढंग से चुनाव कर सके। कैसी विचित्र लीला है कि मनुष्य में चयन करने की शक्ति तो बराबर रहती है, पर अधिकतर वह अशुभ का चयन करता है। इसीलिए विवेकपूर्ण चयन-शक्ति का जागरण आवश्यक है। राम में यह शक्ति प्रचुर मात्रा में है।

गइ मुरुछा रामहि सुमिरि नृप फिर करवट लीन्ह।
सचिव राम आगमन कहि बिनय समय सम कीन्ह॥

—इतने में राजा की मूर्च्छा दूर हुई। उन्होंने राम का स्मरण करके (राम नाम कहकर) फिर करवट ली। मन्त्री ने राम का आना कहकर समयानुकूल विनती की।

नियति बड़ी उदार है। वह शुभ और अशुभ सबके लिए द्वार खोलती है। नियति ने ही कैकेयी के मन को फेरकर कोप-भवन में भेजा, नियति ने ही दशरथ को कैकेयी के वरदानों के चंगुल में फँसाया और नियति ने ही राम को कैकेयी के पास बुलवाया। और यह भी नियति का ही खेल है कि जब राम आये तो दशरथ बेहोश थे, जिससे बिना किसी अवरोध के कैकेयी को राम से अपनी बात को कहने का अवसर मिला।

दशरथ होश में होते तो कैकेयी बेखटके राम से सबकुछ नहीं कह पातीं। दशरथ के अवरोध-विरोध से नाहक ही तू-तू मैं-मैं होती, जिससे राम का मन भी खट्टा हो जाता। लेकिन दशरथ की मूर्च्छा के कारण सबकुछ शान्त भाव से हो गया। अब कैकेयी भी निश्चिन्त थीं कि बात जहाँ पहुँचाई जानी चाहिए थी वहाँ पहुँच गयी है।

अब जब सबकुछ शान्त हो गया है, राजा धीरे से करवट ले रहे और राम-राम कह रहे हैं। यह राम-राम सम्भावित विरह का सूचक है। यह दशरथ के हृदय की पीड़ा का उद्‌गार है। इसे देखकर सुमन्त्र और राम दोनों ने पीड़ा अनुभव की होगी।

सुमन्त्र ने इसे राजा से कुछ कहने का एक अवसर भी माना। अत: वह विनयपूर्वक राजा से बताने लगे कि आपकी आज्ञानुसार राम कक्ष में उपस्थित हैं।

वातावरण अब काफी शान्त है। कैकेयी अपने मन की बात कह चुकी हैं, राम की अनुकूल स्वीकृति पा चुकी हैं। राम भी सारी स्थिति को समझ चुके हैं और महाराज दशरथ भी कुछ देर तक अर्धचेतना में रहकर शान्त-स्थिर हो चुके हैं। ऐसे में राम की उपस्थिति की बात अनुकूल समय देखकर सुमन्त्र कर रहे हैं।

अवनिप अकनि रामु पगु धारे।
धरि धीरजु तब नयन उघारे॥

—जब राजा ने सुना कि राम आये हैं तो उन्होंने धीरज धरकर नेत्र खोले।

राम के वियोग ने ही राजा को अर्धचेतना में डाला था और राम के योग ने ही राजा को चेतना में वापस किया। राम के नाम की यही महिमा है। भक्त जब राम से विलग होता है तो उसकी चेतना चली जाती है और राम को पाता है तो परम चैतन्य हो जाता है। माता-पिता और सन्तान के सम्बन्ध में भी यही होता है। दशरथ इसी नियम के अनुसार ही अपनी चेतना खोये थे। किन्तु कपटाचार में फँस जाने के कारण कैकेयी इस सहज नियम से दूर छिटक गयी थीं। वह राम को दु:ख देकर अपने को सुखी कर रही थीं। हिन्दू संस्कृति का एक सहज सूत्र है कि जब भक्त भगवान् की चेतना से जुड़ा रहता है और माता-पिता सन्तान के कल्याण की कामना से जुड़े रहते हैं तब जीवन यमुना का तट और मन वृन्दावन हो जाता है।

सचिवँ सँभारि राउ बैठारे।
चरन परत नृप रामु निहारे॥

—मन्त्री ने सँभालकर राजा को बैठाया। राजा ने श्रीराम को अपने चरणों में पड़ते (प्रणाम करते) देखा।

इस नश्वर संसार में लौकिक सम्बन्ध भी कितने सतही होते हैं। आज के पहले यदि दशरथ को जरा छींक भी आती तो कैकेयी आसमान सिर पर उठा लेतीं, उनके स्वास्थ्य के लिए सब तरह का प्रबन्ध करतीं। लेकिन महाराज बेहोश पड़े हैं। क्लान्त-शिथिल दशरथ को सुमन्त्र सँभाल रहे हैं। पास ही बैठी कैकेयी तनिक भी रुचि नहीं ले रही हैं। कैकेयी को देखकर लगता है कि क्रोध और प्रतिशोध व्यक्ति को सबसे पहले सम्बन्धहीन करता है।

संसार में सारे उत्पातों की जड़ सम्बन्धहीनता है। सम्बन्ध प्रगाढ़ हो तो उत्पात हो ही नहीं सकते और सम्बन्ध शिथिल हो तो सर्वत्र उत्पात ही दिखाई देता है। हिन्दू मनीषा ने समस्त जगत् को इसीलिए ईश्वरमय कहा। सब में एक ही चेतना

का प्रवाह माना। यह जीवन के उत्पात को कम करने का सार्थक प्रयत्न था। उत्तर काण्ड में भगवान् शिव इसी सत्य की ओर ध्यान खींचते हैं।

उमा जे राम चरन रत बिगत काम मद क्रोध।
निज प्रभुमय देखहिं जगत केहि सन करहिं बिरोध॥

—हे उमा! जो रामचंद्रजी के चरणों के प्रेमी हैं और काम, अभिमान तथा क्रोध से रहित हैं, वे जगत् को अपने प्रभु से भरा हुआ देखते हैं, फिर वे किससे वैर करें?[1]

संसार जब प्रभुमय होता है तो हम समस्त सृष्टि से एक विधेयक सम्बन्ध स्थापित करते हैं। इस सम्बन्ध के बनने से काम, क्रोध और मद नष्ट होते हैं। हम अपनत्व और आत्मीयता से गहरे जुड़ते हैं। सारे भेद अपने आप ढह जाते हैं।

काम, क्रोध और मद से प्रेरित कैकेयी आज सम्बन्धहीन होकर अपने परम प्रिय दशरथ के सामने बैठी हैं। दशरथ पीड़ा से गरम साँसें भर रहे हैं और कैकेयी शान्त हैं। परम प्रिय के परम निष्ठुर बन जाने की लीला को हम कैकेयी के चरित्र में देख सकते हैं। इसीलिए संशय होता है कि इस जग में कौन अपना और कौन पराया है।

जब सुमन्त्र ने दशरथ को उठाकर बैठा दिया तो उन्होंने देखा कि राम उन्हें प्रणाम कर रहे हैं। प्रणाम एक ऐसी परम्परा है जो जीवन को सकारात्मक और शुभ बनाती है। आज हमारे परिवारों से प्रणाम एकदम बाहर हो गया है। हम घर में सम्बन्धहीन, किन्तु स्वार्थ परिपूर्ण व्यक्ति की तरह रहते हैं। हमारे जीवन में पारिवारिक आत्मीयता का ह्रास होता जा रहा है। इसीलिए परिवार में व्यक्ति एक साथ रहते हैं, बन्धुभाव उनके भीतर नहीं रहता।

आज के युग में परिवार भाव को जीवन में वापस लाना परम आवश्यक है। इसके लिए प्रणाम की पद्धति बड़ी कारगर है। इसमें कुछ भी खर्च नहीं करना पड़ता। बच्चे को बचपन से प्रणाम करने का संस्कार दिया जाना चाहिए। राम ने यह बचपन से ही सीखा था। 'प्रातकाल उठि कै रघुनाथा, मातु पिता गुरु नावहिं माथा।' राम प्रात:काल उठकर माता-पिता और गुरु को मस्तक नवाते हैं।[2]

इस प्रणाम पद्धति से विनम्रता और सद्व्यवहार का भाव व्यक्ति में आता है। घर-परिवार और समाज में सुख-शान्ति व्यापती है। मनुष्य आशीष पाकर सबकी सद्भावना और शुभकामना प्राप्त करता है।

---

१. रामचरितमानस, उत्तरकाण्ड, दोहा ११२ (ख)।

२. रामचरितमानस, बालकाण्ड, दोहा २०४ की चौपाई ६।

राम के प्रणाम से दशरथ अचेतन को खोकर एकदम से चैतन्य हो उठे।

लिए सनेह बिकल उर लाई।
गै मनि मनहुँ फनिक फिरि पाई॥

—स्नेह से विकल राजा ने राम को अपने हृदय से लगा लिया। मानो साँप ने अपनी खोयी हुई मणि फिर से पा ली हो।

प्रेम में व्यक्ति आलिंगित होता है और घृणा में दूर छिटकता है। यदि किसी दुःख के समय में प्रेमपात्र मिल जाये तो प्रेम की तीव्रता और बढ़ जाती है। यहाँ तो स्थिति और दारुण है। दशरथ जिस राम को हृदय लगा रहे हैं, उसे ही वे अपने राज्य से कुछ ही क्षणों में निकालने वाले हैं। ऐसे निष्ठुर दशरथ को राम प्रणाम कर रहे हैं। सामान्य स्थिति में निर्दोष पुत्र को दण्ड देनेवाले दशरथ को प्रणाम का सम्मान नहीं मिलना चाहिए था। राम उनसे रूठ जाते तो सहज प्रतिक्रिया होती। पर शालीन राम 'निष्ठुर पिता' के चरणों में झुक रहे हैं। इससे शीलवान् दशरथ का मन और विकल हो उठा। उन्होंने राम को कसकर अपने हृदय से लगा लिया। ऐसा लगा कि जिस राम को कैकेयी ने छीना था, वे फिर मिल गये। ऐसा लगा कि दीन-हीन साँप ने अपनी खोयी हुई मणि को फिर से प्राप्त कर लिया हो।

जीवन में अनमोल का पाना सुखद है, पर खोकर उसे पाना परम सुखद है। दशरथ का भाग्य तो देखिए! एक लम्बी प्रतीक्षा के बाद उन्हें राम पुत्र के रूप में मिले थे। ढलती उम्र में सन्तान का मिलना परम सुखदायी होता है। सन्तान प्रतापी और यशस्वी हो तो सुख और बढ़ जाता है। राम ऐसी ही सन्तान थे। उन्होंने अपने कर्म से दशरथ के यश और गौरव को बढ़ाया था। ऐसे राम को खोने के लिए दशरथ तैयारी कर रहे हैं।

राम को खोने की सोच ही दशरथ को प्रेमाकुल कर रही है। वह राम को गले लगाकर राम में खो गये हैं।

रामहि चितइ रहेउ नरनाहू।
चला बिलोचन बारि प्रबाहू॥

—राजा दशरथ राम को देखते ही रह गये। उनके नेत्रों से आँसुओं की धारा बह चली।

गहरे भाव में आँसू ही अभिव्यक्ति के सबसे सशक्त साधन होते हैं। इसीलिए अन्तर्यामी प्रभु ने यह व्यवस्था की है कि आनन्द-अवसाद के तीव्र क्षण में वाणी अपने आप मौन हो जाती है और आँखें स्वतः मुखर हो जाती हैं। दशरथ के प्रेमभाव में यही प्राकृतिक नियम फलित हो रहा है। वह राम को देखकर रोये जा रहे हैं।

दशरथ की आँखें राम के समक्ष अपने दुःख की गाथा कह रही हैं।

दशरथ कुछ पल पहले कैकेयी के सामने भी रो रहे थे। लेकिन उस रुदन में विवशता थी। अब राम के समक्ष उनका रुदन प्रिय के प्रति क्षमाप्रार्थी होने का भाव है। दशरथ यह कल्पना भी नहीं कर सकते कि वे राम को वनवासी बनने के लिए कहें। सुखधाम राम को वह दुःख का दारिद्र्य देने की हिम्मत नहीं जुटा पा रहे हैं। यह कैसे हो सकता है कि सिंहासन पर प्रतिष्ठित होने के लिए तत्पर अपने पुत्र को वह परित्यक्त की तरह जंगल में भटकने के लिए आदेश करें।

सोक बिबस कछु कहै न पारा।
हृदयँ लगावत बारहिं बारा॥

—शोक के विशेष वश होने के कारण राजा कुछ कह नहीं सकते। वे बार-बार राम को हृदय से लगाते हैं।

समर्थ मनुष्य अवश होकर बहुत टूट जाता है। जिसके इशारे पर अयोध्या का साम्राज्य परिचालित होता है, वह दशरथ आज अपने पुत्र की सुरक्षा करने में असमर्थ हैं। इतना ही नहीं, वे स्वयं ही पुत्र को प्रताड़ित करने की तैयारी कर रहे हैं।

मन की इस पीड़ा के कारण दशरथ शोक-विकल हैं। वह बार-बार राम को अपने हृदय से लगा रहे हैं। उनके मन में दंश है। एक प्रतापी सम्राट् दयनीय बनकर अपने परम शीलवान् पुत्र को निर्ममता से दण्ड दे रहा है। विश्व के इतिहास में एक अद्भुत घटना घट रही है। यह घटना राम के कारण और अद्भुत हो जाती है, क्योंकि राम प्रसन्नतापूर्वक ऐसे निष्ठुर निर्णय को स्वीकार कर रहे हैं। दशरथ का मन राम की आज्ञाकारिता से शान्त होने की बजाय और उद्विग्न हो रहा है। नियति के इस चक्र को सुपथ प्रदान करने के लिए वे मार्ग खोज रहे हैं।

बिधिहि मनाव राउ मन माहीं।
जेहिं रघुनाथ न कानन जाहीं॥

—राजा मन में ब्रह्मा को मनाते हैं कि जिससे रघुनाथ वन में न जायें।

जब संसार से मनुष्य की आशा टूट जाती है, जब अपने पराये हो जाते हैं, तब हारकर मनुष्य परमात्मा पर आस लगाता है। हिन्दू धर्म में भगवान् के अनेक स्वरूप हैं, अतः हर एक स्वरूप के पास जाकर निवेदन करने की सुविधा भी है। विधाता संसार को बनाते हैं। वे ही संसार के हर प्राणी का लेख भी लिखते हैं, इसीलिए दशरथ सबसे पहला निवेदन ब्रह्माजी से करते हैं।

दशरथ बड़ी व्यग्रता और विनम्रता से ब्रह्माजी से कह रहे हैं कि आप कोई

ऐसा उपाय करें कि राम वन न जायें। प्रार्थना करते समय हर संसारी प्राणी की तरह दशरथ यह भूल जाते हैं कि कर्म का लेख मिटता नहीं है। इसीलिए सन्तों ने गाया है कि कर्म गति टारने से नहीं टरती है। फिर भी हारा-थका मनुष्य संसार से धक्के खाकर प्रभु से कुछ पाने की कामना करता है। उसे लगता है कि प्रभु तो सांसारिक व्यक्ति की तरह निष्ठुर नहीं होंगे। भक्तों ने यह आश्वासन भी दिलाया है कि परमात्मा 'कारण रहित दयाल' है। वह शुद्ध भाव से प्रार्थना करनेवाले पर कृपा की बरसात करता है। भगवान् कभी भक्त को तिरस्कृत नहीं करते हैं।

मनुष्य जब असहाय और असमर्थ होता है तो एक स्थान पर उसकी श्रद्धा नहीं टिकती है। वह हर मन्दिर में माथा टेकना चाहता है। हर भगवान् को नमस्कार-प्रणाम करना चाहता है।

सुमिरि महेसहि कहइ निहोरी।
बिनती सुनहु सदासिव मोरी॥
आसुतोष तुम्ह अवढर दानी।
आरति हरहु दीन जनु जानी॥

—फिर महादेव का स्मरण करके उनसे निहोरा करके कहते हैं—हे सदाशिव! आप मेरी विनती सुनिए। आप आशुतोष (शीघ्र प्रसन्न होनेवाले) और अवढर दानी (मुँह माँगा दे डालनेवाले) हैं। अतः मुझे अपना दीन सेवक जानकर मेरे दुःख को दूर कीजिए।

दशरथ की भाव-विकलता हृदय को विदीर्ण कर देती है। वे राम के लिए हर देवता से प्रार्थना कर रहे हैं। भगवान् शिव से उनके गुणों का स्मरण कराते हुए कहते हैं कि तुम शीघ्र प्रसन्न होते हो, मुँह माँगा वरदान झटपट दे देते हो, अतः हे प्रभु! मेरे ऊपर कृपा करो।

मनुष्य जब दुःख में होता है तो प्रार्थना बड़ी गहन हो जाती है। मनुष्य अनवरत दुःख को मिटाने के लिए ही सारे प्रपंच कर रहा है। उसकी प्रार्थनाएँ भी दुःख के दलन के लिए ही होती हैं। दुःख की गहनता ही प्रार्थना की तीव्रता को निर्धारित करती है। जो जन्म-मरण के बन्धन को बड़ा दुःख मानते हैं वे मोक्ष की प्राप्ति के लिए तीव्रतम प्रार्थना करते हैं।

इस संसार में राम को खोने से बढ़कर दशरथ के लिए और कोई दुःख नहीं है, इसीलिए वह इसी के निवारण के लिए भगवान् शिव से प्रार्थना कर रहे हैं।

तुम्ह प्रेरक सब के हृदयँ सो मति रामहि देहु।
बचनु मोर तजि रहहिं घर परिहरि सीलु सनेहु॥

—आप प्रेरक रूप से सबके हृदय में हैं। आप राम को ऐसी बुद्धि दीजिए जिससे वे मेरे वचन को त्यागकर और शील-स्नेह को छोड़कर घर में ही रह जायें।

दशरथ राम के प्रेम में सबकुछ दाँव पर लगा रहे हैं। वह भगवान् शिव को सुझाव दे रहे हैं कि हे प्रभु! तुम सबके मन को प्रेरित करने में समर्थ हो, अतः राम के मन को प्रेरित कर दो।

राम के मन को शुभ के लिए प्रेरित करने को दशरथ कहते तो दशरथ और राम दोनों की गरिमा बढ़ती, पर यहाँ दशरथ अशुभ के लिए राम को प्रेरित करने के लिए प्रभु महादेव से कह रहे हैं। इससे राम, दशरथ और शिव तीनों की गरिमा नष्ट हो सकती है। पर दशरथ को इसकी तनिक भी चिन्ता नहीं है। वह प्रेम के देवता को प्रतिष्ठित करना चाहते हैं। वे राम को पाने के लिए सबकुछ बलिदान करने के लिए तत्पर हैं।

दशरथ भगवान् शिव से निवेदन करते हैं कि राम से आप कहिए कि वह मेरे वचन को ठोकर मारकर, अपने शील और स्नेह को फेंककर अयोध्या में ही रह जाये। दशरथ यह अच्छी तरह जानते हैं कि यदि यह आज्ञा वह राम को स्वयं देंगे तो राम कभी नहीं मानेंगे। क्योंकि इस आज्ञा को मानने से स्नेह और शील दोनों की हत्या होगी। श्रेष्ठजन कठिन-से-कठिन व्रत स्नेह और शील के कारण धारण करते हैं।

माता-पिता के प्रति स्नेह भाव रखने के कारण ही राम वन जाने को तैयार हैं। अपने उदात्त शील के कारण वह वनवास का दुःख उठाने के लिए स्वीकृति दे चुके हैं। राम राजमहल के सुख के लिए आचरण के हिमालय से कैसे उतर सकते हैं।

राम के शील के इस सत्य को समझकर ही दशरथ भगवान् शिव से प्रार्थना करते हैं कि आप राम की बुद्धि को ही फेर दें। किन्तु प्रेम-कातर दशरथ के निवेदन को भगवान् शिव ने स्वीकार नहीं किया।

अजसु होउ जग सुजसु नसाऊ।
नरक परौं बरु सुरपुरु जाऊ॥
सब दुख दुसह सहावहु मोही।
लोचन ओट रामु जनि होंही॥

—जगत् में चाहे अपयश हो और सुयश नष्ट हो जाय। चाहे मैं नरक में गिरूँ, चाहे स्वर्ग मुझे न मिले—और भी दुःसह दुःख आप मुझसे सहन करा लें; पर राम मेरी आँखों की ओट न हों।

दशरथ अपने प्रिय राम के लिए सबकुछ छोड़ने के लिए तैयार हैं। सच पूछा जाय तो कठिन परिस्थिति में ही प्रेम की परीक्षा होती है। दशरथ इस परीक्षा में सर्वाधिक अंक प्राप्त कर रहे हैं। राम के लिए वह लोक-परलोक सभी सुखों को त्यागने के लिए तत्पर हैं। इतना गहरा प्रेमभाव इस स्वार्थपूर्ण संसार में बहुत कम लोगों को उपलब्ध होता है।

दशरथ यह सबकुछ मन-ही-मन सोच रहे हैं। राम, कैकेयी और सुमन्त्र समझ रहे हैं कि दशरथ मौन हैं। यह देखकर राम पहल करते हैं, क्योंकि राम को लगता है, दशरथ कुछ देर और मौन रहे तो कैकेयी कोई अग्निबाण और छोड़कर दशरथ को दुःसह दुःख दे देंगी। अतः वह इस करुण कथा का समारोप करने के लिए तत्पर होते हैं।

देस काल अवसर अनुसारी।
बोले बचन बिनीत बिचारी॥

—देशकाल और अवसर के अनुकूल विचारकर राम ने विनीत वचन कहे।

प्रभावशाली वचन बोलने के लिए यह आवश्यक है कि देशकाल और अवसर के अनुसार विनम्र भाव से बोला जाये। स्थान और समय को अच्छी तरह समझनेवाला बुद्धिमान् व्यक्ति अवसर की प्रतीक्षा करता है। अवसर की पहचान हो जाने के बाद भी उद्धत और उद्दण्ड होकर कठोर स्वर में बात नहीं करनी चाहिए। विनम्र सम्भाषण सफलता का सबसे प्रभावशाली साधन है। राम की वाणी में ये सारे तत्त्व घुले-मिले हुए हैं।

तात कहउँ कछु करउँ ढिठाई।
अनुचितु छमब जानि लरिकाई॥

—हे तात! मैं कुछ कहता हूँ, यह ढिठाई करता हूँ। इस अनौचित्य को मेरी बाल्यावस्था समझकर क्षमा कीजिएगा।

राम नहीं चाहते हैं कि अब कोई और बखेड़ा खड़ा हो। इसीलिए कहते हैं कि मेरी बात में कोई अनुचित बात हो तो आप सब मेरा बचपना समझकर क्षमा करें। राम माता-पिता के सामने बात कर रहे हैं। सन्तान को बचपन में सबसे ज्यादा क्षमा इन्हीं से मिलती है, इसीलिए ऐसी विनय राम कर रहे हैं।

अति लघु बात लागि दुखु पावा।
काहुँ न मोहि कहि प्रथम जनावा॥
देखि गोसाइँहि पूँछिउँ माता।
सुनि प्रसंगु भए सीतल गाता॥

—इस अत्यन्त तुच्छ बात के लिए आपने इतना दुःख पाया। मुझे किसी ने पहले कहकर यह बात नहीं जनायी। स्वामी, आपको इस दशा में देखकर मैंने माता से पूछा। उनसे सारा प्रसंग सुनकर मेरे सब अंग शीतल हो गये।

जिसे दशरथ बड़ी विपदा मान रहे हैं उसे राम एक छोटी घटना मान रहे हैं। बड़े प्रहार को छोटा मानकर स्वीकार करना श्रेष्ठ चरित्र का लक्षण है।

भगवान् बुद्ध के श्रेष्ठ शिष्य सारिपुत्र अपने शिष्यों के साथ जा रहे थे। वे अपने आप में मस्त थे। अचानक पैर में पत्थर से जोर की ठोकर लगी। खून की धार बह निकली। उन्होंने हाथ ऊपर करके अदृश्य देवता को धन्यवाद दिया, 'बड़ी कृपा की आपने, आज बचा लिया।'

सभी शिष्य चकित हुए। उन्होंने पूछा, 'आप बचे कहाँ? चोट तो गहरी लगी है। फिर धन्यवाद क्यों कर रहे हो?'

सारिपुत्र ने मुसकराकर कहा, 'पैर टूट सकता था। खून की धार से ही बच गया।'

लोक-कल्याण के लिए प्रहार के प्रभाव को कम करने के लिए बड़े लोग ऐसा ही बोलते हैं। राम इसी भाव की रक्षा करते हुए कहते हैं कि मुझे माता ने सब कुछ बता दिया, कहने-सुनने की, वाद-विवाद करने की अब कोई आवश्यकता नहीं। आपके वचन मुझे स्वीकार हैं। मैं परम प्रसन्न हूँ।

मंगल समय सनेह बस सोच परिहरिअ तात।
आयसु देइअ हरषि हियँ कहि पुलके प्रभु गात॥

—हे पिताजी! इस मंगल के समय स्नेहवश होकर सोच करना छोड़ दीजिए और हृदय में प्रसन्न होकर मुझे आज्ञा दीजिए। यह कहते हुए प्रभु राम सर्वांग पुलकित हो गये।

दशरथ जिसे अपने जीवन का सबसे अमंगल समय समझ रहे हैं, राम उसे अपने जीवन का सबसे मंगल समय समझ रहे हैं। सिंहासन मिलना मंगल का निश्चित रूप से सबसे उपयुक्त समय है, लेकिन इसके साथ सत्ता का लोभ छिपा हुआ है। कोई कह सकता है कि राम ने दशरथ के साथ कोई तिकड़म किया हो। कैकेयी ने कुछ ऐसा ही माना भी था। लेकिन वन जाना विशुद्ध मंगल का समय है, क्योंकि इसमें त्याग और तपस्या का भाव है। त्याग और तपस्या को जो सहज रूप से, स्वेच्छा से आनन्दपूर्वक स्वीकार करते हैं वे दिव्य जीवन के अधिकारी बनते हैं। राम सोच रहे हैं कि उनके लिए यह मंगल समय आ गया है। इसीलिए राम परम प्रसन्न हैं।

धन्य जनमु जगतीतल तासू।
पितहि प्रमोदु चरित सुनि जासू॥
चारि पदारथ करतल ताकें।
प्रिय पितु मातु प्रान सम जाकें॥

—(राम ने फिर कहा—) इस धरतीतल पर उसका जन्म धन्य है जिसके चरित्र सुनकर पिता को आनन्द हो। जिसको माता-पिता प्राणों के समान प्रिय हैं, चारों पदार्थ (अर्थ, धर्म, काम, मोक्ष) उसकी मुट्ठी में रहते हैं।

राम बहुत मनोवैज्ञानिक ढंग से समस्याओं से निपट रहे हैं। उनके वनवास से सबसे ज्यादा पिता दुःखी हो रहे हैं, इसीलिए राम उन्हें प्रमुदित करने के लिए बात कर रहे हैं। कहते हैं कि यदि मैं सदाचरण करूँगा तो सबसे ज्यादा गौरव आपको मिलेगा। पुत्र के यश से आनन्दित होनेवाला पिता संसार में सबसे ज्यादा भाग्यशाली होता है। मेरे वन जाने से आपको यह सौभाग्य सहज ही उपलब्ध हो जायेगा। मेरा सौभाग्य यह होगा कि मैं अपने माता-पिता के वचनों को मानकर उनको प्रसन्न करके संसार के चारों पदार्थों—अर्थ, धर्म, काम और मोक्ष—को सहज ही प्राप्त कर लूँगा।

राम बलपूर्वक समझा रहे हैं कि उनके वन जाने से किसी को भी किसी तरह का घाटा नहीं है। सबके लिए 'विजय' की स्थिति है।

आयसु पालि जनम फलु पाई।
ऐहउँ बेगिहिं होउ रजाई॥

—आपकी आज्ञा का पालन करके और जन्म का फल प्राप्त करके मैं जल्दी ही लौट आऊँगा। अतः कृपया आज्ञा दीजिए।

राम उपद्रव और उत्पात की समस्त सम्भावनाओं को समाप्त करते हुए कहते हैं कि शोक और विलाप का कोई कारण नहीं है। यह तो तपःपूर्ण यशस्वी जीवन की शुरुआत है। इसमें आप सबका आशीर्वाद चाहिए। मुझे तो अपने जीवन का सर्वश्रेष्ठ फल प्राप्त हो रहा है। माता-पिता की आज्ञा मानकर सुख भोगना तो सबके लिए सम्भव और सहज है, पर माता-पिता की आज्ञा मानकर दुःख भोगने के तैयार होने का सौभाग्य संसार में दुर्लभ है। आज मुझे वह उपलब्ध हो गया है। अतः शोक और सन्ताप कैसा?

बिदा मातु सन आवउँ मागी।
चलिहउँ बनहि बहुरि पग लागी॥

—माता से विदा माँगकर आता हूँ। फिर आपके पैर लगकर (प्रणाम करके) वन

को चलूँगा।

कैकेयी की आज्ञा के अनुसार राम शीघ्रातिशीघ्र जाना चाहते हैं। वे नहीं चाहते कि विलम्ब करके परेशानी को और बढ़ाया जाये। जितनी देरी होगी उतने ही नये कारक पक्ष और विपक्ष में खड़े होते जायेंगे। इससे कैकेयी और संशयी एवं तनावपूर्ण होंगी और दशरथ पर अपना दबाव बढ़ायेंगी। इससे मानसिक रूप से सन्तप्त राजा और परेशान तथा विकल होंगे।

राम कैकेयी की समस्त आशंकाओं को एक वाक्य में समेट देते हैं। कहते हैं कि माँ से विदा माँगकर आपको प्रणाम कर मैं यहाँ से चल दूँगा। सत्यसन्ध राम ऐसा ही करते हैं।

अस कहि राम गवनु तब कीन्हा।
भूप सोक बस उतरु न दीन्हा॥

—ऐसा कहकर तब राम वहाँ से चल दियें। राजा ने शोकवश कोई उत्तर नहीं दिया।

राम के चुपचाप उपद्रवहीन ढंग से चले जाने से कैकेयी अवश्य ही प्रसन्न हुई होंगी। पर उनके मन में राम के प्रति विश्वास होते हुए भी आशंका अवश्य रही होगी कि कहीं कौसल्या उन्हें भड़का न दें। राजनीति-कुशल कैकेयी भविष्य को घटित होने के लिए अवसर दे रही हैं। वह भविष्य को बलपूर्वक वर्तमान बनाने के लिए कोई अतिरिक्त प्रयत्न नहीं कर रही हैं।

इस पूरे प्रकरण में दशरथ सबसे ज्यादा दयनीय हैं। कैकेयी के प्रहार को वह झेल पाने में अपने आपको असमर्थ पा रहे हैं। आघात इतना गहरा है कि पास बैठे राम से वह एक शब्द भी बोल नहीं पाये। उनके मन का अपराध-बोध भी बहुत भारी है। वह अपने कलंकित भविष्य के बारे में बड़े जागरूक हैं। उन्हें लग रहा है कि संसार इस बात के लिए उन्हें जरूर धिक्कारेगा कि जब उन्हें राम और कैकेयी के बारे में चुनाव करना पड़ा तो उन्होंने राम को छोड़ दिया; यद्यपि इतिहास ने उन्हें इस धिक्कार से मुक्त कर दिया, पर वह यह देखने के लिए जीवित नहीं रहे। राम के लिए प्राण देकर उन्होंने अपने प्रेम और यश दोनों को कायम रखा, पर कैकेयी ने दशरथ और राम दोनों को खोकर अपना यश गँवाया।

□

कैकेयी : कलंक कथा

अयोध्या के राजभवन में कैकेयी ने जो कलंक कथा रात में लिखी थी वह प्रातःकाल राम के कोप-भवन से बाहर निकलते समय सूर्य की तप्त किरण के समान चारों तरफ फैल गयी। अयोध्या के प्रतापी रघुवंश का यश कैकेयी के कलंक से कलुषित हो उठा। आनन्द-उल्लास में थिरकता अयोध्या का जन-जीवन कैकेयी के वरदानों का समाचार पाकर सन्न हो उठा।

नगर ब्यापि गइ बात सुतीछी।
छुअत चढ़ी जनु सब तन बीछी॥

—वह बहुत ही तीखी बात नगर भर में इनती जल्दी फैल गयी मानो डंक मारते ही बिच्छू का विष सारे शरीर में चढ़ गया हो।

राम के राज्याभिषेक की बात सारी अयोध्या में पुष्प सुगन्ध बनकर फैली थी और राम के वनवास की बात बिच्छू के डंक की तरह चारों ओर फैल गयी है। एक में लोग आनन्दमग्न थे, दूसरे में दुःसह दुःख से व्याकुल हैं।

यह विधाता का सहज नियम है कि जिसे हम प्रेम करते हैं उसके सुख-दुःख में शामिल हो जाते हैं। राम को सभी अयोध्यावासी प्यार करते हैं, इसीलिए सभी उनका सुख देखकर सुखी थे और अब दुःख देखकर दुःखी हैं।

सुनि भए बिकल सकल नर नारी।
बेलि बिटप जिमि देखि दवारी॥

—इस बात को सुनकर सब स्त्री-पुरुष ऐसे व्याकुल हो गये जैसी दावानल (जंगल की आग) को देखकर बेल और वृक्ष मुरझा जाते हैं।

समस्त अयोध्यावासी किसी उपवन के बेल और वृक्ष की तरह राम के राज्याभिषेक का समाचार सुनकर प्रसन्नता से हरियाये हुए थे। आज वनवास की खबर सुनकर मुरझा गये हैं। जैसे कैकेयी के क्रोध की आग ने उनको जला डाला हो।

अप्रिय घटना सबसे अधिक मन को तोड़ती है। मन टूट जाये तो बाहर का संसार बिलकुल अच्छा नहीं लगता है।

जो जहँ सुनइ धुनइ सिरु सोई।
बड़ बिषादु नहिं धीरजु होई॥

—जो जहाँ सुनता है वह वहीं सिर धुनने लगता है। बड़ा विषाद है। किसी को धीरज नहीं बँधता।

कैकेयी के क्रोध ने अयोध्या को कितना झुलसाया है, इसे हम सहज देख सकते हैं। सम्भवत: कैकेयी को भी यह आशंका न रही हो कि राम को खोकर अयोध्या इतनी विकल हो जायेगी। कैकेयी के उत्पात ने राम के प्रति अयोध्या के प्रेम को शताधिक बढ़ाकर प्रकट कर दिया। यह संकट यद्यपि बड़ा दारुण था, पर इसके भीतर से ही लोकप्रिय राम का अयोध्या में जन्म हुआ। अब तक लोग राम को अयोध्या के सिंहासन के उत्तराधिकारी ज्येष्ठ पुत्र के रूप में जानते थे, अब राम की पहचान श्रेष्ठ जनप्रिय राजपुत्र के रूप में स्थापित हो गयी।

मुख सुखाहिं लोचन स्रवहिं सोकु न हृदयँ समाइ।
मनहुँ करुन रस कटकई उतरी अवध बजाइ॥

—सबके मुख सूख जाते हैं, आँखों से आँसू बहते हैं, शोक हृदय में नहीं समाता। मानो करुणा रस की सेना डंका बजाकर अयोध्या पर उतर आयी हो।

शोकग्रस्त अयोध्या में करुण रस छा गया है। चेहरे उदास हो गये हैं। आँखों में आँसुओं की धार है और हृदय में शोक समाया हुआ है। ऐसा लगता है कि जैसे जन्मोत्सव को मृत्यु शोक ने ग्रस लिया हो।

मनुष्य का स्वभाव कुछ ऐसा ही है। दु:ख यदि टुकड़ों में मिले तो वह बड़े-से-बड़े दु:ख को भी सह लेता है, लेकिन यदि गहरा दु:ख एक बार में ही अकस्मात् मिल जाये तो वह टूट जाता है। अयोध्यावासियों की स्थिति कुछ ऐसी ही है। उन्हें राम के राज्याभिषेक का सुख समाचार भी झटके से मिला था और आज वनवास के दु:ख का समाचार भी झटके से मिल रहा है। अत: वे भीतर से टूट गये हैं। अपने मन को सँभालने की शक्ति उन्होंने खो दी है।

जब मनुष्य बहुत दु:ख में होता है तब या तो वह सन्न होकर मौन हो जाता है या एक-दूसरे से चर्चा करके अपने मन को हलका करता है। आइए, देखें कि अयोध्यावासी क्या कर रहे हैं।

मिलेहि माझ बिधि बात बेगारी।
जहँ तहँ देहिं कैकइहि गारी॥

—सब मेल मिल गये थे, इतने में ही विधाता ने बात बिगाड़ दी। जहाँ-तहाँ लोग कैकेयी को गाली दे रहे हैं।

संसार में किसी शीलवान् व्यक्ति के लिए इससे बड़ा और कोई दण्ड नहीं हो सकता कि लोग उसे गाली दें, उसकी निन्दा करें। प्राय: मनुष्य तीन कामनाओं के लिए संसार में जीता है—पुत्रेषणा, वित्तेषणा और लोकेषणा।

पुत्रेषणा की पूर्ति के लिए वह विवाह करके सन्तान पैदा करता है और गृहस्थ रूप में सुखमय जीवन जीने का प्रयत्न करता है। वित्तेषणा की पूर्ति के लिए धन-वैभव एकत्रित करके सुख-ऐश्वर्य का जीवन जीना चाहता है। लोकेषणा की प्राप्ति के लिए वह अच्छे कार्य करके यश कमाने की कामना करता है, जिससे लोग उसे आदर-सम्मान दें।

कुछ लोग इन तीनों को पाना चाहते हैं और कुछ लोग इनमें से एक या दो को चुनते हैं। पर तीनों को छोड़ पाना मनुष्य के लिए प्राय: सम्भव नहीं होता।

कैकेयी के पास सबकुछ था—पुत्र, धन और यश। आज वह यश को खो चुकी हैं। रामकथा के जानकार जानते हैं कि वह कुछ ही दिनों में अपने पुत्र को भी खो देंगी। अकेले धन के सहारे ही उन्हें जीवन काटना पड़ेगा। यह यशस्वी जीवन जीनेवाली कैकेयी के लिए बहुत भारी रहेगा।

एहि पापिनिहि बूझि का परेऊ।
छाइ भवन पर पावकु धरेऊ॥

—इस पापिन को क्या सूझ पड़ा जो इसने छाये घर पर आग रख दी।

अयोध्या का हर व्यक्ति इसी प्रश्न को लेकर उलझ रहा है। किसी भी व्यक्ति को यह समझ में नहीं आ रहा है कि कैकेयी ने दुलहन की तरह सजी हुई अयोध्या में आग क्यों लगा दी है। गुण्डा यदि आग लगा दे तो लोग हाय-तौबा करके उसके तर्क को समझ लेते हैं, किन्तु यदि समझदार और विवेकवान् व्यक्ति उत्पात खड़ा कर दे तो तर्क खोजने में बड़ी कठिनाई होती है।

निज कर नयन काढ़ि चह दीखा।
डारि सुधा बिषु चाहत चीखा॥

—यह अपने हाथ से अपनी आँखों को निकालकर देखना चाहती है और अमृत फेंककर विष चखना चाहती है।

कैकेयी की मन:स्थिति का इससे सुन्दर वर्णन कर पाना बहुत कठिन है। राम को अयोध्या से निष्कासित कर सुख की चाह करनेवाली कैकेयी सचमुच अपनी आँख को अपने हाथों से निकालकर उसे देखना चाहती हैं। अपनी आँख को

देखने की चाह अनुचित नहीं है, लेकिन इतनी मूढ़तापूर्वक देखने की कामना निश्चित रूप से कारुणिक है। ऐसा करने से आँखों को देखना और उनको जीवित रख पाना दोनों सम्भव नहीं होगा।

लोग सोच रहे हैं कि कैकेयी की चाह से भरत को भले ही सत्ता मिल जाये, पर अयोध्या का वैभव निश्चित रूप से जलकर राख हो जायेगा। अयोध्या की आँख राम के चले जाने से भरत एक मृतप्राय अयोध्या का शासन करेंगे। इस तरह कैकेयी की मूढ़ता सबके सुख को छीन लेगी।

लोग यह भी सोच रहे हैं कि राम को अयोध्या से निकालना अमृत को फेंकना और विष को स्वीकार करना है। बुद्धिमान् मनुष्य जीवन में सदा अमृत को गौरव देता है और मूढ़ व्यक्ति विष को सम्मानित करता है। इससे जीवन और यश दोनों का सर्वनाश होता है।

कुटिल कठोर कुबुद्धि अभागी।
भइ रघुबंस बेनु बन आगी॥

—यह कुटिल, कठोर, दुर्बुद्धि और अभागिनी कैकेयी रघुवंश रूपी बाँस के वन के लिए अग्नि हो गयी।

जिन विशेषणों से आज लोग कैकेयी को सम्बोधित कर रहे हैं, वे विशेषण यशस्विनी और राजमहिषी कैकेयी के लिए एकदम नये हैं। ये विशेषण तीर की तरह उनके हृदय को बेधनेवाले हैं। जीवन में सदैव आदर-सम्मान और सत्कार पाने वाली कैकेयी आज धिक्कार पा रही हैं। उन्हें कुटिल, कठोर, दुर्बुद्धि और अभागिन कहा जा रहा है।

जीवन का एक बड़ा कटु सत्य है कि यश तो आचरण के कटीले पथ पर चलकर कमाया जाता है, पर अपयश मनुष्य को एक झटके में मिल जाता है। अब तक अयोध्या के राजभवन में जो कैकेयी गौरवपूर्वक जी रही थीं, आज उन्हीं कैकेयी को अपयश का जीवन मिल गया है। यह कैकेयी की अपनी ही गलती से हुआ है।

कैकेयी का चरित्र इस तथ्य का अद्‌भुत प्रमाण है कि जो जीवन में यश अर्जित करना चाहते हैं, उन्हें अपयश से बचने के लिए सदैव सजग रहना चाहिए।

पालव बैठि पेड़ एहिं काटा।
सुख महुँ सोक ठाटु धरि ठाटा॥

—पत्ते पर बैठकर इसने पेड़ को काट डाला। सुख में शोक का ठाट ठटकर रख दिया।

कितनी विचित्र बात है, जो कैकेयी अपनी बुद्धिमत्ता के लिए पूरी अयोध्या में विख्यात थीं उन्हीं कैकेयी को पूरी अयोध्या महामूर्ख कह रही है। लोग कह रहे हैं कि पत्ते पर बैठकर वृक्ष को काट रही हैं। ऐसा करने से निश्चित रूप से कैकेयी की भी हानि होगी। कट करके वृक्ष तो गिरेगा ही, पर कैकेयी स्वयं अपने को भी नहीं बचा पायेंगी।

अयोध्या के हर निवासी की यह चिन्ता है कि सुख में सजी अयोध्या को कैकेयी ने अपनी मूढ़ता से शोक से सजा दिया है। सुख को शोक में बदलना दूषित चरित्र का प्रतीक है और शोक को सुख में रूपान्तरित करना श्रेष्ठ चरित्र का प्रमाण है।

आज हर अयोध्यावासी की दृष्टि से कैकेयी अपनी मूढ़ता के कारण गिर गयीं। चरित्र का इतना पतन विनाशकारी होता है, क्योंकि इसमें मनुष्य अपने विवेक को खो देता है। जब तक विवेक जाग्रत् रहता है तब तक मनुष्य का पतन नहीं होता है।

सदा रामु एहि प्रान समाना।
कारन कवन कुटिलपनु ठाना॥

—राम इसे सदा प्राणों के समान प्रिय थे। फिर भी न जाने किस कारण इसने यह कुटिलता ठानी।

परम प्रेम जब चटककर टूटता है तो उसके प्रभाव की गूँज दूर-दूर तक होती है। अयोध्या का हर नागरिक आज यह दोहरा रहा है कि राम तो कैकेयी को परम प्रिय थे, फिर यह अपघात कैसी ?

जो चोट करता है उसी को लेकर सम्बन्ध की कीमत आँकी जाती है। आज इसीलिए सभी कह रहे हैं कि कैकेयी को राम प्राणों के समान प्रिय थे। मनुष्य के जीवन में प्राण से बढ़कर और कुछ नहीं है। यदि किसी के लिए कोई प्राण देने को तैयार हो जाये तो समझना चाहिए कि उसने प्राण से अधिक अपने प्रिय को महत्त्व दिया है।

कैकेयी सदैव प्राण से अधिक राम को महत्त्व देती थीं। आज राम के ही प्राण लेने की तैयारी कर रही हैं। इसीलिए सभी लोग सोच रहे हैं कि यह कुटिलता उनके मन में कहाँ से आयी ? मनुष्य जब प्रेममय होता है तो वह संवेदनशील और समर्पित बनता है। सर्वस्व समर्पण ही प्रेम की भाषा और परिभाषा है।

कुटिल व्यक्ति में सबकुछ विपरीत घटता है। वह स्वयं समर्पण नहीं करता, दूसरे से समर्पण चाहता है। कुटिलता में त्याग नहीं, शोषण-भाव व्यक्ति में पनपता

है। प्रेममय व्यक्ति यदि परिस्थितिवश कुटिल बन जाये तो शोषण की वृत्ति और बढ़ जाती है।

प्रेमपूर्ण कैकेयी की कुटिलता का कोई ठोस कारण अयोध्यावासियों को नहीं मिल रहा है। सम्भवत: वे राजभवन की अन्त:कलह को पूरी तरह से नहीं जानते हैं। या फिर स्वार्थ के लिए कैकेयी द्वारा राम को दण्डित किये जाने के कृत्य को लोग कैकेयी के चरित्र से जोड़ पाने में अपने को असमर्थ पा रहे हैं। उन्हें विश्वास ही नहीं हो पा रहा है कि कैकेयी कभी ऐसा कर सकती हैं।

सत्य कहहिं कबि नारि सुभाऊ।
सब बिधि अगहु अगाध दुराऊ॥

—कवि सत्य ही कहते हैं कि स्त्री का स्वभाव सब प्रकार से पकड़ में न आने योग्य अथाह और भेद भरा होता है।

तर्कपूर्ण ढंग से कैकेयी के स्वभाव की व्याख्या न कर पाने के कारण लोग स्त्री के चरित्र की तह तक जाना चाह रहे हैं। मनुष्य अपने जिज्ञासु स्वभाव के कारण मजबूर होता है। जिस चीज में उसे रुचि होती है उसके बारे में वह गहराई से जानने के लिए उतावला हो उठता है। अयोध्यावासियों की राम और कैकेयी दोनों में रुचि थी। प्रहार कैकेयी ने किया था, इसीलिए सभी लोग कैकेयी के चरित्र की व्याख्या करने में जुटे हैं। कोई तर्कपूर्ण कारण न समझ पाने के कारण सभी लोग स्त्री के चरित्र की छान-बीन कर रहे हैं।

चरित्र को समझने की अपनी औकात कम होने के कारण ये लोग कवियों का सहारा लेते हैं। कहते हैं कि कवि सत्य ही कहते हैं कि स्त्री का स्वभाव अगम, अगाध़ और भेदपूर्ण है। किसी कथन की सत्यता तब प्रकट होती है जब उसको चरितार्थ करनेवाली घटना प्रत्यक्ष घटित हो जाय। कैकेयी के व्यवहार से कवि-कथन की पुष्टि हो रही है।

जीवन-व्यवहार को समझने के लिए उद्धरणों का बड़ा महत्त्व है। मानवता के अनुभव उनमें समाये रहते हैं। यदि मनुष्य स्वयं के अनुभव से ही सबकुछ जानने-पाने की जिद करेगा तो छोटे से जीवन में बड़े काम सम्भव नहीं हो पायेंगे। अत: मानव की जय यात्रा में हर व्यक्ति का अनुभव एक अनमोल पाथेय होता है। उसका तिरस्कार हमें भटकाता है, उसका सत्कार हमें हरषाता है।

बड़ा अद्‌भुत है कि हमारे ऋषि-मुनियों ने इतिहास-पुराणों में मानव के सभी अनुभव सँजोये। शुभ और अशुभ की चिन्ता किये बगैर उन्होंने सभी का संकलन किया है। कभी-कभी अति नैतिकतावादी नाक-भौं सिकोड़ते हैं कि ऋषियों

ने स्त्री सौन्दर्य का, काम-क्रीड़ाओं का इतना रसमय वर्णन क्यों किया है? इसका एकमात्र उत्तर यही है कि मानव का प्रत्येक अनुभव उसके आचरण की दिशा निर्धारित करने में कारक बनता है। अतः उन अनुभवों को सूचीबद्ध किया जाना चाहिए। ये अनुभव हमें उपलब्ध नहीं होते तो हम कैसे जानते कि मानवता के अनुभव कितने नये, कितने पुराने और कितने भिन्न हैं।

मानव के शुभ और अशुभ अनुभवों को अंकित करके ऋषियों ने हमें शुभ का चुनाव करने की दृष्टि दी है। बिना अशुभ को जाने शुभ का चुनाव दृढ़ता से नहीं हो सकता।

अयोध्यावासियों ने स्त्री के चरित्र के भाव को समझने के लिए कवियों का सहारा लिया है। कवि मानव मन का चितेरा होता है। मनुष्य के मनस-जगत् में जो भी शुभ-अशुभ भाव उठते हैं कवि उसे अपनी संवेदनशीलता से सहज ही रूपान्तरित कर देता है। उसके अनुभव मानव-स्वभाव को समझने में सर्वाधिक सहायक होते हैं।

स्त्री के स्वभाव को अगम, अगाध और भेदपूर्ण क्यों कहा गया है। मेरे विचार से स्त्री पुरुष से अधिक संवेदनशील होती है। उसका मन अधिक मृदु-कातर होता है, उसका हृदय अधिक कोमल-करुण होता है। जहाँ संवेदनशीलता अधिक है वहाँ भावों में गहनता रहेगी। संवेदनशील और मृदु-कोमल स्वभाववाली स्त्री में इसीलिए भावों में स्थिरता नहीं रहती है, उनके विचार पर बुद्धि से अधिक भाव का नियन्त्रण होता है। अतः स्थिरता से विचार पर टिकना उनके लिए कठिन होता है।

हृदय-प्रधान व्यक्ति प्रेमपूर्ण भी होते हैं और संशयपूर्ण भी। उनके हृदय को ये दोनों भाव बाँधे रहते हैं। जब वे प्रेम करते हैं तो सबकुछ लुटा देते हैं और जब संशय करते हैं तो सबकुछ मिटा देने को तत्पर हो जाते हैं।

मानव इतिहास में स्त्री सदैव अपने स्वभाव के हृदय-प्रक्ष के कारण जानी गयी है। मानव मन की सर्वाधिक रंगारंग तसवीर स्त्री-मन से उतारी गई है। समूचे साहित्य में स्त्री के मन के माध्यम से ही मानव मन के भाव-पक्ष को प्रमुखता से प्रस्तुत किया गया है।

अयोध्या का सुख-दुःख भी स्त्री के स्वभाव से ही जुड़ा हुआ है। कैकेयी का राम के प्रति प्रेम अयोध्यावासियों की जुबान पर सदैव बना रहता था। आज कैकेयी का क्रोध भी अयोध्या नगरी की जुबान पर चढ़ा हुआ है। इसी को देखकर ही सभी विचार कर रहे हैं।

निज प्रतिबिंबु बरुकु गहि जाई।
जानि न जाइ नारि गति भाई॥

—अपनी परछाहीं भले ही पकड़ी जाये, पर भाई! स्त्रियों की गति नहीं जानी जाती।

सब असम्भव सम्भव हो सकते हैं। यहाँ तक कि मनुष्य अपनी परछाईं को भी पकड़ ले, पर स्त्री को जान पाना सम्भव नहीं होता है। वह कब कहाँ, क्या कर बैठे, इसकी भविष्यवाणी कर पाना कठिन है।

काह न पावकु जारि सक का न समुद्र समाइ।
का न करै अबला प्रबल केहि जग कालु न खाइ॥

—आग क्या नहीं जला सकती! समुद्र में क्या नहीं समा सकता! अबला कहाने वाली प्रबल स्त्री क्या नहीं कर सकती! और जगत् में काल किसको नहीं खाता!

संसार में कुछ ऐसे तत्त्व हैं जो अपने आप में सबकुछ समेट लेते हैं। उनसे कोई बच नहीं सकता। ऐसे तत्त्वों में स्त्री भी एक है। आग सबकुछ जला डालती है। वह शुभ-अशुभ का विवेक नहीं करती है। उसे व्यर्थ-सार्थक की पहचान नहीं होती है। समुद्र में सबकुछ समा जाता है। तिनके से लेकर जहाज तक सब उसमें डूब जाते हैं। काल इस संसार में दुर्बल-सबल सबको खा जाता है। इसी तरह अबला कही जानेवाली स्त्री प्रबल बनकर असम्भव को सम्भव कर देती है। स्त्री संकल्प करके ठान ले तो प्रलय हो जाये। यही सब सोच-सोचकर अयोध्यावासी दुःखी हो रहे हैं।

का सुनाइ बिधि काह सुनावा।
का देखाइ चह काह देखावा॥

—विधाता ने क्या सुनाकर क्या सुना दिया। क्या दिखाकर अब क्या दिखाना चाहता है!

दुखियारा मनुष्य अपने मन को टिकाने के लिए कोई-न-कोई ठौर खोजता है। सबसे पहले अयोध्यावासियों ने कैकेयी को कोसा, फिर उन्होंने इसे स्त्री स्वभाव का व्यापार माना और अब विधाता पर आ गये हैं और पूछते हैं कि हे ब्रह्माजी! आपने यह सब क्या किया है?

अयोध्यावासियों की पीड़ा सचमुच बहुत गहरी है। उसका निदान साधारण मनुष्य नहीं कर सकता। विधाता ही इसके लिए सबसे अनुकूल व्यक्ति हैं। इसीलिए लोग पूछ रहे हैं कि पहले तो तुमने राम को राजा बनाने की बात सुनायी और अब राम को वनवास देने की बात सुना दी। अभी हम सभी अयोध्या में आनन्द-उमंग का वातावरण देख रहे थे, अब तुम सुनसान-सन्नाटा दिखाने जा रहे हो।

यह कैसी तेरी लीला है?

इस सृष्टि को देखकर मनुष्य सदैव से ही चकित-विस्मित रहा है। ज्ञानी इसे लीला समझते हैं तो अज्ञानी इसे दण्ड। जीवन के सुख-दुःख को देखकर ज्ञानी कहता है कि यह सब कर्मों का फल है तो अज्ञानी कहता है कि यह प्रभु की इच्छा है। मेरे विचार से दोनों तर्क केवल इसीलिए दिये जाते हैं, क्योंकि प्रभु को खोज कर उनसे पूछना सम्भव नहीं है।

प्रभु मिलते तो असली कारण का पता चलता और प्रभु मिलते तो उन्हें इस सृष्टि जंजाल को बनाने के लिए मनुष्य खरी-खोटी भी सुनाता। सम्भवतः इसीलिए परमात्मा निराकार है।

मनुष्य जब अपनी सोच के अनुरूप फल नहीं पाता है, तब विधाता का ही गला ऐंठना चाहता है। पर चतुर विधाता पकड़ में आते ही नहीं हैं। इसीलिए जो पकड़ में आने लायक है, उसे पकड़ने का प्रयत्न मनुष्य करता है।

एक कहहिं भल भूप न कीन्हा।
बरु बिचारि नहिं कुमतिहि दीन्हा॥

—एक कहते हैं कि राजा ने अच्छा नहीं किया, दुर्बुद्धि कैकेयी को विचारकर वर नहीं दिया।

कैकेयी, स्त्री स्वभाव और विधाता को कोसने के बाद अब सभी लोग राजा पर टूटते हैं। एक ने कहा कि राजा ने सोचकर दुर्बुद्धि को वरदान नहीं दिया। यह बड़े पते की बात है। वरदान देने में कोई बुराई नहीं है। श्रेष्ठ पुरुष को तो अपने वचन को निभाना ही चाहिए। लेकिन दुर्बुद्धिवाले व्यक्ति को मनचाहा वरदान नहीं देना चाहिए। बन्दर के हाथ में तलवार देना अपनी ही मौत को निमन्त्रित करना है।

दुर्बुद्धि व्यक्ति को वरदान देने से भगवान् शिव की तरह ही दुःख उठाना पड़ता है। उन्होंने भस्मासुर को एक अनोखा वरदान दिया था। भस्मासुर चाहता था कि जिसके सिर पर वह हाथ रखे वह भस्म हो जाये। भगवान् शिव ने बिना सोचे-समझे 'हाँ' कर दिया। परिणामतः भस्मासुर ने उन्हें ही मारने के लिए दौड़ा लिया। वह शिव के वरदान का परीक्षण उन्हीं के ऊपर करना चाहता था।

शिव प्राण लेकर भागे। गजब की लीला है। मृत्युंजय भगवान् के सामने मृत्यु साक्षात् खड़ी दिख रही थी। देवता भगवान् शिव की इस दारुण स्थिति को देखकर चिन्तित थे। भला हो भगवान् विष्णु का, वे अपना धाम छोड़कर दौड़े। उन्होंने भयानक दृश्य को देखा और तुरन्त बुद्धिमत्तापूर्ण निर्णय लिया।

वे रूपवती स्त्री 'मोहिनी' बनकर भस्मासुर के सामने नाचने लगे। स्त्री रूप

का लोभी भस्मासुर भगवान् शिव को भूलकर मोहिनी की माया में खो गया। मोहिनी अप्सरावत् नाचती रही। मन्त्रमुग्ध हो भस्मासुर भी नाचने लगा। मोहिनी ने जब देखा कि भस्मासुर पूर्णतया उसके वश में है तो उसने नृत्य करते हुए अपना हाथ अपने सिर पर रखकर एक मुद्रा बनायी। मोहिनी के इशारे पर भस्मासुर ने भी वैसी ही मुद्रा बनायी और देखते-ही-देखते वह राख का ढेर हो गया। उसने भूलवश वरदान का परीक्षण अपने ही ऊपर कर लिया।

अयोध्यावासी सोच रहे हैं कि कहीं दशरथ भी शिव की तरह न बन जायें। शिव को तो भगवान् विष्णु ने बचा लिया था, पर दशरथ को कौन बचायेगा? जो राम बचा सकते हैं, वे खुद ही इस वरदान के शिकार हैं।

वरदान देते समय सावधानी का बरतना बहुत आवश्यक है। प्रायः दुर्बुद्धि वाले व्यक्ति वरदान माँगकर उसका दुरुपयोग करते हैं। कैकेयी ने न जाने कितने वर्षों से वरदान नहीं माँगा था। वे अपनी थाती को भूल-सी गयी थीं। मनुष्य जरूरत मन्द होने पर ही याचक बनता है। सुख-वैभव में रहनेवाली और पति-प्रेम से सदैव आप्लावित कैकेयी ने अपने जीवन में कभी कुछ माँगने की जरूरत ही नहीं समझी। वरदान प्रायः पुरुषार्थहीन और लोभी व्यक्ति ही माँगते हैं। पुरुषार्थी व्यक्ति स्वयं अर्जित करना चाहता है और सन्तोषी व्यक्ति सदा अपने साधनों के अनुरूप जीवन जीता है।

कैकेयी में जब लोभ आया तो उन्हें वरदानों की याद आयी। यह लोभ उनकी कुबुद्धि से उपजा था। इसीलिए उसका प्रभाव बड़ा अनर्थकारी हो रहा था। अयोध्यावासी इसीलिए कह रहे हैं कि कुबुद्धिवाली कैकेयी को वरदान नहीं देना चाहिए था।

शीलवान् पुरुष यदि कुबुद्धिवाले व्यक्ति को वरदान देने से मना न कर सके तो भी उसे विचारपूर्वक वरदान दे। दुष्ट व्यक्ति को आँख मूँदकर वरदान नहीं देना चाहिए। वर देने से पहले उसके गुण-दोष पर विचार करना चाहिए। अयोध्यावासी इसी बात से दुःखी हैं कि दशरथ ने कैकेयी की कुबुद्धि को पहचानकर भी वरदान देते समय वर के गुण-दोष का विचार नहीं किया।

देना जहाँ जीवन का सबसे बड़ा यश है वहीं बिना विचारे कुपात्र को देना जीवन का सबसे बड़ा अपयश भी है। दान में विचार बहुत आवश्यक है, क्योंकि कुपात्र उसका दुरुपयोग करके दान की गरिमा को नष्ट करता है।

जो हठि भयउ सकल दुख भाजनु।
अबला बिबस ग्यानु गुनु गा जनु॥

—जो हठ करके (कैकेयी की बात को पूरा करने में अड़े रहकर) स्वयं सब दुःखों के पात्र हो गये। स्त्री के विशेष वश होने के कारण मानो उनका ज्ञान और गुण जाता रहा।

लोक अनुभव कभी-कभी शास्त्र अनुभव से अधिक व्यावहारिक होता है। अयोध्या के सामान्य नागरिक कह रहे हैं कि राजा को व्यावहारिक बनना चाहिए था। दुःखदायी वरदान देकर अपना सत्य व्रत निभाने के बजाय उन्हें ऐसे वरदान से होनेवाले सम्भावित दुःख से बचने का प्रयत्न करना चाहिए था। विवेकहीन धर्म व्यवहार से शुभ की उपलब्धि नहीं होती है। इनसे प्रायः सर्वनाश होता है। इसीलिए राजा को इतना दुःख उठाना पड़ रहा है।

कुछ लोग यह भी सोच रहे हैं कि राजा ने सत्यव्रत के कारण नहीं, स्त्री-प्रेम के कारण इतना भयानक वरदान दिया है। ऐसा करके राजा ने अपने ज्ञान और गुण दोनों को खो दिया है। ज्ञान और गुण के कारण ही व्यक्ति विवेकवान् बनता है। ज्ञान व्यक्ति को परिस्थिति को सम्पूर्णता में देखने की दृष्टि देता है और गुण उसे परिस्थिति को सफलतापूर्वक साधने में सहयोग देता है। ज्ञान और गुण मनुष्य के सबसे श्रेष्ठ आभूषण हैं। इन्हीं के बल पर मनुष्य इतना तेजस्वी और समर्थ बन पाया है।

जब मनुष्य ज्ञान और गुण को खो देता है तब वह अविवेकमय हो उठता है। ऐसे निर्णय लेता है जो जीवन के शुभ को समाप्त करते हैं।

एक धरम परमिति पहिचाने।
नृपहि दोसु नहिं देहिं सयाने॥

—जो धर्म की मर्यादा जानते हैं और सयाने हैं, वे राजा को दोष नहीं देते हैं।

धर्म की मर्यादा को जाननेवाले लोग कभी धर्मवान् व्यक्ति को दोष नहीं देते हैं। उन्हें अच्छी तरह पता है कि धर्म की प्रतिष्ठा के लिए दुःख सहना ही पड़ता है। स्वार्थ सरलता से सिद्ध होता है और परमार्थ की सिद्धि के लिए तप करना पड़ता है। वरदान देकर राजा ने तपस्वी व्रत को पूर्ण किया है।

सिबि दधीचि हरिचंद कहानी।
एक एक सन कहहिं बखानी॥

—वे शिवि, दधीच और हरिश्चन्द्र की कथा एक-दूसरे से बखान कर कहते हैं।

अच्छे लोग धर्मवान् व्यक्ति की तपस्या और साधना को देखकर उनकी प्रशंसा करते हैं और सामान्य लोग उनका मजाक उड़ाते हैं, उन्हें अव्यावहारिक और मूढ़ कहते हैं। अयोध्या के सयाने लोग महाराज के धर्म व्रत की सराहना करते हुए

कह रहे हैं कि अतीत में लोगों ने ऐसे दुःख उठाये हैं। शिवि, दधीच और हरिश्चन्द्र जैसे राजाओं ने अपने सत्यव्रत का पालन करने के लिए अपार दुःख सहा था। ऐसे लोग धन्य होते हैं जो सत्य के लिए कष्ट सहते हैं।

इस संसार में आकर मनुष्य को कष्ट तो सहना ही पड़ता है। वह मायाजाल में जीते हुए कष्ट सहता है तो इसमें कोई गौरव नहीं है। किन्तु वह यदि संसार के सुख-संवर्द्धन के लिए, जीवन में श्रेष्ठ की प्रतिष्ठा के लिए कष्ट उठाता है तो धन्य भागी होता है। सयाने लोग दशरथ की इसी दृष्टि से सराहना कर रहे हैं।

एक भरत कर संमत कहहीं।
एक उदास भायँ सुनि रहहीं॥

—कोई एक इसमें भरत की सम्मति कहते हैं तो कोई एक सुनकर उदासीन भाव से रह जाते हैं।

इस उपद्रव में राजा के योगदान की चर्चा करने के बाद जब बात भरत पर आती है और कोई कह देता है कि इसमें भरत का भी मत है, तो दूसरे लोग उदास हो जाते हैं। उस व्यक्ति का समर्थन नहीं करते।

यह उदासीनता भरत के परम प्रेमपूर्ण स्वभाव का प्रतीक है। अयोध्या का कोई भी नागरिक राम के प्रति भरत के प्रेम से आशंकित नहीं है। मानव सम्बन्ध को इतना गहरा आयाम देना कि संकट की घड़ी में भी न टूटे, यह राम और भरत के लिए ही सम्भव था।

ध्यान रहे, जब यह चर्चा चल रही है तो न राम उपस्थित हैं और न भरत। अयोध्या में पुलिस राज्य भी नहीं है कि लोग कोई टिप्पणी करने से डर रहे हैं। सभी लोग दशरथ और कैकेयी के विरुद्ध खुले रूप में बोल रहे हैं।

यह भरत का अपरिमित प्रेम है जो सबके हृदय को साधे और मुख को बाँधे है। नहीं तो, मनुष्य तो सामान्य रूप में बुराइयों की चर्चा करने में रस लेता है। गजब है मनुष्य का स्वभाव। वह अपनी बुराई तो छिपाना चाहता है, पर दूसरे की बुराई का पोस्टर छपवाकर हर गली-कूँचे में बँटवाना और चिपकाना चाहता है।

मनुष्य जिस दिन अच्छाइयों का प्रचार प्रसन्नतापूर्वक करने में संलग्न हो जायेगा, जीवन के उपद्रव बन्द हो जायेंगे। धरती पर स्वर्ग का सद्भाव उतर आयेगा। क्षुद्र जीवन की वैतरणी का पथ उदात्त जीवन की गंगा का पथ बन जायेगा।

साधारण रूप से परमात्मा का अंश होने के बाद, सन्त-महात्माओं, गुरुओं-पैगम्बरों की करुणा-कृपा पाने के बाद भी यदि मनुष्य अभी तक साधारण जीवन की परिधि में उलझा हुआ है तो इसका एकमात्र कारण है कि क्षुद्र के प्रति उसका

अदम्य आकर्षण है। बुराइयों में रस लेना उसकी आदत है। सत्संग के प्रति उसकी उदासीनता है। क्षुद्र व्यक्ति के लिए कुसंगति ज्यादा रसपूर्ण होती है।

भरत की निन्दा के प्रति उदासीन रह जानेवाले लोग निश्चित रूप से इतने अच्छे रहे होंगे कि उन्होंने अपने को निन्दा कथा से अलग कर दिया। पर अच्छाई के संवर्द्धन के लिए इतना ही पर्याप्त नहीं है, बुराई का विरोध भी होना चाहिए।

कान मूदि कर रद गहि जीहा।
एक कहहिं यह बात अलीहा॥
सुकृत जाहिं अस कहत तुम्हारे।
रामु भरत कहुँ प्रानपिआरे॥

—कोई हाथ से कान मूँदकर और जीभ को दाँतों तले दबाकर कहते हैं कि यह बात झूठ है। ऐसा कहने से तुम्हारे पुण्य नष्ट हो जायेंगे। भरत को तो राम प्राणों के समान प्यारे हैं।

अयोध्यावासियों की यह उक्ति राम या भरत के पिछलग्गुओं की मिली-भगत नहीं है। इसे नियोजित राजनीति के हथकण्डे की तरह किसी विज्ञापन एजेंसी द्वारा प्रायोजित भी नहीं किया गया है। ये सामान्य प्रजा के हृदय के उद्गार हैं। इन्हें सुनकर राजा के चरण छूने की लालसा होती है। राजा जब इतना श्रेष्ठ हो कि प्रजा संकट के समय में भी उच्च आचरण करने लगे, तो समझना चाहिए कि प्रजा-पालन और राज्य-संचालन बड़ी पवित्रता से हो रहा है।

भरत का नाम कैकेयी की कलंक कथा में आते ही कुछ लोग उदासीन हो गये थे, लेकिन कुछ लोग एकदम मुखर हो उठे। जिन्होंने मुखर होकर विरोध किया वे ज्यादा श्रेष्ठ हैं। उन्हें किसी सजा का भय नहीं, बस केवल सत्य सम्भाषण की ही चिन्ता है। वे स्पष्ट रूप में घोषणा करते हैं कि भरत की सम्मति की बात करना एकदम झूठ है।

अपने कथन को दृढ़ता प्रदान करने के लिए ये लोग कहते हैं कि भरत पर कोई भी आरोप लगाना अपने सुकृत को नष्ट करना होगा।

हम सभी जानते हैं कि मनुष्य को पुण्य कमाना बहुत प्रिय है। यह पुण्य लौकिक जगत् में 'फिक्स्ड डिपॉजिट' की तरह होता है। जैसे हम अपने भविष्य को सुरक्षित रखने के लिए धन को जमा करते हैं उसी तरह अपने परलोक और पुनर्जन्म को सुखमय बनाने के लिए पुण्य कमाते हैं।

यह पुण्य वृत्ति मन में पाप वृत्ति आते ही क्षय होती है। जैसे ही मनुष्य क्षुद्र और गर्हित आचरण करता है, उसका पुण्य नष्ट होता है। सदाचरण पुण्य को बढ़ाता

भी है और पुण्य की रक्षा भी करता है।

श्रेष्ठ और सयाने अयोध्यावासी कहते हैं कि भरत की निन्दा करने से, उन्हें कैकेयी के षड्यन्त्र में शामिल करने से पाप ही नहीं लगेगा, सुकृत भी समाप्त होंगे। यदि केवल पाप लगने की बात कही जाती तो प्रभाव उतना गहरा नहीं होता। पुण्य क्षय की बात कहने से भरत के चरित्र का मूल्य और बढ़ जाता है।

चंदु चवै बरु अनल कन सुधा होइ बिषतूल।
सपनेहुँ कबहुँ न करहिं किछु भरतु राम प्रतिकूल॥

—चन्द्रमा चाहे आग की चिनगारियाँ बरसाने लगे और अमृत चाहे विष के समान हो जाये, परन्तु भरतजी स्वप्न में भी कभी राम के विरुद्ध कुछ नहीं करेंगे।

यह बड़ा गहरा और दिव्य विश्वास है। इसके लिए भरत ही नहीं, अयोध्यावासी भी बधाई के पात्र हैं। संसार में सत्पुरुषों का होना ही पर्याप्त नहीं है, सत्पुरुषों का सम्मान करनेवालों का होना भी आवश्यक है।

दक्षिण अफ्रीका के डरबन शहर में जब पहली बार अंग्रेज उतरे तो उन्होंने काले अफ्रीकियों को हीरे से गोली खेलते हुए देखा। वे यह सोचकर चकित हुए कि अफ्रीकी कितने धनी हैं।

एक अंग्रेज ने पूछा, 'क्या खेल रहे हैं ?'

अफ्रीकी ने कहा, 'पत्थर से गोली खेल रहा हूँ।'

उत्तर सुनकर अंग्रेज बहुत प्रसन्न हुए। उनके मन की आशंका जाती रही। उन्हें पता चल गया कि ये अफ्रीकी अज्ञानी हैं। इन्हें पता ही नहीं कि जिससे उन्होंने गोली बनाई है वह पत्थर नहीं, हीरा है।

इसके बाद का इतिहास हम सभी जानते हैं। अंग्रेजों ने दक्षिण अफ्रीका को गुलाम बना लिया।

अफ्रीकी लोगों के पास हीरा तो था, पर उन्हें हीरे की कद्र नहीं मालूम थी। अयोध्या की स्थिति दूसरी थी। वहाँ भरत जैसे श्रेष्ठ जन थे तो उनकी कद्र जानने वाले सयाने प्रजाजन भी थे। इसीलिए सबने भरत की जय-जयकार करके कलंक कथा को वहीं समाप्त कर दिया।

एक बिधातहि दूषनु देहीं।
सुधा देखाइ दीन्ह बिषु जेहीं॥

—कोई एक विधाता को दोष देते हैं, जिसने अमृत दिखाकर विष दे दिया।

घूम-फिरकर लोगों को वापस विधाता पर ही आना पड़ा। किसी और को दोष देने के लिए लोग एकमत नहीं थे। कुछ कह रहे थे कि कैकेयी अच्छी हैं, पर

उनमें कुमति आ गयी है। कुछ कहते हैं—राजा सत्य व्रतधारी हैं और कुछ कहते हैं कि पत्नी के प्रेम में आसक्त हैं। भरत की संलग्नता को सभी ने खारिज कर दिया। अतः अब केवल विधाता ही शेष रहे। उन्हीं को दोष देकर सभी सन्तोष कर रहे हैं। लेकिन इसी से बात रुकती नहीं है।

खरभरु नगर सोचु सब काहू।
दुसह दाहु उर मिटा उछाहू॥

—नगर भर में खलबली मच गयी, सब किसी को सोच हो गया। हृदय में दुःसह जलन हो गयी, आनन्द उत्साह मिट गया।

जो अयोध्या राम के राज्याभिषेक के आनन्द में मंगल साज सज रही थी, वही अयोध्या अब शोक में डूब गयी है। हर कोई यही चाहता है कि यह संकट टल जाये, इसीलिए कैकेयी को निकट से जाननेवाली स्त्रियाँ उनके पास जाने लगीं।

बिप्रबधू कुलमान्य जठेरी।
जे प्रिय परम कैकई केरी॥
लगीं देन सिख सीलु सराही।
बचन बानसम लागहिं ताही॥

—ब्राह्मणों की स्त्रियाँ, कुल की माननीय बड़ी-बूढ़ी और जो कैकेयी की परम प्रिय थीं, वे उसके शील की सराहना करके उसे सीख देने लगीं। पर उसको उनके वचन बाण के समान लगते हैं।

पुराने समय में गुरुजनों, बड़े-बूढ़ों और आत्मीयजनों के वचनों का बड़ा महत्त्व होता था। उनकी बात की सभी लोग कद्र करते थे। ऐसे लोग भी सदा कल्याणकारी मार्ग पर ही चलने की सलाह देते थे। इस परम्परा के कारण मनुष्य हेय कर्म करने में बहुत सकुचाता था।

समझाने के लिए सभी लोगों ने कैकेयी के शील का सहारा लिया। सभी लोग उनके कुटिल कर्म का भी सहारा ले सकते थे, लेकिन तब बहुत सम्भावना थी कि कैकेयी भी भड़क उठतीं। कोई भी मनुष्य, चाहे वह कितना भी बुरा क्यों न हो, अपनी बुराई नहीं सुनना चाहता है। अतः किसी को समझाने के लिए कभी उसकी बुराई का पुलिन्दा नहीं खोलना चाहिए। जहाँ तक सम्भव हो, उसके शील का सहारा लेकर उसे सदाचरण के लिए प्रेरित करना चाहिए। एक बार जब मनुष्य अपने शील की महिमा समझ लेता है तो नीचे गिरने के लोभ से बचने का प्रयत्न करता है।

शील मनुष्य का सबसे श्रेष्ठ साथी है। जब भी मनुष्य शील से जुड़ता है,

उठता है और शील से कटता है तो गिरता है। शील से गिरी हुई कैकेयी को सहेलियाँ उठाना चाहती हैं।

कैकेयी के शील का वास्ता देकर निश्चय ही सहेलियों ने कहा होगा कि तुच्छ आचरण तो निम्न शील के लोग करते हैं। यह उन्हीं को शोभा देता है। श्रेष्ठजन तो बड़े-से-बड़े स्वार्थ का बलिदान भी शील के लिए कर देते हैं।

मनुष्य जब स्वार्थ-सिद्धि के लिए कटिबद्ध होता है तो उसे स्वार्थ के विपरीत कोई प्रवचन और उपदेश सुहाता नहीं है। वह सोचता है कि शील तो फिर से कमाया जा सकता है, पर स्वार्थ-पूर्ति का अवसर हाथ से निकल गया तो फिर कब और कैसे प्राप्त होगा। इसी तर्क के कारण स्वार्थी व्यक्ति स्वार्थ-पूर्ति के लिए सबकुछ दाँव पर लगाने के लिए तैयार रहता है।

संसार में यदि शील का आविष्कार मानवता ने नहीं किया होता तो मनुष्य इस धरती पर कीट-पतंगों की तरह जीता। उसे अपने भीतर के देवत्व को जाग्रत् करने की प्रेरणा कभी नहीं मिलती। शील और स्वार्थ की लड़ाई बड़ी पुरानी है। शील देवत्व को जगाता है और स्वार्थ थपकी देकर उसे सुलाता है। इसीलिए जब हमारे भीतर का शील स्वार्थ से मूर्च्छित होता है तब हम शील का वन्दन, अभिनन्दन करके उसे जगाते हैं। शील के जगते ही स्वार्थ मिट जाता है। इसीलिए सहेलियाँ कैकेयी के शील को जाग्रत् कर रही हैं।

कैकेयी को शील की सीख तनिक भी पसन्द नहीं आ रही है। शराबी को यदि आप दूध पीने के फायदे गिनायें तो भाग खड़ा होगा। दुराचारी सत्संग की महिमा का बखान सुनकर बौखला जायेगा। ठीक इसीलिए स्वार्थी कैकेयी को शील का सम्भाषण तनिक भी रास नहीं आ रहा था। वह तो चाहती थीं कि कोई उनको शाबाशी दे, कोई उनका वन्दन-अभिनन्दन करे। कोई उन्हें स्वार्थ-पूर्ति का और कारगर रास्ता बताये।

भरतु न मोहि प्रिय राम समाना।
सदा कहहु यहु सबु जगु जाना॥
करहु राम पर सहज सनेहू।
केहिं अपराध आजु बनु देहू॥

—(सभी समझाती हैं—) तुम तो सदा कहती थीं कि राम के समान मुझको भरत भी प्यारे नहीं हैं; इस बात को सारा जगत् जानता है। श्रीराम पर तो तुम स्वाभाविक ही स्नेह करती रही हो। आज किस अपराध से उन्हें वन देती हो?

यह वचन कैकेयी के शील को सूर्य जैसा भास्वर करता है। कैकेयी ने पहले

भी इतना ही श्रेष्ठ शील दिखाया है जब उन्होंने पुत्रेष्टि यज्ञ के प्रसाद को बलपूर्वक स्वयं न खाकर सभी रानियों को खिलाया। इसकी चर्चा हम आरम्भ में कर चुके हैं। आज फिर हम कैकेयी के महत् चरित्र के बारे में जान रहे हैं। कौसल्या को सौत के रूप में सदैव अपने मन में रखते हुए भी यदि कैकेयी राम को भरत से अधिक प्यार शुरू से ही करती हैं तो कैकेयी परम वन्दनीय हैं।

यह वचन पहले दशरथ भी बोल चुके हैं, पर उनकी बात में कैकेयी को फुसलाने या मनाने का पुट भी हो सकता था। पारिवारिक सम्बन्धों को बढ़ा-चढ़ाकर कहने की नीति भी हो सकती थी। हो सकता है कि कैकेयी दशरथ का प्यार जीतने के लिए झूठ-मूठ में राम के प्रति प्रेम दिखाती रही हों, क्योंकि उन्हें पता था कि दशरथ राम को बहुत चाहते हैं।

लेकिन जब राम और कैकेयी के आन्तरिक सम्बन्ध पर सहेलियाँ चर्चा कर रही हैं तो उनकी पावनता को गारण्टी मिल जाती है। नित्य मिलने-जुलनेवाली सहेलियाँ राम को कैकेयी के पास निश्चित रूप से देखती रही होंगी। अपनी अनौपचारिक वार्त्ता में सहेलियों से कैकेयी राम के गुणों की चर्चा अवश्य करती रहती होंगी। इन्हीं सब बातों की ओर वे कैकेयी का ध्यान खींच रही हैं।

इस कथन में दो बातें बड़ी महत्त्वपूर्ण हैं। पहली बात यह कि कैकेयी कहती हैं कि राम के समान मुझे भरत प्रिय नहीं हैं। दूसरी बात यह कि राम के प्रति उनका स्वाभाविक प्रेम है। एक में भरत के निषेध के द्वारा राम को प्रतिष्ठित किया गया है और दूसरे में राम की स्वाभाविक प्रतिष्ठा है।

भरत कैकेयी के अपने पुत्र हैं। बड़े प्रतिभावान् और महान् पुत्र हैं। कैकेयी उनके मुकाबले राम को खड़ा करके कहती हैं कि मैं राम को अधिक चाहती हूँ। भरत साधारण होते तो कैकेयी के वचन का उतना मोल नहीं होता। किन्तु असाधारण भरत के सामने खड़े होकर राम अति असाधारण बन जाते हैं।

निषेध की भूमि पर खड़ा प्रेम का वृक्ष कितना भी विशाल क्यों न हो, उसमें भाव तुलनात्मक होता है। जिसके निषेध पर वृक्ष खड़ा है, यदि वही बड़ा वृक्ष बनकर खड़ा हो जाये तो महिमा घट जाती है। कहा जा सकता है कि यदि एक दिन भरत राम से बड़े वृक्ष बन जायें तो राम की क्या महिमा रह जायेगी?

इसलिए सहेलियाँ कैकेयी के सामने एक नया तर्क रख रही हैं। कहती हैं कि तुम तो राम पर स्वाभाविक प्रेम करती हो। प्रेम जब स्वाभाविक होता है तो अन्य सभी सम्बन्धों के रस को फीका कर देता है। जीवन के सारे दन्द-फन्द ऐसे प्रेम के सामने अर्थहीन हो जाते हैं। स्वाभाविक प्रेम स्वार्थ की नहीं, स्वभाव की भूमि पर

पैदा होता है, इसीलिए बड़ा प्रभावी होता है। सम्बन्धों की कोई उथल-पुथल उसे उखाड़ नहीं पाती है।

श्रीराम से इतना प्रेम करनेवाली कैकेयी से सभी महिलाएँ पूछ रही हैं कि फिर आज किस कारण से तुम राम को वन भेजना चाहती हो ? यदि हम किसी प्रेम पात्र को दण्ड देते हैं तो निश्चित रूप से उसके पीछे कोई अपराध होता है। तो बताओ कि राम का अपराध क्या है ? श्रीराम तो अपने स्वभाव से ही परम पावन और निष्पाप हैं।

हाँ, यह अवश्य सम्भव हो सकता है कि किसी और कारण से तुम राम को वनवास का दण्ड दे रही हो। लेकिन वह कारण भी हमारी समझ में नहीं आता है। तुम्हारे जैसी प्रेमपूर्ण स्त्री द्वेषपूर्ण बन सकती है, यह कल्पना भी कर पाना कठिन है। समस्त अयोध्या में तुम तो अपने जनरंजक स्वभाव के कारण प्रसिद्ध हो।

कबहुँ न कियहु सवति आरेसू।
प्रीति प्रतीति जान सबु देसू॥

—तुमने कभी सौतिया डाह नहीं किया। सारा देश तुम्हारे प्रेम और विश्वास को जानता है।

चरित्र की महिमा का इससे अधिक उच्च स्वर में उद्घोष नहीं किया जा सकता। सभी स्त्रियाँ कह रही हैं कि तुमको हमने कभी सौत से जलते हुए नहीं देखा। तुम सदैव पति के परम प्रेम की अधिकारिणी होते हुए भी किसी के प्रति ईर्ष्या या द्वेषपूर्ण नहीं हुईं। फिर आज क्यों हो रही हो ?

अयोध्या के जन-जन में कैकेयी अपने प्रेम और विश्वास के कारण जानी जाती हैं। भय और दण्ड पर आधारित लोकप्रियता थोथी होती है। इसका प्रभाव हृदय में गहराई से नहीं उतरता है। प्रेम और विश्वास पर आधारित लोकप्रियता हृदय में सदा के लिए सुरक्षित और सुरभित रहती है।

अयोध्या की स्नेहमयी स्त्रियाँ कैकेयी को इसी 'प्रीति-प्रतीति' की याद दिला रही हैं। प्रीति और प्रतीति यदि जीवन में सदा बनी रहें तो मनुष्य कभी पतित-पराजित नहीं हो सकता। पतन और पराजय का जन्म जीवन में घृणा और अविश्वास के कारण होता है।

अयोध्या के सिंहासन पर दशरथ ने जो निष्कण्टक राज्य किया उसके पीछे कैकेयी का 'प्रीति-प्रतीति' भरा चरित्र ही है। इस सत्य को हर अयोध्यावासी अच्छी तरह जानता है।

कौसल्याँ अब काह बिगारा।
तुम्ह जेहि लागि बज्र पुर पारा॥

—अब कौसल्या ने तुम्हारा कौन सा बिगाड़ कर दिया, जिसके कारण तुमने सारे नगर पर वज्र गिरा दिया है ?

महिमा-मण्डित शीलवान् कैकेयी अपने मन की खोट बताने में भी असमर्थ हैं। श्रेष्ठ व्यक्ति अपने आचरण की तुच्छता को प्रकट कर ही नहीं पाता है। उसे इस बात का संकोच सदा बना रहता है कि सुनकर लोग थू-थू करेंगे। कैकेयी का यही संकोच उनके लिए भारी पड़ रहा है। महिलाएँ उनके चरित्र की श्रेष्ठताओं को गिनाकर उन्हें समझा रही हैं। भला ऐसे वातावरण में कैकेयी अपने मन की खोट को कैसे बतातीं ?

महिलाओं ने उन्हें एक अवसर भी दिया जब उन्होंने कौसल्या का नाम लेकर पूछा कि आखिर उन्होंने तुम्हारा क्या बिगाड़ा है, तो भी वह चुप ही रहीं। सहेलियाँ पूछ रही हैं कि फिर आखिर अयोध्या पर तुम वज्र क्यों गिरा रही हो ?

प्रेम में प्रहार वर्जित है। वज्र-सा प्रहार करने के लिए गहरी घृणा की आवश्यकता होती है। आज की दुनिया में हम विश्व मानवता की बात करते हुए भी एक-दूसरे को काट रहे हैं। इसका कारण यही है कि विश्व मानवता के पीछे विश्व-बन्धुता का थोथा भाव है। विश्व-बन्धुता जब तक इस आध्यात्मिक सत्य पर नहीं आधारित होगी कि समस्त सृष्टि परमात्मा का ही रूप है, तब तक प्रेम प्रगाढ़ नहीं बन पायेगा। हृदयग्राही नारों के बीच भी हम प्रहार करते रहेंगे।

अयोध्या पर वज्र प्रहार करती हुई कैकेयी को देखकर महिलाएँ पूछ रही हैं कि क्या तुम्हारा प्रेम और विश्वास भी मात्र एक नारा है ? क्या उसमें हृदय के देवता की दिव्य उपस्थिति नहीं है ? जिस 'प्रीति-प्रतीति' को क्षण मात्र में कौसल्या का अपडर तोड़ दे वह क्या गहरे स्वभाव का अंग कहा जा सकता है ? इसमें से क्या सच है ? तुम्हारा प्रहार या तुम्हारा प्रेम और विश्वास ?

एक बड़ा यक्ष-प्रश्न महिलाएँ कैकेयी के सामने रख रही हैं कि भला बताओ, राम को वन भेजने से कौन सुखी होगा ?

सीय कि पिय सँगु परिहरिहि लखनु कि रहिहहिं धाम।
राजु कि भूँजब भरत पुर नृप कि जिइहि बिनु राम॥

—क्या सीता अपने पति का साथ छोड़ देंगी ? क्या लक्ष्मण राम के बिना घर रह सकेंगे ? क्या भरत राम के बिना अयोध्या का राज भोग सकेंगे ? और क्या राजा राम के बिना जीवित रह सकेंगे ?

आज की परिस्थिति में इस दोहे में जितने सवाल हैं उसमें से एक को छोड़कर कैकेयी किसी के प्रति चिन्तित नहीं हैं। यदि भरत राम के बिना अयोध्या

का सिंहासन ठुकरा देंगे तब जरूर कैकेयी चिन्तित होंगी। अन्यथा यदि सीता और लक्ष्मण राम के साथ चले जायें और राजा दशरथ सुरधाम चले जायें तो उन्हें कोई हैरानी-परेशानी नहीं होगी। उनका एकमात्र लक्ष्य भरत को अयोध्या की गद्दी पर प्रतिष्ठित करना और राम को अयोध्या से निष्कासित करना है।

अस बिचारि उर छाड़हु कोहू।
सोक कलंक कोठि जनि होहू॥

—हृदय में ऐसा विचार कर क्रोध को छोड़ दो, शोक और कलंक की कोठी मत बनो।

आत्मीय महिलाएँ समझा रही हैं कि राम के वन जाने से अनेक अपघात होंगे। सीता और लक्ष्मण भी अयोध्या त्याग देंगे और महाराज दशरथ भी जीवित नहीं रहेंगे।

कैकेयी जैसी प्रेमपूर्ण महिला के लिए सामान्य स्थिति में दशरथ के देह त्यागने की कल्पना करना भी दारुण दुःखदायी होता, किन्तु आज क्रोध में बैठी कैकेयी अपने परम प्रिय पति की सम्भावित मृत्यु की भी चिन्ता नहीं कर रही हैं। मनुष्य क्रोध में कितना कटु और कठोर हो जाता है।

सीता और लक्ष्मण का वन जाना भी कैकेयी की हार और राम की विजय के प्रतीक होंगे, पर इस पर भी वह चिन्तित नहीं हैं। वह तो सभी कलंक सहकर सभी शोक झेलकर अपने लक्ष्य-सन्धान में ही लगी हुई हैं।

सहेलियों ने एक बहुत अच्छी बात कही कि 'प्रीति-प्रतीति' के बल पर तुम अयोध्या की प्रजा के हृदय-सिंहासन पर सदैव बैठी रही हो। अब क्रोध करके तुम शोक और कलंक की कोठी मत बनो। ऐसा बनकर तुम जन्म-जन्मान्तर तक निन्दित होती रहोगी।

शोक और कलंक का प्रतीक बनना जीवन की बड़ी पीड़ा है। लेकिन कैकेयी इसे झेलने के लिए तैयार खड़ी दिख रही हैं। राम के वन जाने से कम-से-कम चौदह वर्षों तक तो अयोध्या शोक में डूबी रहेगी। राम के वन जाने से कैकेयी आजीवन कलंक बोझ ढोती रहेंगी। दशरथ की मृत्यु का विचार यदि अभी हमं न भी करें तो भी कैकेयी जीवन भर दशरथ का मुख नहीं देख सकेंगी, क्योंकि उन्होंने कैकेयी से यह साफ-साफ कह दिया है।

जीवनसर्वस्व पति से जीवन भर न मिलने का शोक कैकेयी कैसे झेल पाएँगी, यह सोच पाना सबके लिए कठिन हो रहा है। इसीलिए स्त्रियाँ उन्हें समझा रही हैं। कैकेयी से यह कहना कि तुम जीवन भर के लिए शोक और कलंक की

कोठी बन जाओगी, उनके शील को जगाने का सबसे प्रभावी तरीका है।

भरतहि अवसि देहु जुबराजू।
कानन काह राम कर काजू॥

—भरत को अवश्य युवराज पद दो, पर श्रीराम का वन में क्या काम है?

पूरी अयोध्या इस बात पर सहमत है कि सिंहासन भरत को दे दिया जाये। राजा भी इस पर सहमत हैं। सबकी राय में कलह और उपद्रव को टालने का यह स्वर्ण-सूत्र है। लेकिन कैकेयी राम को अयोध्या में रखकर कोई जोखिम नहीं उठाना चाहती हैं। वह नितान्त सुरक्षित सूत्र को अपनाना चाहती हैं। वह सूत्र वही है जो उन्होंने माँगा है।

नाहिन रामु राज के भूखे।
धरम धुरीन बिषय रस रूखे॥

—श्रीराम राज्य के भूखे नहीं हैं। वे धर्म की धुरी को धारण करनेवाले और विषय रस से रूखे हैं।

बड़ी-बूढ़ी समझदार महिलाएँ कैकेयी के हर भय को काटना चाहती हैं। वे कहती हैं कि यह मत सोचो कि राम अयोध्या में रहेंगे तो भरत से राज्य छीन लेंगे। राम तो धर्म के आधार हैं। यदि उन्होंने राज्य भरत को दे दिया तो दे दिया। फिर कोई तिकड़म करके उसे पाने के बारे में राम कल्पना भी नहीं करेंगे।

उन्होंने यह भी कहा कि राम विषय रस से रूखे हैं। मनुष्य जब लोभी होता है तो अपने हक को पाने के लिए चक्रव्यूह रचता है। लेकिन राम परम उदासीन और निस्पृह हैं। उन्होंने तो स्वयं ही भरत को राज्य दे दिया है, फिर काहे की चिन्ता कर रही हो।

कुछ अलभ्य पाने की कामना करनेवाला व्यक्ति हमेशा संशयी होता है। वह सोचता है कि उसे कोई धोखा या झटका न दे दे। इसीलिए वह पूर्ण सुरक्षित होकर पैर आगे बढ़ाता है। हर किसी सम्भावित आशंका से अपने को दूर रखने का पूर्ण प्रयत्न करता है।

कैकेयी के मन के इस भाव को समझकर ही महिलाएँ उनके सामने कई पूर्ण सुरक्षित विकल्प रख रही हैं। वे हितैषिणी महिलाएँ हृदय से कैकेयी का भला चाहती हैं।

गुर गृह बसहुँ रामु तजि गेहू।
नृप सन अस बरु दूसर लेहू॥

—तुम राजा से दूसरा वर ले लो कि राम घर छोड़कर गुरु के घर रहें।

यह एक सुखद समझौते का सबसे उत्तम उपाय था। यदि राम अयोध्या के राजभवन में रहेंगे तो सम्भव है कि कभी कोई-न-कोई किच-किच हो जाये। पर यदि राम अयोध्या से दूर गुरु के आश्रम में रहें तो राजभवन के तनाव से आसानी से बचा जा सकता है। वर्तमान परिस्थिति में इस फॉर्मूले से अच्छा और कुछ हो ही नहीं सकता था।

जौं नहिं लगिहहु कहें हमारे।
नहिं लागिहि कछु हाथ तुम्हारे॥

—जो तुम हमारे कहने पर न चलोगी तो तुम्हारे हाथ कुछ भी नहीं लगेगा।

कैकेयी की अन्तरंग महिलाओं द्वारा उन्हें दी गयी यह अन्तिम चेतावनी है। उनका कहना है कि इस सूत्र को मानने में कैकेयी का सम्मान है और अयोध्या के मान की रक्षा है। अगर ऐसी स्थिति बनाने में कैकेयी असफल रहीं तो उनका सारा गौरव समाप्त हो जायेगा। सर्व आदरित कैकेयी सर्वनिन्दित हो जायेगी। गौरव के बाद निन्दा का पात्र बनना जीवन का सबसे बड़ा अभिशाप है। कैकेयी की सहेलियाँ उन्हें इसी से बचाना चाहती हैं। किन्तु नियति का चक्र बड़ा प्रबल होता है। वह अपनी गति के बारे में किसी को भी नहीं बताता है।

जौं परिहास कीन्हि कछु होई।
तौ कहि प्रगट जनावहु सोई॥

—यदि तुमने कुछ हँसी की हो तो उसे प्रकट में कहकर बता दो।

महाराज दशरथ ने भी रानी के सामने यही प्रस्ताव रखा था कि यदि तुमने हँसीवश कोई मजाक किया हो तो मुझे बता दो। पर रानी इसे मानतीं कैसे? वह वास्तविक रूप में रण ठानकर बैठी हुई थीं।

अयोध्या का हर समझदार व्यक्ति यही चाहता है कि रानी अपने हठ को त्याग दें। इसके लिए सबसे सम्मानपूर्ण उपाय यही था कि रानी यह घोषणा कर दें कि उन्होंने महाराज दशरथ के प्रेम की परीक्षा लेने के लिए वरदान माँगा था। यह एक नाटक था। इसमें गम्भीरता कुछ भी नहीं है। पर रानी इस प्रस्ताव के लिए तैयार नहीं थीं।

राम सरिस सुत कानन जोगू।
काह कहिहि सुनि तुम्ह कहुँ लोगू॥

—राम सरीखा पुत्र क्या वन के योग्य है? यह सुनकर लोग तुमको क्या कहेंगे?

इस पूरे घटनाक्रम में पेंच तो यही था कि राम को वन भेजा जा रहा है। राम अयोध्या के राजभवन के परम प्रिय थे। राम प्रजाजनों में सर्वाधिक लोकप्रिय थे।

राम सभी भाइयों में सर्वगुण-सम्पन्न थे। अत: ऐसे राम को वन भेजना अयोध्या के राजभवन में अशान्ति फैलाना था। अयोध्या नगरी में उपद्रव मचाना था।

इसे यों भी कह सकते हैं कि राम पर प्रहार पूरी अयोध्या के हृदय पर प्रहार था। जो राम को खोने के लिए अयोध्या से कहेगा वह कभी अयोध्या का प्रिय नहीं रह पाएगा।

उठहु बेगि सोइ करहु उपाई।
जेहि बिधि सोकु कलंकु नसाई॥

—जल्दी उठो और वही उपाय करो जिस उपाय से इस शोक और कलंक का नाश हो।

सबकी एकमात्र यही कामना है कि किसी भी तरह अयोध्या को शोक न हो और उस पर कलंक न लगे। इसे रोकने के लिए केवल कैकेयी ही प्रयत्न कर सकती हैं। कैकेयी के कारण ही यह दुर्दिन अयोध्या देख रही है और कैकेयी ही इसका निवारण कर सकती हैं।

सभी सहेलियाँ कैकेयी से बार-बार यही कह रही हैं कि राम के वन जाने से अयोध्या में शोक छा जायेगा और तुम पर कलंक लगेगा। श्रेष्ठजन मृत्यु स्वीकार कर लेते हैं, लेकिन कलंक नहीं। सदा श्रेष्ठता के शिखर पर रहनेवाली कैकेयी आज पतन के गहरे गर्त में खड़ी हैं। यहाँ से उन्हें निकालना ही सबका अभीष्ट है।

जेहि भाँति सोकु कलंकु जाइ उपाय करि कुल पालही।
हठि फेरु रामहि जात बन जनि बात दूसरि चालही॥
जिमि भानु बिनु दिनु प्रान बिनु तनु चंद बिनु जिमि जामिनी।
तिमि अवध तुलसीदास प्रभु बिनु समुझि धौं जियँ भामिनी॥

—जिस तरह शोक और कलंक मिटे वही उपाय करके कुल की रक्षा कर। वन जाते हुए राम को हठ करके लौटा ले, दूसरी कोई बात न चला। तुलसीदासजी कहते हैं—जैसे सूर्य के बिना दिन, प्राण के बिना शरीर और चन्द्रमा के बिना रात (निर्जीव तथा शोभाहीन हो जाती है) वैसे ही श्रीराम के बिना अयोध्या हो जायेगी; हे भामिनी! तू अपने हृदय में इस बात को समझ तो सही।

यहाँ कैकेयी के दायित्व में एक और चीज जोड़ी जा रही है। उन्हें अयोध्या के शोक, अपने कलंक को बचाने के साथ-ही-साथ अपने श्रेष्ठ कुल की भी रक्षा करनी है। कुल की मर्यादा की रक्षा के लिए बड़े-से-बड़े बलिदान देने की परम्परा रही है। कुल की रक्षा करनेवाला व्यक्ति अपने व्यक्तिगत हानि-लाभ की चिन्ता

नहीं करता है। वह विस्तृत 'स्व' के लिए संकुचित 'स्व' का परित्याग कर देता है। कैकेयी यदि प्रयत्न करके कुल की मर्यादा के लिए सोचेंगी तो अयोध्या से अनर्थ के बादल छँट जायेंगे, ऐसा सभी सोच रहे हैं।

इसके लिए कैकेयी को हठ करके राम को वन जाने से रोकना होगा। अभी वह हठ करके राम को वन भेज रही हैं; अब उन्हें उसी हठ का विपरीत उपयोग करना है। कितना विचित्र है! संसार में दोष यन्त्र का नहीं, यन्त्र चलानेवाले का होता है। जिस तलवार से शत्रु का संहार किया जाता है उसी से अपने आपको भी काटा जा सकता है। अभी कैकेयी हठ के माध्यम से स्वार्थ साध रही थीं, अब उनसे उसी हठ के द्वारा परमार्थ साधने के लिए कहा जा रहा है।

सभी एक स्वर में समझा रहे हैं कि जैसे सूर्य के बिना दिन, प्राण के बिना शरीर और चन्द्रमा के बिना रात शोभा नहीं पाते हैं उसी तरह राम के बिना अयोध्या की कोई शोभा नहीं रहेगी। निस्तेज होकर जीना मृत्यु से भी हेय है।

कैकेयी से सभी लोग एक ही तर्क बार-बार दोहरा रहे हैं कि राम के बिना सबकुछ व्यर्थ है। राम को खोकर या राम को दाँव पर लगाकर कुछ भी पाना निन्दनीय है। राम ही अयोध्या के सुख के केन्द्र हैं। यह केन्द्र जब अयोध्या से हटेगा तो सर्वत्र दु:ख की बरसात होगी।

सखिन्ह सिखावनु दीन्ह सुनत मधुर परिनाम हित।
तेइँ कछु कान न कीन्ह कुटिल प्रबोधी कूबरी॥

—इस प्रकार सखियों ने ऐसी सीख दी जो सुनने में मीठी और परिणाम में हितकारी थी। पर कुटिला कुबरी की सिखायी-पढ़ायी हुई कैकेयी ने इस पर जरा भी कान नहीं दिया।

जीवन में यदि कभी किसी आत्मीयजन को सीख देने का अवसर आये तो सदा मीठी वाणी का उपयोग करें और हितकारी वचन बोलें। मीठी वाणी के अभाव में हितकारी वचन भी व्यर्थ चले जाते हैं। मीठी वाणी बोलकर अहित करना अशुभ होता है। अत: हित और मृदु का संयोग प्रभावपूर्ण वचन के लिए आवश्यक है।

हित और मृदु जब साथ होते हैं तो बात करते समय हम चोट नहीं पहुँचाते हैं। सुननेवाले के कलुष कर्म को हलके से, मृदु-कोमल भाव से सहलाते हुए हम धोते हैं और श्रेष्ठ कर्म के लिए उसे प्रेरित करते हैं।

लेकिन यह आवश्यक नहीं कि मृदु भाव से हितकारी वचन बोलना हमेशा प्रभावकारी ही हो। यदि कुटिल-प्रबोध का असर अधिक है तो शुद्ध प्रबोध व्यर्थ भी

हो सकता है। कैकेयी इसकी जीवन्त उदाहरण हैं। उनके ऊपर कुबरी के वचनों का प्रभाव इस कदर हावी है कि और कोई वचन उन पर असर ही नहीं डाल रहे हैं। कुसंगति का प्रभाव सुसंगति से अधिक तीव्र होता है। शराब जल्दी नशा दिलाती है। दूध से शक्ति का संचय धीरे-धीरे होता है।

उतरु न देइ दुसह रिस रूखी।
मृगिन्ह चितव जनु बाघिनि भूखी॥

—कैकेयी कोई उत्तर नहीं देतीं। वह दुःसह क्रोध के मारे रूखी हो रही हैं। ऐसे देखती हैं मानो भूखी बाघिन हरिनियों को देख रही हो।

मनुष्य यदि तर्क-वितर्क करे, बोले-चिल्लाये तो उसे समझाने का रास्ता निकाला जा सकता है। लेकिन यदि व्यक्ति मौन हो जाये, चुपचाप क्रोध भाव में सूखकर बैठा रहे तो उसे विधाता भी नहीं समझा सकते। राम के विदा होने के बाद कैकेयी चुपचाप बैठी हैं। वह किसी से कोई तर्क नहीं कर रही हैं। उन्हें राम से इस बात का आश्वासन मिल गया है कि वे वन जायेंगे और राज्य को भरत को सौंप देंगे, अतः कैकेयी को पाने को और कुछ बचा नहीं है। जरा सा भी मुख खोलना खोने के लिए अपने को तैयार करना होगा।

इससे बचने के लिए कैकेयी अपने को सूखा अर्थात् सम्बन्धहीन कर लेती हैं। अपनी रोज की मिलनेवाली सहेलियों तक को भी नहीं पहचानती हैं। सम्बन्धहीन होने से संलाप के सभी अवसर समाप्त हो जाते हैं। मौन व्यक्ति को अकेला करता है। इसीलिए सन्त-महात्मा मौन धारण करके अपने आपको संसार से काट देते हैं। लेकिन कैकेयी का मौन इतना ऊँचा नहीं है। वह मौन होकर स्वयं को स्वार्थ से जोड़ती हैं और परमार्थ से नाता तोड़ती हैं।

मौन रहकर अपने को सम्बन्धहीन करके वह रुकती नहीं हैं। अपने आचरण से वह दूसरों को भी सम्बन्धहीन होने के लिए उकसाती हैं। अपने आत्मीय जनों को वह क्रोध से आँखें लाल कर भूखी बाघिन की तरह ताकती हैं। इसका एक ही लक्ष्य है कि लोग उनसे दूर हो जायें। यदि स्वयं दूर नहीं होंगे तो कैकेयी झपट्टा मारकर उन्हें खा जायेगी।

स्वार्थपूर्ण कैकेयी अपने आत्मीय जनों से कोई सीख नहीं चाहती हैं। उनकी एकमात्र चाह है कि सभी उनकी सहायता करें। भरत को सत्तासीन और राम को वनवासी बनाने के लिए लोग उनकी जय-जयकार करें। कैकेयी अपनी कुटिलता से सबको जोड़ना चाहती हैं; लेकिन अयोध्या की प्रजा धर्म-परायण है, वह अपनी महारानी को भी धर्म की ही सीख दे रही है।

ब्याधि असाधि जानि तिन्ह त्यागी।
चलीं कहत मतिमंद अभागी॥

—तब सखियों ने रोग को असाध्य समझकर उसे छोड़ दिया। सब उसको मन्द-बुद्धि अभागिनी कहती हुई चल दीं।

मनुष्य यदि अचानक क्रोधवश, अज्ञानवश दुष्कर्म कर बैठे तो वह पछताता है। ऐसे व्यक्ति को समझाना और सही राह पर लाना आसान होता है। ऐसे लोग कृतज्ञभाव से समझानेवाले के प्रति आभार प्रकट करते हैं। पर जान-बूझकर दुष्कर्म करनेवाले समझानेवाले को तनिक भी पसन्द नहीं करते। कैकेयी की स्थिति ऐसी है।

कैकेयी की इस दशा को देखकर सहेलियों ने समझ लिया कि रोग असाध्य है। इसका निदान सम्भव नहीं। यह रोग अपनी प्रकृति के कारण असाध्य नहीं बना है। यह तो रोगी की जिद के कारण असाध्य हो गया है। यदि रोगी दवा लेना ही न चाहे तो अच्छी-से-अच्छी दवा भी बेअसर बन जाती है।

सहेलियों ने कैकेयी को इसी प्रकार की स्थिति में पाकर अकेला छोड़ दिया। जाते समय उन लोगों ने कैकेयी को तिरस्कार की दृष्टि से देखा और कहा कि तू मन्द बुद्धि और अभागिनी हो गयी है। जब व्यक्ति की बुद्धि मारी जाती है तो उसका सौभाग्य भी छिन जाता है। बुद्धिमान व्यक्ति सदा अपने सौभाग्य के लिए प्रयत्न करता है और बुद्धिहीन व्यक्ति अपने हर कार्य से अपने दुर्भाग्य को आमन्त्रित करता है।

जब यशस्वी व्यक्ति के जीवन में दुर्बुद्धि और दुर्भाग्य आ जाये तो समझना चाहिए कि वह पतन की हद से गुजर रहा है। ऐसे व्यक्ति को उसके भाग्य पर ही छोड़ देना अच्छा है। इसीलिए सहेलियों ने मन्द मति और अभागिनी कैकेयी को अकेला छोड़ दिया।

यहाँ एक बात और महत्त्वपूर्ण है। सहेलियाँ कैकेयी का तिरस्कार स्वार्थ के लिए नहीं, परमार्थ के लिए करती हैं। वे चाहती हैं कि कैकेयी सुधरें और अयोध्या का सम्मान बचे। मित्रों को सदैव अपने संकटग्रस्त मित्र को अशुभ कर्म से बचाना चाहिए।

राजु करत यह देअँ बिगोई।
कीन्हेसि अस जस करइ न कोई॥
एहि बिधि बिलपहिं पुर नर नारीं।
देहिं कुचालिहि कोटिक गारीं॥

—राज्य करते हुए इस कैकेयी को दैव ने नष्ट कर दिया। इसने जैसा कुछ किया वैसा कोई भी न करेगा! नगर के सभी स्त्री-पुरुष इस प्रकार विलाप कर रहे हैं और उस कुचाली कैकेयी को करोड़ों गालियाँ दे रहे हैं।

एक बुद्धिमान को समझाने के लिए जितने भी प्रयत्न किये जा सकते हैं, सब सहेलियों ने किये, पर कैकेयी पर कोई असर नहीं हुआ। अतः सहेलियाँ उठकर चली गयीं; लेकिन इससे अयोध्या का दुःख कम नहीं हुआ।

लोग सोच रहे हैं कि कैकेयी ने अनहोनी की है। राज्य करते हुए उसे यह दुष्ट-कर्म करने की क्या सूझी? समस्त प्रजा में कैकेयी का इतना सम्मान था। राजा भले ही दशरथ रहे हों, पर व्यावहारिक रूप से सत्ता कैकेयी के ही पास थी, फिर उसने यह अनर्थ क्यों किया? यह दुष्कर्म करके कैकेयी ने पूरी अयोध्या के गौरव को नष्ट कर दिया है।

सारी अयोध्या रो रही है और कैकेयी को गालियाँ दे रही है। सुख में जैसे प्यार करने, हँसने-बोलने से शान्ति मिलती है उसी तरह दुःख में रोने-चिल्लाने और गाली देने में बड़ी शान्ति प्राप्त होती है। दुःख में बिना गाली दिये या रोये-चिल्लाये मन तृप्त ही नहीं होता।

खुलेआम राह चलते नर-नारियों का कैकेयी को गाली देना एक तरह से प्रजा का विद्रोह है। बुद्धिमान कैकेयी को इसे पढ़ लेना चाहिए था, लेकिन उन्होंने इसकी उपेक्षा की। स्वार्थ में मनुष्य शुभ की उपेक्षा करता है, इसीलिए दयनीय और निन्दनीय बन जाता है।

जरहिं बिषम जर लेहिं उसासा।
कवनि राम बिनु जीवन आसा॥

—लोग दुःख के विषम ज्वर से जल रहे हैं। लम्बी साँसें लेते हुए वे कहते हैं कि राम के बिना जीने की कौन सी आशा है।

अजीब है मन की गति। सारी अयोध्या चीख-चीखकर कह रही है कि राम के बिना हम जी नहीं पायेंगे और कैकेयी राजभवन के एक कोने में बैठी कह रही हैं कि राम रहेंगे तो मैं जी नहीं पाऊँगी। एक अकेली कैकेयी पूरी अयोध्या पर भारी पड़ रही हैं। दुष्टबुद्धि हमेशा अकेली ही सद्बुद्धि पर हावी हो जाती है। एक मीर जाफर, एक जयचन्द भारत के भाग्य पर हावी हो गया। एक मन्थरा अयोध्या के लिए विषैली बन गयी और एक कैकेयी अयोध्या उजाड़नेवाली प्रचण्ड आँधी बन गयी।

प्रायः दुष्ट अकेले समर्थ होता है और सज्जन अकेले असमर्थ। अतः सज्जनों

को शुभ की स्थापना के लिए एकजुट होकर प्रयत्न करना चाहिए।

अयोध्या में यदि कैकेयी टिकी रहीं तो अशुभ प्रतिष्ठित होगा और यदि राम बैठे रहे तो शुभ प्रतिष्ठित होगा। पर अभी अयोध्या का सौभाग्य सोया हुआ है। राम के बिना जीवन की आशा छोड़नेवाली प्रजा को अभी कुछ दिन राम के बिना जीना पड़ेगा।

बिपुल बियोग प्रजा अकुलानी।
जनु जलचर गन सूखत पानी॥

—महान् वियोग से प्रजा ऐसी व्याकुल हो गयी है मानो पानी सूखने के समय जलचर जीवों का समुदाय व्याकुल हो।

प्रीति की रीति ऐसी ही होती है। अभी राम ने अयोध्या को त्यागा नहीं है, लेकिन अयोध्यावासी उनके वियोग की आशंका से रोये चले जा रहे हैं। उनको लग रहा है कि राम से सूनी अयोध्या में वे कैसे जीयेंगे। राम तो उनके जीवन-प्राण हैं। राम का सिंहासन और अयोध्या दोनों से अपमानपूर्ण निष्कासन हर अयोध्यावासी को उद्वेलित कर रहा है। राज नियमों से बँधे प्रजाजन रोने के सिवाय और कुछ भी करने में असमर्थ हैं।

अयोध्या में आज कैकेयी के अलावा और कोई समर्थ नहीं है। उनके दोनों हाथों में वरदान के दो अमोघ शस्त्र हैं। वे ही बचा सकती हैं, वे ही मिटा सकती हैं। हमें तो बस प्रतीक्षा ही करनी है।

□

अयोध्या के करुण क्रन्दन से भी कैकेयी का मन नहीं डोला। उनकी निष्ठुरता का एक दारुण दृश्य उस समय दिखाई दिया जब राम के साथ ही सीता और लक्ष्मण भी राजा दशरथ के पास वन जाने की आज्ञा लेने के लिए आ गये हैं। कोई नहीं चाहता कि सीता भी वन जायें, इसीलिए सभी लोग समझा रहे हैं। कैकेयी को लगता है कि लोग सीता को समझाने के बहाने राम को वन भेजने में विलम्ब कर रहे हैं। अत: वह तमक उठती हैं।

मुनि पट भूषन भाजन आनी।
आगें धरि बोली मृदु बानी॥

—उन्होंने मुनियों के वस्त्र-आभूषण और बरतन लाकर रामजी के सामने रख दिये और कोमल वाणी में बोलीं—

बड़ा आश्चर्य होता है कि इतने शीघ्र कैकेयी को मुनियों के वस्त्र आदि कहाँ से मिले? बहुत सम्भव है कि ये वस्त्र-आभूषण और बरतन उन्होंने सन्त-महात्माओं

को दान देने के लिए रखे हों और आज उन्हीं को उठाकर दे रही हों। यह भी सम्भव है कि उन्होंने किसी से कहकर मँगवा लिये हों।

अपना काम राम से झटपट करवाने के लिए कैकेयी मृदु शब्दों में बोलती हैं। जब कुटिल व्यक्ति मृदु होता है तो खतरा अधिक बढ़ जाता है।

नृपहि प्रानप्रिय तुम्ह रघुबीरा।
सील सनेह न छाड़िहि भीरा॥
सुकृतु सुजसु परलोकु नसाऊ।
तुम्हहि जान बन कहिहि न काऊ॥

—हे रघुवीर! राजा को तुम प्राणों के समान प्रिय हो। भीरु राजा शील और स्नेह नहीं छोड़ेंगे। पुण्य, सुन्दर यश, परलोक भले ही नष्ट हो जाये, पर तुम्हें वन जाने को वे कभी नहीं कहेंगे।

कैकेयी यह सब बोलकर दशरथ की महानता का बखान नहीं कर रही हैं, वह विनम्रता को अपने चेहरे पर ओढ़कर कटुता की छुरी चला रही हैं। महानता के बहाने वह राजा की कमजोरी को व्यंग्यपूर्वक स्वर दे रही हैं। उनका कहना है कि राजा तुम्हें प्राणों से भी अधिक चाहते हैं, अत: उन्हें धर्म और यश की तनिक चिन्ता नहीं है। यदि तुम उनसे धर्म का पालन नहीं करवाओगे तो उनके जीवन का पुण्य और यश समाप्त हो जायेगा।

क्रूर व्यक्ति दूसरों के सद्‌गुणों का सहारा लेकर कैसे कत्लेआम करता है, इसे हम कैकेयी के आचरण में देख सकते हैं। वह राम को प्रेरित कर रही हैं कि वे दशरथ से शीघ्र वन जाने की आज्ञा माँगें।

अस बिचारि सोइ करहु जो भावा।
राम जननि सिख सुनि सुखु पावा॥

—ऐसा विचार कर जो तुम्हें अच्छा लगे वही करो। माता की सीख सुनकर राम ने बड़ा सुख पाया।

यद्यपि कैकेयी ने मृदुता की चाशनी में डुबोकर कटुता की वाणी का उपयोग किया था, पर राम इससे बड़े सुखी हुए। राम को राजा को मनाने के लिए झंझट नहीं उठानी पड़ी। राजा कैकेयी के वचनों से स्वयं समझ गये कि आगे क्या होने वाला है। सज्जन पुरुष हमेशा हर चीज में विधेयक तत्त्व ही खोजते हैं, उन्हें निषेध को खोजने की रुचि नहीं होती। कैकेयी राम और दशरथ दोनों पर प्रहार कर रही थीं, दशरथ जवाब देने लायक नहीं थे। इसीलिए राम ने विनम्रतापूर्वक स्थिति को सँभाला। कैकेयी ने जो चिनगारी फेंकी थी उससे पूरी अयोध्या जल सकती थी, लेकिन राम

ने अपने विनीत आचरण से आग को धधकने से बचाया।

भूपहि बचन बानसम लागे।
करहिं न प्रान पयान अभागे॥

—राजा को ये वचन बाण के समान लगे। वे सोचने लगे कि अभागे प्राण क्यों नहीं निकलते हैं।

असमर्थ राजा निर्णय लेने में असहाय हो जाने के कारण केवल मृत्यु की ही प्रतीक्षा कर रहे हैं। जब से वे कोप-भवन में आये हैं, कैकेयी के वचन उन्हें बाण जैसे लग रहे हैं, पर उन बाणों से बचने का उनके पास कोई उपाय नहीं है। वे आगे दुर्दिन देखने से बचने के लिए प्रतीक्षा कर रहे हैं कि प्राण कब जायें।

जब मनुष्य मृत्यु की प्रतीक्षा करने लगे तो जीवन के सभी आकर्षणों का अन्त हो जाता है। आज दशरथ के पास जीने का कोई सहारा नहीं है। उनके प्राणों के प्राण राम अब अलग हो रहे हैं, अतः इस संसार में कुछ भी आकर्षक उनके लिए बचा ही नहीं है।

लोग बिकल मुरुछित नरनाहू।
काह करिअ कछु सूझ न काहू॥

—राजा मूर्च्छित हो गये, लोग व्याकुल हैं। किसी को कुछ सूझ नहीं पड़ता है कि क्या करें।

कोप-भवन में जब से राजा ने राम को देखा है तब से उन्होंने कैकेयी से एक शब्द भी नहीं बोला है। उनकी अंग-भाषा ही उनके हृदय की पीड़ा को व्यक्त कर रही है। कैकेयी इसे देखकर भी अनदेखा कर रही हैं। राम की सत्वर तैयारी से कैकेयी के मन के आनन्द कानन में बहार आ गयी है। लेकिन राजा के दुःख का अन्त नहीं है। वह मृत्यु की प्रतीक्षा में बार-बार मूर्च्छित हो रहे हैं।

समर्थ होते हुए भी जीवन की गति नियोजित करने में असमर्थ राजा पीड़ा से स्वयं को प्रताड़ित अनुभव कर रहे हैं। अयोध्यावासी कैकेयी की कुटिल-मृदुता से व्याकुल हैं। सब की रही-सही आशा भी कैकेयी के व्यवहार को देखकर चली गयी है। राजा को बेहोश देखकर लोग और अस्त-व्यस्त हो गये हैं।

अयोध्यावासी सोच नहीं पा रहे हैं कि क्या किया जाये? कैकेयी को मना पाना सभी के लिए कठिन हो चुका है। दशरथ को भी धीरज बँधा पाना असम्भव-सा है। राम से विहीन अयोध्या में क्या होगा, इसी से सभी लोग विकल हैं।

राम को लगता है कि निकल जाने का यही उपयुक्त समय है। जाने में जितना विलम्ब होगा, परिवार की कटुता उतनी ही बढ़ेगी। अयोध्यावासियों का

दुःख-दर्द उतना ही अधिक लम्बा होगा।

यह सब सोचकर राम तुरन्त निर्णय लेते हैं। वह संशय और आशंका के सभी द्वारों को एक झटके में बन्द कर देते हैं।

रामु तुरत मुनि बेषु बनाई।
चले जनक जननिहि सिरु नाई॥

—राम तुरन्त मुनि का वेश बनाकर और माता-पिता को सिर नवाकर चल दिये।

अपने इस निर्णय से राम ने सबको बचाया। पूरा राजभवन कैकेयी के वरदान से उत्पन्न संकट से एकदम मुक्त हो गया। कैकेयी परम आश्वस्त हो गयीं। दुःख और सन्ताप के बीच ही सही, दशरथ ने अपने वचन को पूरा किया। समस्त अयोध्यावासियों को दुःख-भँवर में डालकर भी राम ने 'पितु-मातु चरन अनुरागी' होने का सत्यव्रत निभा दिया।

अयोध्या के राजभवन में कैकेयी ने जो विष-वृक्ष बोया था उसमें राम ने अमृत के फल लगाये। अयोध्या राम को खोकर हैरान-परेशान तो हुई, पर आदर्शों से वीरान नहीं हुई। अयोध्या के राजभवन ने अपने यश का तेज तो खोया, पर उसने अपने सत्यव्रत का सत्त्व पूरी गरिमा के साथ सँजोया।

अभी तक आशंका में जीनेवाली कैकेयी अब निश्चित रूप से आनन्द-विभोर होंगी। राम के वन-गमन की उनकी आकांक्षा तो पूरी हुई, पर भरत के अयोध्या आगमन की इच्छा का पूर्ण होना अभी शेष है। मनुष्य अपने मन में कितने भी पूए पका ले, कुछ भी सुख-चित्र रच ले; किन्तु हरि इच्छा से यदि उसका मेल नहीं बैठता है तो सारी कल्पनाएँ व्यर्थ हो जाती हैं। मनुष्य के जीवन-व्यापार में हरि इच्छा ही बलवान् होती है। कैकेयी ने राम को वन जाते देखकर अपनी एक इच्छा पूरी कर ली है। अब वे भरत के आगमन की प्रतीक्षा कर रही हैं।

□

कैकेयी : कलुष कथा

मनुष्य अपने जीवन में कोई भी कामना करे, नियति की गति अपने ढंग से जीवन को ले चलती है। कैकेयी भरत के अवध आने की प्रतीक्षा कर रही थीं। यह उनके लिए सर्वाधिक सुखद प्रसंग था, किन्तु उसे पाने से पहले कैकेयी को दशरथ की मृत्यु का समाचार मिलता है। पुत्र के सुख के लिए उन्होंने सुहाग को दाँव पर लगाया। आज वह दाँव खाली गया।

आज सारी अयोध्या दशरथ के मरने पर रुदन कर रही है, साथ-ही-साथ कैकेयी को भला-बुरा भी कह रही है।

गारीं सकल कैकइहि देहीं।
नयन बिहीन कीन्ह जग जेहीं॥

—सब कैकेयी को गालियाँ देते हैं, जिसने संसार भर को बिना नेत्र का (अन्धा) कर दिया।

राजा प्रजा के लिए नेत्र होता है। जैसे लोग आँखों को प्यार करते हैं उसी तरह प्रजा राजा को प्यार करती है। साथ-ही-साथ जैसे आँखों से संसार को देखा जाता है उसी तरह प्रजा राजा के माध्यम से जीवन-व्यापार को देखती है। जैसे आँख के बिना जीवन के सब सुख फीके हैं उसी तरह राजा के बिना राज-काज अर्थहीन हो जाता है।

राजा एक ऐसी आँख होता है जो प्रजा के जन-जीवन को देखता है और उसके दुःख-दर्द का निवारण करने का प्रयत्न करता है। राजा के न होने से राज्य अन्धा हो जाता है। ऐसे अन्धे राज्य की प्रजा असहाय हो जाती है। अयोध्या की प्रजा को असहाय बनाने का काम कैकेयी ने किया है। इसीलिए सभी उसे गाली दे रहे हैं।

ऐसी दारुण परिस्थिति में भरत आ रहे हैं। गुरु वसिष्ठ ने दूतों को उन्हें तुरन्त लाने के लिए भेजा है। अयोध्या पहुँचते ही भरत देखते हैं कि पूरा नगर उदास है।

नगर नारि नर निपट दुखारी।
मनहुँ सबन्हि सब संपति हारी॥

—नगर के स्त्री-पुरुष एकदम दुःखी हो रहे हैं। मानो सब अपनी सारी सम्पत्ति हार बैठे हों।

भरत उत्पात-शापित अयोध्या को देख रहे हैं। कोई उनसे ठीक से बोल नहीं रहा है। पर उदासीनता सबके चेहरे पर छायी है। लगता है जैसे सभी अपनी सम्पत्ति को लुटा बैठे हों। लौकिक जीवन का सबसे भीषण दुःख दरिद्रता है। सम्पत्ति को खोकर दुःखी होना तो और भी भयानक है।

पुरजन मिलहिं न कहहिं कछु गवँहिं जोहारहिं जाहिं।
भरत कुसल पुँछि ना सकहिं भय बिषाद मन माहिं॥

—नगर के लोग मिलते हैं, पर कुछ कहते नहीं, चुपके से जोहार (वन्दना) करके चले जाते हैं। भरत भी किसी से कुशल नहीं पूछ सकते, क्योंकि उनके मन में भय और विषाद छा रहा है।

भरत के लिए यह बड़ी जानलेवा परिस्थिति है। आज तक कभी भरत को अयोध्या में किसी ने इतनी उदासीनता से नहीं देखा था। जब मिलनेवाला ठण्डेपन से व्यवहार करे तो उससे गर्मजोशी से नहीं मिला जा सकता, पर आश्चर्य का होना तो अवश्यंभावी है। भरत राम की तरह ही अयोध्या के लाड़ले कुमार थे। लोग उन्हें भी बहुत चाहते थे, किन्तु आज स्थिति विचित्र है।

हाट बाट नहिं जाइ निहारी।
जनु पुर दहँ दिसि लागि दवारी॥

—बाजार और रास्ते देखे नहीं जाते। मानो नगर में दसों दिशाओं में जंगल की आग (दावाग्नि) लगी है।

अयोध्या के प्रजाजन ही उदास नहीं हैं, बाजार-मार्ग सभी अस्त-व्यस्त हैं। कहीं जीवन की चमक नहीं दिखाई दे रही है। ऐसे में भरत अयोध्या की गर्हित दशा का अनुमान करते हुए राजभवन में प्रवेश करते हैं।

आवत सुत सुनि कैकयनंदिनि।
हरषी रबिकुल जलरुह चंदिनि॥

—पुत्र को आते सुनकर सूर्य कुल रूपी कमल के लिए चाँदनी रूपी कैकेयी हर्षित हुईं।

कवि कहते हैं कि चन्द्रमा को देखते ही कमल मुरझा जाता है और सूर्य को देखकर खिल उठता है। सूर्यवंश के कमल भरत को मिलने के लिए प्रसन्न होकर

चन्द्रमा रूपी कैकेयी दौड़ पड़ी हैं। परिणाम साफ है, कमल मुरझा जायेगा।

कैकेयी का साहस तो देखिए—प्राण से प्यारे पति को वह अपनी ही करनी से गँवा चुकी हैं, फिर भी भरत का स्वागत करने के लिए दौड़ रही हैं। स्वार्थ के कारण जब मनुष्य की आत्मा का तेज नष्ट हो जाता है तब वह ऐसा ही व्यवहार करता है।

सजि आरती मुदित उठि धाई।
द्वारेहिं भेंटि भवन लेइ आई॥

—वह आरती सजाकर आनन्द में भरकर उठ दौड़ीं और दरवाजे पर ही मिलकर भरत-शत्रुघ्न को महल में ले आयीं।

अपने आनन्द उत्साह में चूर कैकेयी अयोध्या के दुःख को ढकना चाहती हैं। वह आरती उतारकर भरत को सन्देश देना चाहती हैं कि सबकुछ ठीक-ठाक है। जिस उमंग से कैकेयी आज भरत का स्वागत कर रही हैं, उतनी उमंग से उन्होंने शायद पहले कभी अपने जीवन में भरत का सत्कार नहीं किया होगा। यही स्थिति भरत को संशयी बना रही है।

भरत दुखित परिवारु निहारा।
मानहुँ तुहिन बनज बनु मारा॥

—भरत ने सारे परिवार को दुःखी देखा। मानो कमल के वन को पाला मार गया हो।

भरत के लिए परिस्थिति बड़ी विकट है। अयोध्या दुःखी दिख रही है और माता कैकेयी प्रसन्न दिख रही हैं। उनकी कुछ समझ में ही नहीं आ रहा है।

कैकेई हरषित एहि भाँती।
मनहुँ मुदित दव लाइ किराती॥

—कैकेयी ही ऐसी हर्षित दिखती हैं मानो भीलनी जंगल में आग लगाकर प्रसन्न हो रही है।

अयोध्या के राज्य में प्रायः ऐसा होता रहा है कि प्रजा के दुःख से राजा दुःखी होते हैं और राजा के दुःख से प्रजा। पर यहाँ उलटा हो रहा है। प्रजा दुःखी दिख रही है और महारानी अत्यन्त आनन्दित हैं। भरत इस विषम स्थिति को समझ पाने में असमर्थ हैं।

सुतहि ससोच देखि मनु मारें।
पूँछति नैहर कुसल हमारें॥

—पुत्र को सोचवश और उदास देखकर वह पूछने लगीं—हमारे नैहर में कुशल तो है?

भरत अयोध्या को देखकर उदास हैं और कैकेयी सोच रही हैं कि भरत उनके नैहर की किसी खबर के कारण उदास हैं। इसीलिए वह पूछती हैं कि नैहर में सभी ठीक तो हैं न?

कैकेयी भरत को अयोध्या के उपद्रव से भी दूर रखने के लिए चिन्तित हैं। इसीलिए अवध की बात न करके नैहर की बात कर रही हैं।

सकल कुसल कहि भरत सुनाई।
पूँछी निज कुल कुसल भलाई॥

—भरत ने सब कुशल कह सुनायी। फिर अपने कुल की कुशल-क्षेम पूछी।

भरत ननिहाल की कुशल बताने के बाद अपने परिवार के बारे में पूछ लेते हैं। अभी तक कैकेयी ने उन्हें कुछ पूछने का अवसर नहीं दिया था। अब अवसर पाते ही भरत पूछ लेते हैं।

पहले पूछते हैं कि घर-परिवार का कुशल-क्षेम कैसा है? फिर विस्तृत रूप से पूछ रहे हैं।

कहु कहँ तात कहाँ सब माता।
कहँ सिय राम लखन प्रिय भ्राता॥

—कहो, पिताजी कहाँ हैं? मेरी सब माताएँ कहाँ हैं? सीताजी और मेरे प्यारे भाई राम-लक्ष्मण कहाँ हैं?

परिस्थिति की विषमता देखकर भरत ये प्रश्न कर रहे हैं। सहज स्थिति में यह सवाल उठता ही नहीं। वे आते तो माता-पिता और भाई उन्हें घेर लेते, उनसे यात्रा का हाल-चाल पूछते, प्रवास के आनन्द-उल्लास को बताने के लिए कहते। पर ऐसा नहीं हो रहा है। उदास अयोध्या में केवल उनकी माँ कैकेयी ही आनन्दित दिख रही हैं।

इन आशंकाओं को ध्यान में रखकर ही भरत एक-एक करके सबके बारे में पूछ रहे हैं। माता-पिता, भाई और भाभी की कुशल जानने के लिए कह रहे हैं। यह पारिवारिक प्रेम ही अयोध्या के राजभवन का प्राण था, जिसे कैकेयी ने निचोड़ दिया है।

सुनि सुत बचन सनेहमय कपट नीर भरि नैन।
भरत श्रवन मन सूल सम पापिनि बोली बैन॥

—पुत्र के स्नेहमय वचन सुनकर, नेत्रों में कपट का जल भरकर पापिनी कैकेयी भरत के कानों में और मन में शूल के समान चुभनेवाले वचन बोली।

यहाँ भरत के प्रेम से कैकेयी के कपट का प्रथम सामना हुआ है। भरत

अयोध्या में घटित उपद्रव से पूरी तरह बेखबर हैं—और कैकेयी न केवल सब कुछ जानती हैं, बल्कि जो कुछ घटा है उसकी नियन्ता भी हैं। प्रेमपूर्ण भरत को वह बेखटके अपनी कलुष कथा नहीं सुना सकती थीं। अतः वे आँखों में आँसू भरकर, शोक का भाव बनाकर भरत से कहती हैं।

तात बात मैं सकल सँवारी।
भै मंथरा सहाय बिचारी॥

—हे तात! मैंने सारी बात बना ली थी। बेचारी मन्थरा सहायक हुई।

भरत के लिए यह बड़े आश्चर्य की बात रही होगी कि ऐसा कौन सा कार्य है जिसे उनकी माँ ने मन्थरा की मन्त्रणा से पूरा कर लिया। मन्थरा में इतनी प्रतिभा और योग्यता कब से हो गयी कि वह राज-काज में माँ को सलाह और सहयोग दे। इसलिए माँ के कथन को भरत चकित भाव से सुन रहे हैं।

कछुक काज बिधि बीच बिगारेउ।
भूपति सुरपति पुर पगु धारेउ॥

—पर विधाता ने बीच में जरा सा काम बिगाड़ दिया। वह यह कि राजा देव लोक को पधार गये।

कैकेयी का निर्मल हृदय अपने कलुष के कारण कितना दूषित हो गया है। वह महाराज की मृत्यु के बारे में बड़ी सहजता से बता रही हैं। सहज परिस्थिति में भरत को देखकर उन्हें फूट-फूटकर रोना चाहिए था। पर अपने कर्म दोष के कारण वह ऐसा नहीं कर पा रही हैं।

मनुष्य जब दुष्ट कर्म करता है तो उसके हृदय की कोमलता नष्ट हो जाती है। कैकेयी की स्थिति ऐसी ही है। अपने पुत्र के हृदय की प्रेम-भावना को भी वह अपने कलुष-कर्म के सामने छोटा करके देखती हैं। कैकेयी सहज रूप से कह रही हैं कि उन्होंने सबकुछ सँभाल लिया था, लेकिन एक खोट रह गयी। राजा सुरपुर सिधार गये। कैकेयी का यह क्रूर भोलापन भरत के हृदय को भीतर तक बेध गया। वे यह समझ पाने में एकदम असमर्थ रहे कि यदि पिता की मृत्यु हो गयी तो माँ ने कौन सा काम सँभाल लिया?

सुनत भरतु भए बिबस बिषादा।
जनु सहमेउ करि केहरि नादा॥

—भरत यह सुनते ही विषाद के मारे बेहाल हो गये। मानो सिंह की गर्जना सुनकर हाथी सहम गया हो।

अब भरत की समझ में आया कि अयोध्या क्यों उदास और सहमी दिखाई

दे रही है। लेकिन अभी उनके लिए यह रहस्य ही था कि माँ इतनी प्रसन्न क्यों हैं ? माँ ने ऐसा कौन सा कार्य सँवारा जिसके बीच में ही पिता की मृत्यु हो गयी ? कैकेयी की वाणी भरत को उसी तरह आतंकित कर गयी जैसे सिंह की दहाड़ से हाथी थर्रा जाता है। पिता की मृत्यु की खबर सुनकर वह बिलख उठे।

तात तात हा तात पुकारी।
परे भूमितल ब्याकुल भारी॥

—वे तात! तात! हा तात! पुकारते हुए अत्यन्त व्याकुल होकर जमीन पर गिर पड़े।

पिता की मृत्यु का समाचार पाकर कैकेयी के सारे 'शुभ संवाद' भरत के लिए व्यर्थ हो गये। वे तात! तात! हा तात कहकर चिल्ला उठे। अपने को सँभाल न पाने के कारण वह भूमि पर गिर पड़े।

दु:ख जब विजड़ित करनेवाला होता है तो मनुष्य के लिए भूमि पर लेटना अनिवार्य हो जाता है। हृदय की आकुलता उसे ऐसा करने पर विवश कर देती है। मनुष्य लोटकर व रोकर अपने दु:ख को दूर करने का प्रयत्न करता है।

चलत न देखन पायउँ तोही।
तात न रामहि सौंपेहु मोही॥

—हे तात! मैं आपको चलते समय देख भी न सका। आप मुझे श्रीराम को सौंप भी नहीं गये।

हमारी संस्कृति में बड़े-बूढ़ों की मृत्यु के समय परिवारजनों का एक साथ होना शुभ माना जाता है। मृत्यु एक विदाई होती है। इसके बाद फिर उस व्यक्ति से दुआ-सलाम करने का अवसर नहीं मिलता है। इसीलिए अन्तिम मिलन का बड़ा महत्त्व है। भरतजी इस बात को याद करके व्याकुल हैं कि वह पिता के अन्तिम दर्शन नहीं कर पाये।

साथ-ही-साथ भरत इस बात के लिए भी दु:खी हैं कि पिता उन्हें बिना राम को सौंपे ही संसार से विदा हो गये। हिन्दू परम्परा में पिता परिवार का मुखिया होता है। वह जब इस संसार से विदा होता है तो बड़े पुत्र को मुखिया होने का दायित्व देकर जाता है। बड़ा भाई ही परिवार के संरक्षण और संवर्धन का कार्य करता है।

भरत की यही पीड़ा है कि वह पिता द्वारा राम को सौंपे जाने से वंचित रह गये। पिता यदि उन्हें भाई के जिम्मे कर जाते तो भरत अपने को अधिक भाग्यशाली अनुभव करते। पर पिता के असमय देहावसान के कारण वह इस सौभाग्य से वंचित रह गये।

बहुरि धीर धरि उठे सँभारी।
कहु पितु मरन हेतु महतारी॥

—फिर धीरज धरकर वे सँभलकर उठे और बोले—माता, पिता के मरने का कारण तो बताओ!

कैकेयी ने भरत को यह तो बता दिया था कि राजा का देहावसान अचानक हो गया, लेकिन क्यों और कैसे हुआ, यह बताना अभी बाकी था। इसीलिए भरत अब कारण जानने के लिए माता से पूछ रहे हैं। व्याकुल भरत उस कारण को जानना चाहते हैं, जिसने पिता के प्राणों को लिया।

सुनि सुत बचन कहति कैकेई।
मरमु पाँछि जनु माहुर देई॥
आदिहु तें सब आपनि करनी।
कुटिल कठोर मुदित मन बरनी॥

—पुत्र का वचन सुनकर कैकेयी कहने लगीं। मानो मर्मस्थान को पाँछकर (चाकू से चीरकर) उसमें जहर भर रही हों। कुटिल और कठोर कैकेयी ने अपनी सब करनी शुरू से (आखीर तक बड़े) प्रसन्न मन से सुना दी।

कैकेयी दशरथ के मरण का रहस्य खोलने के लिए अब तैयार होती हैं। उनकी वाणी में जहर भरा हुआ है। वह बाहर से तो बड़ी मृदु व मधुर लग रही हैं, पर उनका अन्तर्मन कटु और कुटिल है।

कैकेयी जिस तरह से अपनी सारी कलंक कथा भरत को सुना रही हैं वह मनुष्य के पतन की सीमा है। उनके हृदय में यदि तनिक भी करुणा और वत्सलता शेष होती तो वह इस कथा को प्रसन्न होकर नहीं सुना पातीं। दुःखद प्रकरण को आनन्दपूर्वक बखानने के लिए कुटिल और कठोर होना एक अनिवार्य शर्त है। कैकेयी ऐसी बन गयी हैं।

जब मनुष्य अपघात करने में आनन्द लेने लगे तो उसके भीतर से मानवता की मृदुता निचुड़ जाती है। कैकेयी इस स्थिति पर पहुँच गयी हैं, इसीलिए उन्होंने सारी कथा को प्रसन्नतापूर्वक भरत को सुनाया।

कैकेयी ने अवश्य ही यह सोचा होगा कि बिना रक्तपात के सत्ता हथिया लेने की उनकी कुटिल योजना से भरत परम प्रसन्न होंगे और अयोध्या के भावी सम्राट् की तरह अपनी माँ का अभिनन्दन करेंगे। मन्थरा को राज्य का सबसे बड़ा पुरस्कार देंगे। अपनी माँ की राजनीतिक कुशलता का दिल खोलकर जयगान करेंगे। पर ऐसा कुछ भी नहीं हो सका। भरत की प्रतिक्रिया पर प्रसन्न कैकेयी सन्न रह गयीं।

भरतहि बिसरेउ पितु मरन सुनत राम बन गौनु।
हेतु अपनपउ जानि जियँ थकित रहे धरि मौनु॥

—श्रीराम का वन जाना सुनकर भरत को पिता का मरण भूल गया और हृदय में इस सारे अनर्थ का कारण अपने को ही जानकर वे मौन होकर स्तम्भित (सन्न) रह गये।

राम के वन जाने की खबर सुनकर भरत को पिता का मरण भूल गया। यह होना स्वाभाविक ही था। पिता वृद्ध थे। उन्हें आज नहीं तो कल जाना ही था। यह घटना अनपेक्षित नहीं थी। लेकिन राम का वन जाना तो भरत के हृदय पर बम विस्फोट के समान था। भरत को जितना दु:ख इस समाचार से माँ कैकेयी ने दिया उतना किसी दण्ड से नहीं मिलता।

भरत के लिए सबसे बड़ी पीड़ा रही है कि इस सारे अनर्थ की जड़ में वे ही हैं। माँ कैकेयी ने उनके स्वार्थ को पूर्ण करने के लिए दशरथ का प्राण लिया और राम को वन भेजा। कैकेयी ने भरत को सिंहासन पर बैठाने का भयानक मूल्य चुकाया। भरत इसके लिए तैयार नहीं थे। अत: वह सन्न हो गये। उनके मुख से वाणी का निकलना ही असम्भव हो गया। भरत की यह दशा देखकर कैकेयी घबरा गयीं।

बिकल बिलोकि सुतहि समुझावति।
मनहुँ जरे पर लोनु लगावति॥

—पुत्र को व्याकुल देखकर कैकेयी समझाने लगीं। मानो जले पर नमक लगा रही हों।

कैकेयी सारे अनर्थ की जड़ भरत को समझाने का प्रयत्न कर रही हैं। ऐसा लग रहा है जैसे वह जले पर नमक मल रही हों। उनकी वाणी को सुनकर भरत का हृदय और घायल हो रहा है। जब दुष्ट व्यक्ति विनम्र बनता है तो वह जीवन को और दु:खदायी करता है। इसीलिए दुष्ट की संगति से बचने के लिए कहा जाता है। लेकिन भरत का भाग्य तो देखिए वह ऐसी दुष्ट बुद्धि कैकेयी की सन्तान हैं। वे भला अपने को कैकेयी से कैसे अलग कर सकते हैं! फल अपनी पहचान के लिए अनिवार्य रूप से पेड़ से बँधा होता है। उसकी कोई अलग पहचान बन ही नहीं पाती।

तात राउ नहिं सोचै जोगू।
बिढ़इ सुकृत जसु कीन्हेउ भोगू॥

—हे तात! राजा सोच करने योग्य नहीं हैं। उन्होंने पुण्य और यश कमाकर उसका पर्याप्त भोग किया।

कैकेयी महाराजा के यश और पुण्य का सहारा लेकर भरत के मन को शान्त करना चाहती हैं। जब कोई यशस्वी और पुण्यवान् व्यक्ति संसार छोड़ता है तो लोग उसके गुण गाते हैं। वस्तुतः मनुष्य इस संसार में अपने पुण्य और यश के कारण ही आदरणीय बनता है। इस नश्वर जगत् में मृत्यु तो सबकी होती है, पर साधारण मनुष्य मृत्यु के साथ ही खो जाता है। श्रेष्ठ व्यक्ति मृत्यु की सीमा पार करके भी जीवित रहते हैं। उनके पुण्य और यश का अनश्वर शरीर इस जगत् को आनन्दित करता रहता है। इसीलिए कैकेयी कहती हैं कि पुण्यवान् और यशस्वी पिता के लिए शोक मत करो।

पिता यदि सामान्य मृत्यु से मरे होते और कैकेयी उनके यश और पुण्य की बात करके भरत को धैर्य बँधातीं तो भरत उनकी ममता के ऋणी बनकर उनकी छाती पर सिर रखकर फूट-फूटकर रोते। तब यह यथार्थ सहानुभूति का निश्छल प्रदर्शन होता। लेकिन आज जिस रूप में भरत को समझा रही हैं, वह कपट और प्रपंच का प्रदर्शन है। इससे सहानुभूति की नहीं, वितृष्णा की उत्पत्ति होती है। मन की व्याकुलता और बढ़ जाती है।

जीवत सकल जनम फल पाए।
अंत अमरपति सदन सिधाए॥

—जीवन काल में ही उन्होंने जन्म लेने के सम्पूर्ण फल पा लिये। और अन्त में वे इन्द्रलोक चले गये।

मनुष्य सामान्य रूप से इस लोक में सुख खोजता है और परलोक में स्वर्ग। मृत्यु के बाद सुख की आकांक्षा का नाम ही स्वर्ग है। संसार में जीते हुए मनुष्य दुःख से ज्यादा टकराता है, इसीलिए सदैव सुख के प्रति उसका आकर्षण बढ़ता रहता है। मृत्यु के बाद उसकी इच्छा होती है कि वह स्वर्ग में जाकर उस सुख को भोग सके, जो संसार में रहते हुए उसके भाग्य में नहीं था। इसीलिए सभी धर्मों में स्वर्ग की बड़ी महिमा है। स्वर्ग मनुष्य की सकारात्मक आकांक्षा का प्रतीक नहीं, दुःख से बचने-भागने की उसकी निषेधात्मक इच्छा का प्रतिफलन है।

इस संसार में बहुत कम ऐसे भाग्यशाली हैं जिनके लिए स्वर्ग संसार के सुख का विस्तरण होता है। राजा दशरथ ऐसे ही थे। उन्होंने जीवन काल में सुख का पूर्ण उपभोग किया और मृत्यु के बाद स्वर्ग के इन्द्रपुर में स्थापित हो गये। दशरथ की यात्रा सुख से सुख की यात्रा है। इसीलिए कैकेयी भरत को समझाती हैं कि ऐसे पुण्य पुरुष के लिए रोने की तनिक आवश्यकता नहीं। राजा किसी तरह से भी शोक के योग्य नहीं हैं।

अस अनुमानि सोच परिहरहू।
सहित समाज राज पुर करहू॥

—ऐसा विचार कर सोच छोड़ दो और समाज सहित नगर का राज करो।

यहाँ कैकेयी की चतुरता और निष्ठुरता एक साथ दिखाई दे रही हैं। वह दशरथ के मरण को एक सहज घटना बताकर भरत को समझाती हैं। समझाने में उनकी क्रूरता स्पष्ट दिखाई देती है। एक शीलवान् पत्नी अपने पति की मृत्यु पर इतनी सहज और शान्त नहीं हो सकती। किन्तु स्वार्थ ने कैकेयी की बुद्धि और वत्सलता को मन्द और मलिन कर दिया है। कैकेयी का एक ही लक्ष्य शेष रह गया है कि भरत सिंहासन को स्वीकार कर लें।

वर्तमान परिस्थिति में कैकेयी इतनी क्रूर हैं कि वह राम के वनवास की चर्चा ही नहीं करतीं, जबकि भरत इसी बात को लेकर सबसे ज्यादा विचलित हैं।

कैकेयी निर्मम और दुर्बुद्धि परिपूर्ण होकर भरत को कह रही हैं कि अयोध्या के समाज के ऊपर शासन करो। अगर महाराज दशरथ सामान्य रूप से स्वर्ग सिधारे होते और राम ने प्रेमभाव से भरत के लिए सिंहासन छोड़ दिया होता तो सम्भव है कि भरत एक बार सिंहासन लेने के लिए सोचते, किन्तु इस दारुण स्थिति में कलंक का प्रतीक बने सिंहासन पर बैठने का कलुष भरत अपने ऊपर कैसे ले सकते थे?

कैकेयी बहुत लालसापूर्ण शब्दों में भरत को अवध का वैभवशाली सिंहासन देने का प्रस्ताव कर रही हैं। रामकथा में यह एक मार्मिक मोड़ है। यदि भरत थोड़ी देर रो-धोकर, विज्ञापनी आँसू बहाकर अपनी माँ की बात को आज्ञाकारी पुत्र होने की कीर्ति अर्जित करने के लिए मान लेते तो हिन्दू हृदय की समतल भूमि पर कभी रामायण की गंगा प्रवाहित नहीं हो पाती। इतिहास के पन्नों में अवध के सिंहासन और स्वार्थ की कलुष कथा अवश्य एक छोटा स्थान पा लेती, पर वह कभी हिन्दू मन पर स्वर्णाक्षरों में अंकित नहीं होती।

राम के त्याग ने रामायण को उदात्त आदर्शों की कथा बनाने में बड़ी महत्त्वपूर्ण भूमिका अदा की है। हर युग में जीवन को महिमा-मण्डित करने के लिए उच्च आचरण की आवश्यकता होती है। इसीलिए हिन्दू मनीषा ने मानव जीवन को मूल रूप में दैवी कहा। 'अमृतस्य पुत्राः वयम्' (हम अमृत की सन्तान हैं) कहकर मनुष्य के स्वभाव को परम दिव्य बनाया गया। स्वभाव दिव्य हो तो पतन मन को कचोटता है और स्वभाव क्षुद्र हो तो पतन मन को रससिक्त करता है। चरित्र के उत्थान के लिए आवश्यक है कि मनुष्य की दिव्यता का आवाहन किया जाय। ऐसा होने से आचरण में उदात्तता के अवतरित होने की सम्भावना बढ़ती है। राम के त्याग

ने भरत को स्वार्थ के कीचड़ में फँसने से बचाया।

सुनि सुठि सहमेउ राजकुमारू।
पाकें छत जनु लाग अँगारू॥

—राजकुमार भरत यह सुनकर बहुत ही सहम गये। मानो पके घाव पर अंगार छू गया हो।

मनुष्य के चरित्र के दो रूप होते हैं—एक सहज और दूसरा दिखावटी। दोनों में व्यवहार वह प्राय: समान करता है। लेकिन अन्तर यह है कि सहज व्यवहार स्वत:स्फूर्त होता है और दिखावटी व्यवहार सोच-समझकर किया जाता है। भरत यहाँ सहज व्यवहार कर रहे हैं। माँ कैकेयी की बात सुनते ही वह तड़प उठते हैं। हानि-लाभ का विचार किये बिना वह कलुषित सिंहासन पर बैठने के विचार मात्र से ही क्षुब्ध हो उठते हैं। उनका हृदय सहम उठता है। पके घाव पर जैसे कोई अंगार रख दे, ऐसी छटपटाहट उनके हृदय में उत्पन्न होती है। उनका अन्तर्मन माँ के स्वार्थ के प्रहार से चकनाचूर हो उठता है।

भरत ने कभी जीवन में कल्पना भी नहीं की होगी कि उनकी यशस्विनी माँ अपने स्वार्थ की पूर्ति के लिए परिवार में उपद्रव और उत्पात उत्पन्न कर देंगी। स्वार्थ मनुष्य को कितना सत्त्वहीन करता है, यह भरत साक्षात् अपनी आँखों से देख रहे हैं।

धीरज धरि भरि लेहिं उसासा।
पापिनि सबहिं भाँति कुल नासा॥

—उन्होंने धीरज धरकर बड़ी लम्बी साँस लेते हुए कहा—पापिनी! तूने सभी तरह से कुल का नाश कर दिया।

परम प्रेमपूर्ण भरत के मुख से निकले ये वचन बड़े अनहोने हैं। भरत से इतना कटु होने की कामना कभी किसी को भी नहीं हो सकती थी। हृदय-विदारक पीड़ा ने वाणी की समस्त मर्यादा को ध्वस्त कर दिया है। भरत सम्भवत: पहली बार अपने जीवन में इतने अमर्यादित हो रहे हैं। उन्होंने अपनी माँ को पापिनी और कुलनाशिनी कहा। यशस्वी जीवन के लिए पाप सबसे बड़ी पीड़ा है। पाप से जीवन की मर्यादा नष्ट होती है। इसे हम यों भी कह सकते हैं कि जीवन की मर्यादा का नष्ट होना ही सबसे बड़ा पाप है।

शास्त्रों में पाप से बचने का विधान है। मनुष्य जब पापमय होता है तो उसके पुण्य क्षय हो जाते हैं। कैकेयी ने राम का अधिकार छीनकर और अपने पति की मृत्यु का कारण बनकर अपने जीवन के पुण्य का क्षय किया था। इसीलिए भरत उन्हें पापिनी कह रहे हैं। यहाँ एक और बात बहुत महत्त्वपूर्ण है। कैकेयी के पाप से

केवल उन्हीं की हानि नहीं हो रही है, समस्त रघुकुल उससे प्रभावित हो रहा है।

हमें अच्छी तरह समझ लेना चाहिए कि पाप केवल पापी को नहीं, उसके आस-पास को भी प्रभावित करता है। इसीलिए भरत कहते हैं कि पापिनि कैकेयी ने कुल का नाश कर दिया।

पाप जितना जघन्य होता है, इसका प्रभाव उतना ही गहन। कैकेयी के पाप की कोई सीमा नहीं है, अत: उनके परिणाम की भी कोई सीमा नहीं है। भरत को लगता है कि कैकेयी के पाप ने उनके कुल का सब भाँति से नाश कर दिया है।

पाप और पुण्य दोनों के प्रभाव दूरगामी होते हैं। वे केवल कर्ता को ही नहीं, उससे जुड़े हुए लोगों को भी प्रभावित करते हैं। इसीलिए पाप मार्ग को छोड़ने और पुण्य मार्ग को ग्रहण करने के लिए सभी धर्मों में आग्रह किया जाता है। व्यक्ति साधारण हो तो उसके पाप-पुण्य का दायरा छोटा होता है, किन्तु यदि व्यक्ति विशिष्ट हो तो उसके पाप-पुण्य का दायरा विस्तृत होता है। इसीलिए उच्च पदस्थ व्यक्तियों से पुण्यात्मा होने की अपेक्षा की जाती है। इसीलिए कहा गया है कि यथा राजा तथा प्रजा। इसीलिए समाज में चरित्र-नायकों की महिमा है। इसीलिए हिन्दू धर्मग्रन्थों में उच्च पदस्थ व्यक्तियों के लिए कठोर अनुशासन की व्यवस्था है।

चंचल मानव मन पानी की तरह नीचे की ओर बहना चाहता है। जब मन नीचे की ओर बहता है तो काम, क्रोध, लोभ, मोह और मद जैसे कीचड़ में सनकर मटमैला हो जाता है। अत: नैतिक मूल्यों के माध्यम से मन को उदात्त बनाने की व्यवस्था की गयी है, जिससे वह करुणा, दया, विनम्रता, सत्यनिष्ठा और शुचिता का दिव्य स्पर्श पाकर गंगोत्तरी का गंगाजल बन सके। मानव जीवन मन के उत्थान और पतन की ही कथा है। मन के पतन के ही कारण स्नेहमयी माँ कैकेयी भरत के लिए पापिनी और कुलनाशिनी बन गयी हैं।

भाई से सिंहासन छीनकर और पिता को मृत्यु शय्या पर सुलाकर माँ कैकेयी ने भरत पर जो आघात किया है, उसे सह पाने में वह असमर्थ हो रहे हैं। हर दु:ख-दर्द में उन्हें माँ कैकेयी सँभालती थीं, आज उन्होंने ही भरत को दारुण दु:ख दिया है, उनके प्रेममय हृदय को विदीर्ण किया है। भरत किससे सान्त्वना और सहानुभूति की चाहे करें? वह स्वयं को सँभालने के प्रयत्न में और विह्वल हो उठते हैं।

जौं पै कुरुचि रही अति तोही।
जनमत काह न मारे मोही॥

—हाय! यदि तेरी ऐसी ही बुरी इच्छा थी तो तूने जन्म लेते ही मुझे क्यों नहीं मार डाला?

सन्तान ही माता-पिता को विभूषित या कलंकित नहीं करती, माता-पिता से भी सन्तान विभूषित या कलंकित होती है। दोनों का भाग्य एक-दूसरे से जुड़ा होता है। माँ और सन्तान का सम्बन्ध तो और भी गहरा होता है, अत: बच्चे के गुण-दोष को लेकर माता ही ज्यादा प्रशंसित या निन्दित होती है।

हमारे शास्त्र माता से अपेक्षा करते हैं कि वह पुण्यवान् सन्तान उत्पन्न करने के लिए स्वयं पुण्यवान् बने। गर्भ धारण करनेवाली स्त्री को सदैव शुभ चिन्तन करना चाहिए। इससे श्रेष्ठ सन्तान उत्पन्न होने की सम्भावना बढ़ जाती है।

कैकेयी ने गर्भ धारण निश्चित रूप से शुभ संकल्प के साथ किया होगा, इसीलिए तो उन्हें भरत जैसा महात्मा पुत्र प्राप्त हुआ। लेकिन आज कैकेयी का शुभ संकल्प विचलित हो गया है। भरत इसी ओर संकेत करते हुए कह रहे हैं कि हे माँ! यदि तुझे ऐसे ही विचार मन में लाने थे तो मुझे जन्मते ही क्यों नहीं मार डाला?

भरत की पीड़ा पाप में डूबे हर माता-पिता की सन्तान की पीड़ा है। पापात्मा माँ-बाप का अपयश बच्चे की कीर्ति को धूमिल करता है। बच्चा कितना भी अच्छा क्यों न हो, वह पापी का ही बच्चा कहा जाता है। भरत माँ के पाप में सहभागी बनने की कल्पना से ही काँप रहे हैं। उनके मन की पीड़ा हमें बताती है कि सन्तान का शुभ चाहनेवाले माता-पिता को भूलकर भी अशुभ आचरण नहीं करना चाहिए। जैसे परम प्रतापी सूर्य को बादल का छोटा टुकड़ा ढक लेता है, उसी तरह पाप का रंचमात्र कलुष विपुल यश को धूमिल कर देता है।

हर युग में मनुष्य की यही चाह होती है कि उसका बच्चा अच्छा बने, पर अपने को स्वयं अच्छा बनाने में मनुष्य प्राय: विफल रहा है। आचरण के इस अन्तराल के कारण ही मानवता अपनी काम्य तेजस्विता को पूर्णरूप से जीवन में प्रतिफलित होते नहीं देख पाती है। कैकेयी की स्थिति माँ के रूप में बड़ी ही कारुणिक है। वह न केवल स्वयं गिरी हुई हैं अपितु अपने परम पुण्यात्मा पुत्र भरत को भी गिराना चाहती हैं। भरत इसी पीड़ा से व्याकुल हैं।

पेड़ काटि तैं पालउ सींचा।
मीन जिअन निति बारि उलीचा॥

—तूने पेड़ को काटकर पत्ते को सींचा है और मछली को जीने के लिए पानी को उलीच डाला है।

भरत अपनी माँ कैकेयी के निर्णय के एकदम विपरीत खड़े होते हैं। कैकेयी के 'शुभ कर्म' को वह नितान्त अशुभ रूप में देखते हैं। वह कैकेयी को समझाते हुए कहते हैं कि तुमने मेरा कल्याण करने के लिए बड़ा अपघात कर डाला है। यह उसी

तरह है जैसे कोई पेड़ को काटकर पत्ते को सींचे, मछली को जिन्दा रखने की चाह में तालाब के पूरे पानी को निकालकर फेंक दे।

स्वार्थ-प्रेरित व्यक्ति प्राय: कैकेयी जैसा ही व्यवहार करता है। वह तुच्छ हित के लिए श्रेष्ठ हित का बलिदान करके अपने आपको परम चतुर समझता है। कैकेयी की इस दुष्ट-चतुरता को भरत उचित नहीं मानते हैं। वे कहते हैं कि मेरा कल्याण करने की उमंग में तुमने पूरे अवध का अकल्याण कर डाला है।

अपने हर तर्क से भरत अपनी माँ को याद दिलाना चाहते हैं कि राम और दशरथ से सूनी अयोध्या में कल्याण की कोई भी कामना व्यर्थ है। भरत जोर देकर यह कह रहे हैं कि इस पूरे प्रकरण में, हे माँ! तूने सबसे ज्यादा अहित मेरा ही किया है। रघुवंश की मर्यादा और अयोध्यावासियों की दृष्टि के समक्ष मैं बौना हो गया हूँ।

हंसबंसु दसरथु जनकु राम लखन से भाइ।
जननी तूँ जननी भई बिधि सन कछु न बसाइ॥

—मुझे सूर्य वंश (-सा वंश) दशरथ (-सरीखे) पिता और राम-लक्ष्मण से भाई मिले। पर हे जननी! मुझे जन्म देनेवाली माता तू हुई! (क्या किया जाए!) विधाता से कुछ भी वश नहीं चलता।

अपनी माँ को धिक्कारने के साथ-ही-साथ अपने भाग्य को भी धिक्कार रहे हैं। वे कहते हैं कि मैं कितना भाग्यशाली था कि मुझे सूर्यवंश जैसा प्रतापी कुल मिला, दशरथ जैसे यशस्वी पिता मिले और राम-लक्ष्मण जैसे स्नेही बन्धु मिले। इससे बढ़कर जीवन का और कुछ भी गौरव नहीं हो सकता। किन्तु हे जननी! मेरा यह कैसा दुर्भाग्य है कि तू मेरी माँ बन गयी। मेरे जीवन का सारा गौरव तुमने छीन लिया। मेरी कीर्ति-काया पर तूने कालिख पोत दी।

भरत का यह धिक्कार बड़ा अर्थवान् है। मनुष्य का कुल और परिवार साधारण हो और उसमें कोई खोट आ जाये तो उसकी प्रभाव-व्याप्ति उतनी बड़ी नहीं होती है, लेकिन यदि कुल-परिवार श्रेष्ठ हो तो उसमें खोट आने पर प्रभाव की व्याप्ति बहुत बड़ी होती है। भरत इसी को लेकर चिन्तित हैं। वह सोच रहे हैं कि अयोध्यावासी तो यही कहेंगे कि पवित्र सूर्यवंश में भरत ग्रहण बनकर पैदा हुआ है। अपयश का यह सम्भावित दंश भरत के मन को मथ रहा है। इसीलिए वह विधाता को दोष दे रहे हैं।

मनुष्य चारों तरफ से हारता-थकता है तो वह विधाता के ऊपर ही सबकुछ डाल देता है। भरत ऐसी ही स्थिति में हैं। उन्होंने कोई अपराध नहीं किया है। उन्होंने अच्छे कुल में ही जन्म लिया है। उनके पिता और भाई भी बहुत अच्छे हैं। पर माँ के

कलुष ने उन्हें कलंकित कर दिया है। माँ को वह क्या दोष दें। सदा तो वह ऐसी नहीं रहीं। आज उनके मन का परिवर्तन विधाता की लेखनी का ही कोई खेल लगता है।

जब तैं कुमति कुमत जियँ ठयऊ।
खंड खंड होइ हृदय न गयऊ॥

—अरी कुमति! जब तूने हृदय में यह बुरा विचार ठाना, उस समय तेरे हृदय के टुकड़े-टुकड़े क्यों नहीं हो गये?

कैकेयी के महिमा-मण्डित चरित्र पर यह सबसे बड़ा आघात भरत कर रहे हैं। कैकेयी सदा से ही दुष्ट बुद्धि होतीं तो यह कहने की आवश्यकता भरत को नहीं पड़ती। कैकेयी बड़ी उदार और करुणामयी थीं। उनके इसी चरित्र की ओर इशारा करते हुए भरत कह रहे हैं कि जब तुम्हारे भीतर दुर्बुद्धि आयी तो तुम्हारा हृदय क्यों नहीं खण्ड-खण्ड हो गया। यह एक मार्मिक वचन है। जब बुद्धि निर्मल होती है तो हृदय उदार होता है। इसे ऐसा भी कह सकते हैं कि हृदय उदार हो तो बुद्धि निर्मल हो जाती है। यह कभी सम्भव नहीं हो सकता कि बुद्धि कलुषित हो और हृदय उदार बना रहे या हृदय दूषित हो और बुद्धि निर्मल बनी रहे। चरित्रवान् व्यक्ति की बुद्धि निर्मल होती है और हृदय उदार होता है।

हृदय और बुद्धि के इस सम्बन्ध को ध्यान में रखते हुए भरत अपनी माँ से यह प्रश्न कर रहे हैं कि जब तुम्हारी बुद्धि दूषित हुई तो तुम्हारा हृदय चूर-चूर क्यों नहीं हुआ? हृदय ने बुद्धि को समझाया क्यों नहीं?

बर मागत मन भइ नहिं पीरा।
गरि न जीह मुहँ परेउ न कीरा॥

—वरदान माँगते समय तेरे मन में कुछ भी पीड़ा नहीं हुई? तेरी जीभ गल नहीं गई? तेरे मुख में कीड़े नहीं पड़ गये?

भरत के ये सारे सवाल कैकेयी के उदात्त चरित्र की गवाही दे रहे हैं। यदि कैकेयी आरम्भ से ही दुष्ट चरित्र की होतीं तो ऐसे सवाल की कोई आवश्यकता ही नहीं पड़ती। तब तो दुष्ट कर्म उनके पतित स्वभाव का हिस्सा मान लिया जाता।

यहाँ तो सदाचारिणी कैकेयी की बुद्धि भ्रष्ट हुई है, इसीलिए भरत ये सवाल उनसे कर रहे हैं। भरत पूछते हैं—वर माँगते समय तुम्हें कुछ भी पीड़ा नहीं हुई? यह प्रश्न बहुत तीखा है। सत्पुरुष दुष्कर्म करते समय बहुत संकुचित होते हैं। हृदय के भीतर उन्हें बड़ी पीड़ा होती है। दुराचारी दुष्कर्म खटाक से कर देता है। दुष्कर्मरत होने के कारण उसका हृदय एकदम दुर्बल हो जाता है। इसीलिए दुराचारी के जघन्य-से-जघन्य अपराध को लोग सामान्य रूप से स्वीकार कर लेते हैं, किन्तु

सदाचारी यदि छोटा भी अपराध करे तो लोग उससे पूछते हैं कि आखिर तुमने ऐसा क्यों किया?

कैकेयी के अपराध-बोध को जाग्रत् करने के लिए भरत उन्हें अनेक तरह से धिक्कारते हैं। भरत कहते हैं कि तुम्हारी जीभ गल क्यों नहीं गयी? तुम्हारे मुख में कीड़े क्यों नहीं पड़ गये? धिक्कार के ये सारे शब्द सदाचारी व्यक्ति को ही प्रभावित करते हैं। जो पक्का दुराचारी होता है उसे नैतिकता का कोई भी उपदेश तनिक भी नहीं छूता है।

भूपँ प्रतीति तोरि किमि कीन्ही।
मरन काल बिधि मति हरि लीन्ही॥

—राजा ने तेरा विश्वास कैसे कर लिया? (जान पड़ता है) विधाता ने मरने से पहले उनकी बुद्धि हर ली थी।

बुरा व्यक्ति किसी को बुराई करने के लिए कितना भी उत्तेजित और प्रेरित करे, उसे सफलता तब तक नहीं मिल सकती जब तक वह व्यक्ति बुराई करना स्वीकार न कर ले। भरत इसीलिए पूछते हैं कि महाराजा दशरथ ने तुम्हारी बात कैसे मान ली? वह तो बुद्धिमान्, नीतिवान् और शीलवान् थे। कैकेयी से कोई उत्तर पाने की अपेक्षा भरत को नहीं थी, इसीलिए वह स्वयं कहते हैं कि लगता है कि विधाता ने ही उनकी बुद्धि को हर लिया था। यहाँ यह बताया जा रहा है कि जब तक बुद्धि भ्रष्ट न हो जाये तब तक बुद्धिमान् व्यक्ति दुष्ट कर्म नहीं करता है। स्वार्थ के कारण कैकेयी की बुद्धि तो भ्रष्ट हुई थी, लेकिन दशरथ की बुद्धि कैसे भ्रष्ट हुई? इसके लिए कोई कारण, कोई तर्क भरत नहीं खोज पा रहे हैं। इसीलिए विधाता को दोष दे रहे हैं। साथ-ही-साथ उन्हें राजा पर तरस भी आ रहा है।

बिधिहुँ न नारि हृदय गति जानी।
सकल कपट अघ अवगुन खानी॥

—स्त्रियों के हृदय की गति विधाता भी नहीं जान सके। वह सम्पूर्ण कपट, पाप और अवगुणों की खान हैं।

ये विक्षुब्ध हृदय के उद्गार हैं। कैकेयी की कुटिलता को केन्द्र में रखकर प्रतिशोध में डूबी स्त्री के स्वभाव पर भरत टिप्पणी कर रहे हैं। यहाँ भरत क्रोध में हैं और कैकेयी दुर्भाव में। दोनों की स्थिति असहज है, अतः इस टिप्पणी को स्त्री के सहज स्वभाव का निरूपण नहीं समझना चाहिए।

सरल सुसील धरम रत राऊ।
सो किमि जानै तीय सुभाऊ॥

—राजा तो सीधे, सुशील और धर्मपरायण थे। वे भला स्त्री स्वभाव को कैसे जानते!

यहाँ कुछ बातें समझने लायक हैं। अच्छे व्यक्ति के तीन लक्षण होते हैं। वह सीधा, सुशील और धर्मपरायण होता है। ये तीनों गुण एक-दूसरे से जुड़े हुए हैं। मनुष्य सीधा हो तो सुशील होने की सम्भावना बढ़ जाती है। टेढ़ा मनुष्य प्रायः दुश्चरित्र होता है। व्यक्ति सुशील हो तो धर्मपरायण होना आसान होता है। दुराचारी व्यक्ति दिखावे के लिए धार्मिक भले हो जाये, पर हृदय से वह कभी धार्मिक नहीं होता है। व्यक्ति यदि स्वभाव से ही धर्मपरायण हो तो वह सीधा और सुशील बन जाता है।

यदि मनुष्य सीधा, सुशील और धर्मपरायण हो जाय तो स्वतः ही उसके भीतर से कपट, पाप और अवगुण नष्ट हो जायेंगे। इसी आधार पर भरत कहते हैं कि राजा दशरथ कैकेयी के हृदय को नहीं समझ सके।

अस को जीव जंतु जग माहीं।
जेहि रघुनाथ प्रानप्रिय नाहीं॥

—अरे, जगत् के जीव-जन्तुओं में ऐसा कौन है जिसे राम प्राणों के समान प्यारे नहीं हैं।

कैकेयी के ऊपर भरत का यह सबसे बड़ा प्रहार है। भरत कैकेयी से पूछ रहे हैं कि जो राम जगत् के सभी जीव-जन्तुओं को प्यारे हैं, उन्हें तुमने दण्ड कैसे दिया? भरत प्रकारान्तर से यह कह रहे हैं कि कैकेयी जीव-जन्तुओं से भी क्षुद्र हैं। श्रेष्ठ के साथ तुलना हो तो मनुष्य आनन्दित होता है और क्षुद्र के साथ तुलना हो तो मनुष्य विजड़ित हो जाता है। गरिमामयी कैकेयी की जीव-जन्तुओं के साथ तुलना करके भरत उनके कलुषित आचरण को परत-दर-परत खोल रहे हैं।

भे अति अहित रामु तेउ तोही।
को तू अहसि सत्य कहु मोही॥

—वे श्रीराम भी तुझे अहित हो गये (वैरी लगे)। तू कौन है? मुझे सच-सच कह।

भरत को अपनी माँ के अस्तित्व पर ही सन्देह हो रहा है। वह कहते हैं कि समस्त संसार को प्रिय लगनेवाले राम को तुमने अप्रिय कैसे मान लिया? जो सबके मित्र हैं, वह तुम्हें वैरी कैसे लगे? मुझे लगता है, तू बदल गयी है। तू मेरी माँ नहीं है। पहले की कैकेयी को तो राम सर्वाधिक प्रिय लगते थे। इसलिए मुझे समझ में नहीं आता है कि तू है कौन?

जो हसि सो हसि मुहँ मसि लाई।
आँखि ओट उठि बैठहि जाई॥

—तू जो है, सो है, अब मुँह में स्याही (कालिख) पोतकर उठकर मेरी आँखों की ओट में जा बैठ।

किसी व्यक्ति के प्रति तिरस्कार व्यक्त करने का यह कटुतम और निर्मम उपाय है। भरत विक्षुब्ध होकर कहते हैं कि तू जो भी है, मैं तुझे पहचानने में रुचि नहीं रखता। अब मैं तुम्हारे भीतर किसी स्नेह सम्बन्ध की कल्पना भी नहीं करता। मेरे लिए अब तुम्हारा अस्तित्व ही नहीं रहा। जा, अब तू अपने मुख में कालिख पोत ले। भरत के ये वचन मर्मवेधी हैं। दुष्ट व्यक्ति जब दुष्कर्म करता है तब लोग उसके मुख में कालिख पोतते हैं। यहाँ भरत कहते हैं कि तू स्वयं अपने मुख में कालिख पोत ले। सत्पुरुष के लिए यही सबसे बड़ा दण्ड है कि उसे स्वयं अपना दण्ड चुनने के लिए कहा जाय। इसीलिए भरत कह रहे हैं कि तू स्वयं अपने मुख में कालिख लगा ले।

दण्ड को स्वयं चुनने या स्वीकारने में पश्चात्ताप का भाव प्रबल होता है। व्यक्ति अपने अपराधों के प्रति जागरूक होकर उसे स्वीकार करता है। ऐसा दण्ड व्यक्ति के हृदय का परिष्कार करता है। मन अपराध-बोध से मुक्त होता है। भरत एक और अद्‌भुत बात यहाँ कहते हैं। वह अपनी माँ को निर्देश देते हैं कि तू उठकर मेरी आँखों की ओट में जाकर बैठ। आइए, इस पर विचार करें। भरत कैकेयी के कक्ष में हैं। भरत को अपना क्रोध और तिरस्कार प्रकट करते समय यह कहना चाहिए था कि अब मैं तुम्हारे कक्ष से जा रहा हूँ। फिर कभी नहीं आऊँगा। लेकिन भरत ने ऐसा नहीं कहा। उन्होंने कैकेयी से कहा कि मेरी आँखों से दूर हटकर तू कहीं कोने में जा बैठ। यह तिरस्कार और प्रताड़ना की हद है। किसी सुशील व्यक्ति को इससे कठोर और कोई दण्ड नहीं दिया जा सकता।

सत्पुरुषों के लिए प्रताड़ना और तिरस्कार ही सबसे बड़ा दण्ड है। कैकेयी ने वरदान माँगकर निश्चित रूप से अपने मान को घटाया था, पर वह पेशेवर अपराधी नहीं थीं। उनके व्यक्तित्व का सत्त्व पूरी तरह से धूमिल नहीं हुआ था। इसीलिए भरत के शब्द बाण ही उनके हृदय को छलनी करने के लिए पर्याप्त थे। जिस कैकेयी ने सदा लोगों को दण्ड देते समय आँख से दूर रहने और कोने में बैठने को कहा होगा वही कैकेयी आज अपने पुत्र द्वारा अपने दूषित आचरण के कारण दण्डित हो रही हैं। दूषित आचरण कभी जीवन को गौरवान्वित नहीं कर सकता। मनुष्य को यदि जीवन में गौरव प्राप्त करना है तो आचरण का अनुशासन उसे निश्चित रूप से पालन करना होगा। महिमामय जीवन के लिए और कोई दूसरा उपाय नहीं है।

राम बिरोधी हृदय तें प्रगट कीन्ह बिधि मोहि।
मो समान को पातकी बादि कहउँ कछु तोहि॥

—विधाता ने मुझे राम से विरोध करनेवाले (तेरे) हृदय से उत्पन्न किया। मेरे समान पापी दूसरा कौन है? मैं व्यर्थ ही तुझे कुछ कहता हूँ।

कैकेयी का संवेदनाहीन मौन भरत को भीतर तक झकझोर देता है। वह समूचे घटनाचक्र को नियति का खेल मानकर स्वीकार कर लेते हैं। बड़ी कातरता से वह कहते हैं कि यह विधाता की क्रूरता है कि उसने मुझे तुम्हारी कोख से पैदा किया। तेरी कोख से पैदा होने के कारण मैं अनचाहे ही राम का विरोधी बन गया। मेरे समान कौन पापी होगा!

भरत की पीड़ा बड़ी अर्थवान् है। भरत तो सदा राम को हृदय की गहराइयों से प्रेम करते रहे हैं। राम को वन भेजने में उनकी कोई भी चाल नहीं है। कैकेयी के गर्हित मनसूबे में उनका कोई भी हिस्सा नहीं है। फिर भी वे पाप के भागी बन गये हैं। मनुष्य बुरा कर्म करे और पाप कमाये, यह तो ठीक है; लेकिन यदि बिना दुष्कर्म किये वह पाप का बोझ ढोने को बाध्य हो जाये तो इसे दुर्भाग्य के अलावा और क्या कहेंगे? बिना दुष्कर्म किये जब व्यक्ति पाप का भागीदार बनता है तो यह या तो विधाता की क्रूर लीला होती है या वह अपने पूर्वजन्म के कर्मों का फल पाता है। भरत अपनी स्थिति समझ पाने में असमर्थ हैं।

रामकथा में यह बड़ी स्पष्टता के साथ अंकित है कि कैकेयी ने वर माँग कर भरत को राम का विरोधी बना दिया। भरत को पीड़ा यह है कि उन्हें राम के विरोध में खड़ा करनेवाली उनकी अपनी जन्मदायिनी माँ है। इस पीड़ा को लेकर ही भरत कैकेयी से विदा लेते हैं। रामायण में इसके बाद फिर भरत और कैकेयी का मिलन नहीं होता है।

राम का विरोध और तिरस्कार करनेवालों को यह सदा याद रखना चाहिए कि सुखधाम राम को खोकर दुःख-ही-दुःख जीवन में शेष रह जाता है। कैकेयी ने राम का विरोध और तिरस्कार करके सदा के लिए दशरथ और भरत को खो दिया। भरत ने राम-विरोधिनी अपनी माँ को तिनके की तरह तज दिया।

आह! कैकेयी ने कभी कल्पना भी नहीं की होगी कि राम-विहीन होने का दण्ड उन्हें इतना कठिन मिलेगा कि वह भरत-विहीन भी हो जायेंगी। माँ और पुत्र के रूप में भरत और कैकेयी फिर कभी नहीं मिले। राजभवन में रहते हुए भी वे एक-दूसरे से नितान्त अपरिचित हो गये।

कैकेयी को राम ने क्षमा कर दिया, लेकिन भरत उन्हें कभी क्षमा नहीं कर

पाये। कैकेयी यदि राम को उनके किसी अपराध के कारण दण्डित करतीं तो मामला उतना गम्भीर नहीं होता। भरत अपनी माँ के प्रति तब सम्भवतः उतने कठोर नहीं बनते। पर कैकेयी ने भरत की आड़ में राम को दण्डित किया था, यही भरत की पीड़ा थी। इसीलिए वह कैकेयी को कभी क्षमा नहीं कर पाये।

कैकेयी के भवन को छोड़कर भरत माँ कौसल्या के पास चले जाते हैं, लेकिन उनका मन कभी कैकेयी के कलुषित कर्म को नहीं भूलता है। भरत के साधु चरित्र पर जो चोट कैकेयी ने पहुँचायी थी उसे भरत का सन्तप्त मन सदा अपनी गाँठ में बाँधे रखता है। कौसल्या के पास जाकर भरत कैकेयी के कुकर्म का रोना रोते हैं। गुरु वसिष्ठ के साथ अयोध्यावासियों के बीच बैठकर भी भरत समस्त षड्यन्त्र के लिए अपनी माँ को दोषी बताते हैं। निषादराज गुह और भरद्वाजजी से भी वह अपनी माँ की कुमति का वर्णन करते हैं। चित्रकूट में राम के सामने भी वह अपने को दुष्ट हृदय कैकेयी का अभागा पुत्र कहने से नहीं चूकते हैं।*

रामायण का समूचा घटनाक्रम हमें यह स्पष्ट रूप में बताता है कि भरत न तो कभी कैकेयी को क्षमा कर पाते हैं और न भूल ही पाते हैं। उनके मन में यह दंश सदैव बना रहता है कि माँ के कारण ही वे कलंकित हुए हैं। प्रयाग के पवित्र संगम पर भरद्वाज की वाणी भी भरत को सन्तुष्ट नहीं कर पायी।

तुम्ह गलानि जियँ जनि करहु समुझि मातु करतूति।
तात कैकइहि दोसु नहिं गई गिरा मति धूति॥

—माता की करतूत को समझकर (याद कर) तुम हृदय में ग्लानि मत करो। हे तात! कैकेयी का कोई दोष नहीं है। उसकी बुद्धि तो सरस्वती बिगाड़ गयी थी।

सरस्वती को दोषी ठहराने के बाद भरद्वाज ऋषि भावी को भी दोषी बताते हैं।

सो भावी बस रानि अयानी।
करि कुचालि अंतहुँ पछितानी॥

—बेसमझ रानी तो भावीवश कुचाल करके अन्त में पछतायी।

वाल्मीकि के बाद रामायण के रचयिताओं, वाचकों और गायकों ने कैकेयी को बचाने के लिए सरस्वती और भावी का सहारा लिया; लेकिन न तो इसे भरत ने स्वीकार किया और न हिन्दू मन ने। हजारों वर्षों के बाद भी सन्तों-महात्माओं और

---

* भरत और कैकेयी के चरित्र की गहरी छानबीन के लिए भरत के चरित्र पर प्रभात प्रकाशन द्वारा प्रकाशित लेखक की पुस्तक 'भरत गुन गाथा' पढ़िए।

कथावाचकों के लाख प्रयत्न के उपरान्त भी कैकेयी को हिन्दू मन ने सम्मानित नहीं किया। किसी हिन्दू ने कभी भी अपनी पुत्री का नाम कैकेयी नहीं रखा।

राम के दिव्य चरित्र से जुड़ी हिन्दू चेतना उससे अधिक कठोर दण्ड कैकेयी को और कुछ भी नहीं दे सकती थी। राम को चौदह वर्षों के लिए तिरस्कारपूर्वक वनवास देनेवाली अयोध्या की परम प्रिय महारानी कैकेयी को हिन्दू मन ने सदैव के लिए अपने हृदय के राजप्रासाद से निष्कासित और तिरस्कृत कर दिया। हिन्दू मन की यह दृढ़ धारणा है कि राम का विरोध और तिरस्कार जीवन के उदात्त मूल्यों का विरोध और तिरस्कार है।

□□□

अथ कैकेयी कथा

लेखक की पुस्तकें

रघुकुल रीति सदा
राजेन्द्र अरुण

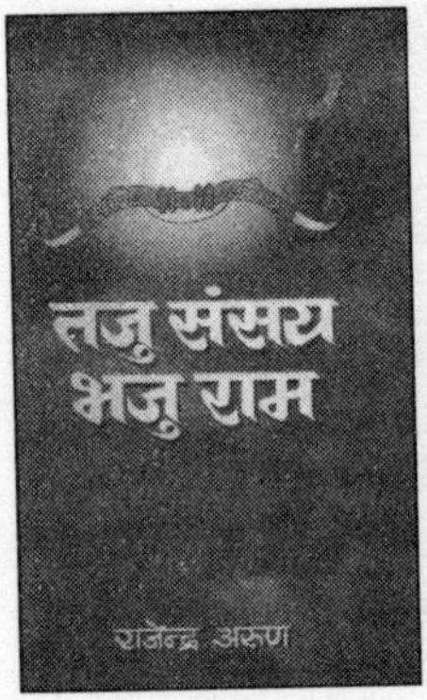
तजु संसय भजु राम
राजेन्द्र अरुण

जग जननि जानकी

भरत गुन गाथा
राजेन्द्र अरुण

राम रोम में राम
राजेन्द्र अरुण

अथ कैकेयी कथा

हरि कथा अनन्ता
राजेन्द्र अरुण